浙江省社科院发展战略和公共政策研究院智库丛书

平台企业法通论

王 坤◎著

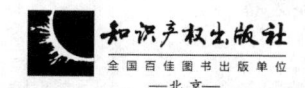

知识产权出版社
全国百佳图书出版单位
—北京—

图书在版编目（CIP）数据

平台企业法通论／王坤著 . —北京：知识产权出版社，2020.8

ISBN 978-7-5130-7081-2

Ⅰ.①平… Ⅱ.①王… Ⅲ.①企业法—研究—中国 Ⅳ.①D922.291.914

中国版本图书馆 CIP 数据核字（2020）第 135733 号

责任编辑：刘 睿 邓 莹	责任校对：王 岩
文字编辑：薛晶晶	责任印制：刘译文

浙江省社科院发展战略和公共政策研究院智库丛书

平台企业法通论

王 坤 著

出版发行：知识产权出版社 有限责任公司	网　　址：http://www.ipph.cn
社　　址：北京市海淀区气象路 50 号院	邮　　编：100081
责编电话：010-82000860 转 8346	责编邮箱：dengying@cnipr.com
发行电话：010-82000860 转 8101/8102	发行传真：010-82000893/82005070/82000270
印　　刷：天津嘉恒印务有限公司	经　　销：各大网上书店、新华书店及相关专业书店
开　　本：720mm×1000mm　1/16	印　　张：18.75
版　　次：2020 年 8 月第 1 版	印　　次：2020 年 8 月第 1 次印刷
字　　数：282 千字	定　　价：78.00 元
ISBN 978-7-5130-7081-2	

出版权专有　侵权必究

如有印装质量问题，本社负责调换。

目　　录

导　论 ………………………………………………………………（1）

第一章　平台企业法概述 …………………………………………（12）
　　第一节　平台的概念、特征、本质 ……………………………（12）
　　第二节　平台经济模式的优越性 ………………………………（21）
　　第三节　平台基本分类 …………………………………………（25）
　　第四节　平台双重身份 …………………………………………（31）
　　第五节　平台专门立法 …………………………………………（41）

第二章　平台企业法的基本原则 …………………………………（46）
　　第一节　安全保障原则 …………………………………………（47）
　　第二节　信用保护原则 …………………………………………（53）
　　第三节　平台自治原则 …………………………………………（60）
　　第四节　与民法基本原则的关系 ………………………………（67）

第三章　平台设立 …………………………………………………（73）
　　第一节　平台注册资本 …………………………………………（74）
　　第二节　平台技术要求 …………………………………………（78）
　　第三节　平台法律人才要求 ……………………………………（81）
　　第四节　平台金融要求 …………………………………………（84）
　　第五节　平台设施权利要求 ……………………………………（87）

第四章　平台管理 …………………………………………………（89）
　　第一节　平台管理概述 …………………………………………（89）
　　第二节　平台管理权 ……………………………………………（96）

第三节　平台管理行为 …………………………………………… (103)
  第四节　自治规则制定 …………………………………………… (111)
  第五节　用户身份管理 …………………………………………… (124)
  第六节　内容审查及隐私保护 …………………………………… (128)
  第七节　交易机制、工具及服务提供 …………………………… (136)
  第八节　平台处罚 ………………………………………………… (138)
  第九节　纠纷裁决 ………………………………………………… (144)
  第十节　经济秩序调节 …………………………………………… (147)
  第十一节　协助维权 ……………………………………………… (151)
  第十二节　配合监管 ……………………………………………… (153)
  第十三节　管理费用收取 ………………………………………… (155)

第五章　平台经营 ……………………………………………………… (159)
  第一节　客户召集 ………………………………………………… (160)
  第二节　电商平台自营 …………………………………………… (167)
  第三节　其他平台自营 …………………………………………… (172)
  第四节　用户数据的商业性使用 ………………………………… (178)
  第五节　制作、发布广告 ………………………………………… (181)
  第六节　价格歧视 ………………………………………………… (186)
  第七节　不正当竞争 ……………………………………………… (190)
  第八节　垄断行为 ………………………………………………… (205)

第六章　平台管理责任 ………………………………………………… (213)
  第一节　平台管理责任的特殊性 ………………………………… (213)
  第二节　平台管理责任的法律性质 ……………………………… (217)
  第三节　平台管理责任的构成要件 ……………………………… (225)
  第四节　平台管理中的注意义务 ………………………………… (231)
  第五节　平台管理责任的赔偿范围、标准、责任方式 ………… (242)
  第六节　平台管理责任与避风港原则、红旗原则 ……………… (246)
  第七节　平台管理责任的豁免 …………………………………… (253)

附录 《平台企业法（学者建议稿）》及立法说明……………（257）
参考文献 ………………………………………………………（274）
后　记 …………………………………………………………（288）

导　　论

一、何为平台

平台已经深深地融入人们的日常社会生活：苹果商店或安卓商店是软件开发平台，数以万计的应用软件可以下载；淘宝、京东是两大电子商务平台，从螺丝钉到整部汽车，几乎什么都可以购买；微信、QQ这两款软件构成中国人生活工作中最重要的社交平台，也是规模庞大的"国民秀场"；今日头条、抖音、爱奇艺等是重要的资讯平台和视听，人们可以获得大量的信息和娱乐享受；支付宝、微信支付又是重要的支付平台，使我们身无分文却能够走遍天下。可以说，平台是当前经济社会生活的一个中心枢纽。

何为平台？当然可以从不同角度的阐释。就上文提及的各种平台而言，都是网络平台，其最重要的基础就是现代信息技术，离开现代信息技术，平台无法产生，难以运作；平台最重要的功能就是创造连接，软件开发商、销售商和消费者之间的连接，相关社会成员之间的连接，观众、广告经营者和广告主之间的连接，资金收付双方之间的连接，其本质上仍然是一个中介机构。但平台同普通公司最大的区别在于：平台形成了一个以自己为核心，包括各种各样的平台用户以及其他参与者的庞大的生态系统，平台从事着繁杂的管理工作，其管理既包括准立法、准执法、准司法，还包括提供交易设施、工具、机制、服务等准公共产品，❶平台管理高度类似于国家治理。总而言之，平台就是以现代信息技术为支撑，以创造连接为主要功能，承担庞大管理工作的特殊的企业。

平台的崛起有以下几个指标性现象。

一是平台企业的市值变化。自2012年以来，苹果一直是市值最大的公司。2016年8月，全球上市公司市值排名前三的是苹果、谷歌和微软公司。其中，苹果公司以5877.71亿美元排名第一，这是第一次前三名没有石油公司、金融公司，全部为互联网平台公司。2018年，全球TOP10上市企业中平台市值比重已由2008年的8.2%上升至77%，规模达到4.08万亿美元。2018年最后一个交易日，微软股价101.57美元，较前一个交易日的100.39美元上升1.18美元，涨幅1.18%，市值达到7797亿美元。这也是微软自2002年以后，再次成为全球市值第一的上市公司。不过，亚马逊、苹果、谷歌依然虎视眈眈，它们的市值都在7200亿美元之上。2018年中国上市公司500强门槛是300亿元人民币。2018年，市值最高的是腾讯控股，为31 276亿元，阿里巴巴排在第二，市值29 268亿元。从以上这些数字可以看出，平台的发展较为迅速，在当代经济生活中占据较为重要的位置。

二是平台用户人数的变化。脸书（Facebook）是美国的一个社交服务网站，创立于2004年2月4日，总部位于美国加利福尼亚州门洛帕克。2004年12月，脸书的用户总数超过100万。截至2019年7月，仅在印度就有超过2.7亿脸书用户。除印度外，还有其他几个市场拥有超过1亿脸书用户：美国、巴西和印度尼西亚，其用户分别为1.9亿人、1.3亿人和1.2人。2017

---

❶ 公共产品是指其利益能够为全体公众或公众中的特定群体所分享的商品。更具体地说，它包含两方面特征：第一，单个个体消费后不会因而造成其他个体消费的减少；第二，对于生产者而言，因为某些消费者不付账而排除他们的使用，这是不可能的或者说是代价比较大的，如用以保卫公共安全的国防系统（参见［英］安东尼·奥格斯：《规制——法律形式与经济学理论》，骆梅英译，中国人民大学出版社2008年版，第34页）。平台交易机制、工具、服务等具备公共产品的特征，可以供平台用户使用，而且不会导致其他个体消费的减少，因而具有公共产品的部分特征。但这种公共产品本身是平台这种私主体提供的，而且对平台用户的准入具有控制能力，因而只能是一种准公共产品。

年，这一社交平台月活跃用户数已达20亿，占世界人口数量的1/4，较互联网使用人数的一半还多。2019年是脸书成立15周年，这个在哈佛大学宿舍成立的在线社交网络平台现在的月度用户量已经达到23.2亿人，相当于全球46.7%的互联网用户或者占全球总人口23%的人每月都在使用它。

截至2018年年底，微信月活跃人数保持在10.8亿人上下，俨然已经成为庞大的"社交帝国"。截至2019年第一季度，它仍然是当之无愧的国民级应用，月活跃用户达到9.9亿人，日均使用时长是64分钟，日均启动次数达到17次。腾讯的另一款社交产品QQ的月活跃用户是6亿人，日均使用时长也有57分钟。2020年5月22日，阿里巴巴集团发布财报显示，截至2020年3月31日的12个月里，阿里巴巴数字经济体的消费型商业业务网站成交总额（GMV）达人民币7.053万亿元，突破1万亿美元，阿里巴巴数字经济体全球年度活跃消费者达9.6亿人。

三是平台所发挥的作用是传统公司所无法比拟的，平台实际上在从事一种准立法、准执法、准司法工作，提供基础设施，维护平台交易秩序，调节经济活动。脸书创始人扎克伯克说："在很大程度上，脸书不是一家传统的公司，它更像一个政府，和其他科技公司相比，我们拥有人数庞大的社群，我们的确在为人们制定政策。"平台的地位，似乎只有历史上的英国东印度公司可以与之比拟。❶

以上三点说明：在当今时代，平台绝非传统企业所能比拟。人类历史上，从来没有过这样一种社会组织，能够有效管理数以亿计的成员，成为社会经济活动的中心。它的管理范围超越国界，它不是政府，胜似政府，平台所构建的生态系统更像是一个主权国家。任何一个企业，任何一个自然人，不分国籍，

---

❶ 英国东印度公司被认为是"政府职能的延伸"，本质上是一个为殖民掠夺和统治而设立的带有政府职能的早期股份有限公司。1600年12月31日，伊丽莎白一世授予东印度公司皇家特许状，给予它在印度贸易的特权，这标志着英国东印度公司正式成立。英国东印度公司于1874年1月1日解散。不可否认的是，正是通过公司这种看起来极度文明的形式，英国人才营造了一个庞大的英印帝国。《泰晤士报》评论说："在人类历史上它完成了任何一个公司从未肩负过和在今后的历史中可能也不会肩负的任务。"这是对东印度公司性质的一个最好的总结。参见苗延波：《公司的历程》，知识产权出版社2012年版，第59-85页。

只要加入其中，就成为平台的臣民，接受平台的管辖。平台和用户之间从来就不是一种基于合同而产生的平等关系，而是一种管理与被管理的不平等关系。

二、平台企业在法律上的特殊要求

平台既然在经济社会生活中的地位如此之高，发挥的作用如此之大，实际上又承担了大量的管理职责，它可以说是一个比较特殊的主体，一个有着亿万用户，同时又承担着大量管理职责的企业，它与传统企业迥异，需要在立法上有特殊的地位。这种特殊地位与其在经济生活中的作用相适应，保证其能够履行它在当代社会生活中的历史使命。

平台企业在法律上的特殊性主要体现在以下几个方面。

第一，特殊的立法目的。平台的立法目的是保障平台生态系统健康。为此，需要确认平台的管理者身份以及相应的管理职责、职权，在此基础上，才能够维护平台用户的合法权益，促进平台经济发展。

第二，特有的价值原则。平台建构了一个以自己为核心的生态系统，海量用户在虚拟环境中进行交易，安全、信用和自治是三大核心理念。由此，平台企业法具有三大原则：安全保障、信用保护和平台自治。其中，安全保障是前提，信用保护是基础，而平台自治则是实现安全和信用的路径。安全、信用和自治是贯穿整个平台企业法律制度的精神灵魂。

第三，较高的设立门槛。和普通的市场主体相比较，平台组织的设立具有比较高的门槛条件，它在注册资金、人员条件、技术设施、管理制度等方面应当有特殊的规定，平台应当成为一种特殊的、类似于商业银行这样的商事主体，不同于普通的公司。

第四，专门的行为规制。平台的行为须受到有针对性的规制，平台既是一个经营者，也是一个管理者，一身二任，但首先是一个管理者。作为一个经营者，它以营利为第一目标；作为一个管理者，它必须保障平台生态系统健康。平台立法需要在区分管理行为和经营行为的基础上，明确平台的管理者身份，规定其职权、职责。

第五，双层的民事法律责任结构体系。作为一个管理者，平台应当承担特殊的管理责任；作为一个经营者，平台应当承担普通的经营责任。鉴于平台是一个民事主体，管理责任和经营责任都属于民事责任，但二者的法律性质、构成要件、赔偿范围、赔偿标准、赔偿方式应当存在一定的差异，从而形成一种双层的民事法律责任结构体系。

总之，由于以上的这些特殊性，需要一个独立的法律部门，进行专门的平台立法，制定一部专门的、统一的《平台企业法》，涵括现有的各种类型平台，为平台经济的发展提供制度保障。

三、当前平台企业法学研究及法律实践状况

（1）在研究内容上，着重研究平台的法律责任，特别注重研究平台注意义务的范围，由此来界定平台有无民事法律责任，是连带责任，还是补充责任。平台的法律责任源于平台的法律义务，而平台的法律义务源于平台特殊的经济地位以及由此产生的特殊的法律地位，源于平台是一种特殊的法律主体。也就是说，在上游平台法律地位、中游注意义务、下游法律责任三阶段研究中，研究内容多关注中下游部分，而没有能够追本溯源。

（2）在研究视角上，尽管认识到平台的管理义务、庞大用户群、特殊商业模式、特有的技术基础等，但依然把平台当作普通的民事主体，类推民法上普通的场所经营者，要求其承担安全保障义务。没有注意到平台掌握着一种准公权力，对平台的健康运行负有特殊责任。对于平台的职权、职责、责任应当有不同于一般经营者的特殊规定，促使平台能够履行其管理义务，承担因管理义务产生的特殊的法律责任。❶

（3）以上两个缺陷体现在立法上，就是没有认识到平台企业法构成一个独立的法律部门，缺少一部作为该法律部门基础的《平台企业法》，目前只是针对具体平台类型进行有针对性的立法。比如，《电子商务法》以法律的形式

---

❶ 平台所承担的管理责任也不同于企业的社会责任。企业社会责任（corporate social responsibility, CSR）是指企业在创造利润、对股东和员工承担法律责任的同时，还要承担对消费者、社区和环境的责任，企业的社会责任要求企业必须超越把利润作为唯一目标的传统理念，强调在生产过程中对人的价值的关注，强调对环境、消费者、社会的贡献。平台管理义务的内容、方式、价值取向等同企业社会责任之间存在巨大的差异。

对电子商务平台的权利、义务和责任作了统一规定，但没有规定其设立条件。其他类型的平台在法律层次上的立法尚付阙如，多为部门规章、政策文件，分别针对游戏平台、软件开发平台、电子商务平台、社交平台、信息平台等的设立、运行进行分散规定，比如，游戏平台的上线条件、资质等。这些规范在法律体系中的效力层次低，而且不系统。

（4）平台的系统性风险较高，用户的合法权益得不到较好的保障。由于在平台设立方面缺少必要的门槛，在技术、资金、金融资质、人才、制度建设等方面没有设定较高的条件，将平台当作普通的公司看待，而没有想到平台可能成为一个庞大的生态系统的核心。上述技术、资金、金融资质、人才、制度对于腾讯、阿里巴巴、百度等成熟的平台自然不是问题，但对于绝大部分其他小平台而言，可能会有许多问题。近些年一些P2P平台暴雷、跑路情况时常发生，其根本原因就在于P2P平台门槛太低，注册资金过少，一开始也没有要求其具备金融资质，本身的风控能力较弱，很容易丧失经营能力，只能跑路了事。

（5）平台陪绑成被告，大量涉平台案件涌入法院。这种现象产生的主要原因是：把平台视作普通的企业，在侵权诉讼中，将其当作帮助侵权者，一并陪绑成被告。比如，杭州市余杭区是中国电商龙头企业阿里巴巴总部所在地，余杭区人民法院的知识产权案件年收案量从2012年的87件增长到2018年的2615件，翻了5番，其中涉及淘宝、天猫平台的知识产权案件数量也从2012年的82件上升到2018年的2479件。2019年第一季度，余杭区人民法院已经受理知识产权案件810件，其中涉及淘宝、天猫平台的有645件。实际上，淘宝平台参与诉讼的意义在绝大多数情况下仅仅有两点：一是确认有关侵权事实是否存在，调取销量等相关证据材料；二是协助执行，基本上都是被陪绑成被告的。

社会生活变迁在前，既定的规则变动在后。因此，人们常说，法律总是滞后的，但不可滞后太久。目前，平台法律制度已经落后于经济社会生活，无助于平台经济的发展。所以应当适应时代的要求，与时俱进，进行必要的专门立法。没有科学的理论就不会有科学的立法，也不存在有效的执法、司法实践。

在立法之前，应当进行充分的研究，建构平台企业法的理论体系。

四、本书的基本结构和核心观点

在平台企业法研究中，本书认为，重点应当处理好三组关系。第一，国家、平台、用户之间的关系。平台是企业，但首要职责是管理，因而不同于普通公司。平台不是国家，其构建的生态系统却极像一个国家，平台对生态系统内的海量用户实施管辖。理想状态是形成一种国家监管平台，平台实施自治，对用户进行管理。第二，平台管理和平台经营之间的关系。理想状态是对二者的内涵、外延作区分，进而适用不同的民事法律责任。第三，不同平台之间的关系。平台之间既有着本质上的一致性，也在具体管理方式、盈利模式、用户类型、交易机制等方面存在重大的差异。在立法中如何提取公因式，是一项重要的智力考验。

基于上述认识，本书的结构主要分为以下六章。

第一章是平台企业法概述。这一章主要是从法学视角界定平台概念，认为平台是一种以现代信息技术为基础而形成的，以对双边或多边用户实施管理并促进它们之间交易为主要业务的市场主体，突出平台是一种市场主体，其主要功能是对双方或多边用户实施管理并促进其交易。接着描述平台经济模式的优越性及其根源，再根据不同标准对平台进行分类，着重论述平台具有管理者和经营者双重身份，首先是管理者，其次为经营者。在上述基础上，论证制定一部统一的《平台企业法》的必要性，并对平台企业法的基本架构及其在整个法律体系中的地位作阐述。

第二章主要论述平台企业法的三项基本原则，认为平台建立了一个以自己为核心的商业生态系统，聚集了数以亿计的用户，在一个虚拟的环境中进行信息、资金、商品服务的交易。安全保障是首要的原则，这里的安全是全方位的，既包括用户的人身、财产、信息安全，还包括社会公共安全、平台系统安全。信用保护是关键，是虚拟环境中交易、交流的基础，离开信用，任何交易、交流都无法形成，无法持续。在平台上，如何建立信用机制、维护信用机制，是整个平台运行和管理的关键之所在。平台自治是实现安全保障和信用保护的路径。平台自治是一种既定的事实，更是保障平台系统健康、促进平台经济发展之必需。上述三个原则贯穿平台立法、执法、司法以及平台管理的各项制度和过程中。其中，安全保障是前提，信用保护为关键，平台自治则是实现安全和信用的总枢纽。

第三章主要论述平台的设立条件，认为平台并非普通企业，而是整个平台生态系统的核心，在注册资金、技术、人才、设施、规则等方面均应有更高的要求。本章主要是参照其他一些组织如金融机构的设立条件，现行部门规章对部分平台设立条件的规定，以及平台运行中的实际需求等三个方面，对平台组织的设立条件进行描述。

第四章主要论述平台管理，这部分是本书的重点部分，着重论述平台管理的核心目标是维护平台生态系统健康。接着阐述平台管理权的性质，认为平台管理权是一种私权力，平台和用户之间是一种管理与被管理的不平等关系，用户加入平台，就意味着接受平台的管辖。平台管理权源于用户的授权，更应源于法律的规定。对于平台而言，行使平台管理权既是一种职权，也是一种职责，是立法上必须要履行的一项公法义务。本章主体部分逐一分析了平台的各项管理行为及相关法理。

第五章主要论述平台经营，认为平台的经营行为包括三大类：第一类，天然的经营行为，比如，客户召集、平台自营、广告发送等，这些行为是平台自身必然要从事的营利行为；第二类，牟取非法收益行为，如不正当竞争、垄断、价格歧视，这些行为并非平台经营所必需，是一种非法的经营行为；第三类，视为经营行为，主要是指部分管理行为，平台在实施管理行为过程中，存在主观故意，包括明知和应知两种情形，其行为可以视为经营行为。平台不再承担管理责任，而是承担经营责任。本章主要论述前两种经营行为。

第六章主要研究平台管理责任，认为平台的责任分为两种：一种是管理责任，另一种是经营责任。前者主要是基于平台管理行为产生的，是一种特殊的侵权责任；后者是基于经营行为和其他行为产生的，是普通的民事责任。管理责任和经营责任在法律性质、构成要件、赔偿标准、赔偿范围、赔偿方式等方面均应当存在显著的区别，管理责任的构成要件更为严格，赔偿标准相对较低，赔偿范围受到限制。此外，管理责任应当是一种单独责任，既不是连带责任，也不是补充责任。总之，平台不应当承担间接侵权责任，管理责任总体上也远小于经营责任。当然，平台在管理过程中存在主观故意，包括明知和应知两种情形，其管理责任有可能转化为经营责任。所谓红旗原则，就是管理责任转化为经营责任的判断规则。

最后部分为附录《平台企业法（学者建议稿）》及立法说明，分为五个部分，第一部分为总则，主要规定平台企业法的立法目的、基本概念、基本原则和主管机关；第二部分为平台设立，主要是规定平台的设立条件、程序，适用于各种类型的平台；第三部分为平台管理，详细规定了平台应当履行的职权、职责，这些职权、职责也是平台在公法上应当履行的义务；第四部分为平台经营，规定了平台在从事经营活动中应当注意的主要事项，包括各种作为和不作为；第五部分为平台责任，在区分管理责任和经营责任基础上，着重规定管理责任的法律性质、构成要件、赔偿范围、赔偿标准、赔偿方式、免责事由等。

五、本书的主要研究方法

（1）实证分析法。主要有两点：一是明确平台在当前经济生活中的中心地位，包括其综合经济实力、平台用户规模以及平台生态系统等实存状况；二是系统梳理当前各种平台的实际运作方式，包括规则制定、执行、纠纷解决机制及其提供的各种设施、服务，从而提炼、概括各种平台共通的要素和模式，为统一的平台专门立法奠定实证基础。

（2）价值分析法。从价值入手，从应然角度对现行与平台相关的法律进行分析、评价，追问"平台企业法律体系应当是怎样"。主要体现在以下三点：一是论证制定一部统一的、专门的平台企业法之必要性，平台企业法作为一门商事特别法部门中的基础性立法，可以在一定程度上克服现行法律分散、缺位以及效力层次低下等缺陷；二是提出平台企业法的三个价值理念：安全、信用和自治，这三个理念相互联系，浑然一体，共同贯穿平台企业法的各项制度及实践中；三是基于平台"一身二任"，兼具管理者和经营者双重身份，提出区分平台管理与平台经营的必要性，进而明确管理责任和经营责任区分的必要性，并对管理责任的法律定性、构成要件、豁免等进行研究。

（3）比较研究法。主要是比较、借鉴其他学科的平台研究成果，建构平台企业法的理论和制度框架。首先，借鉴平台经济学的研究成果，特别是网络外部性的成果。认为保持、强化网络正外部性，控制负外部性，充分发挥网络平台的效率，是平台管理的重要目标，也是平台企业法律制度建构最重要的价值取向。其次，借鉴管理学对平台模式的研究成果，特别是价值链理论。平台不同于普通企业，其关键就是建构一个以自己为核心的生态系统，从传统企业的线性价值链演化为平台的环形价值链。而维护平台生态系统的健康，既是实施平台自治的根本原因，也是平台专门立法的正当性基础。

六、本书的法学理论基础

在上述研究方法的基础上，吸收其他部门法学的理论成果，特别是民商法学和行政法学的理论成果，具体如下。

第一，在公司法基础上，借鉴证券法、银行法等部门商法研究成果，认为平台是一种特殊的公司，具有一定的设立门槛。平台自治是公司自治的高级形式。

第二，借鉴行政法学研究成果，特别是国家二重性观点，国家既是公权力主体，也具有私法意义上的人格，认为平台具有管理者和经营者双重身份。平台管理行为高度近似于国家行为。基于此两种身份具有不同的职权、职责（权利、义务），承担不同的法律责任，平台管理责任近似于国家赔偿责任，这是平台法特殊性的主要体现之一。

第三，立足于民法学理论，认为平台管理行为本身是一种特殊的民事行为，既包括法律行为，也包括事实行为和准法律行为。平台管理责任和经营责任都是民事侵权责任，不过，管理责任在法律性质、构成要件、赔偿范围、赔偿标准、责任方式等方面具有特殊性，而经营责任则属于普通的民事法律责任。平台自治从根本上说是社团自治的一种。

七、简要总结

平台具有双重身份：一方面是管理者，另一方面是经营者。平台首先承担管理职责。在立法上必须充分体认平台的管理者身份，明确其管理职权、职责，适度减轻平台的管理责任，不要求其承担连带责任或补充责任。在绝大部分场合，平台和用户之间不是平等的合同关系，不能把平台当作普通经营者看待，不能要求其一概承担经营者的民事责任。这是整个平台立法的精华和价值所在。本书基于立法论视角，将平台特殊地位作为出发点，论证平台管理和平台经营两种行为的区分，进而推导出平台管理责任和经营责任这两种不同的责任制度，从身份到行为再到责任，以此来完成整个平台法律制度体系的逻辑建构。

第一章　平台企业法概述

在商业领域中，既有实体平台，也有各种虚拟平台。其中，最常见的实体平台有超级市场、商业中心、证券交易场所等，虚拟平台则有电子商务网站、游戏平台、社交平台、信息平台等。所有这些平台都有一套相同的基因——它们都是为了创造生产者和顾客的匹配以及促进他们之间的交互，不论交换的产品是什么。❶ 当然，虚拟平台与实体平台之间有着巨大的差异，虚拟平台建立在现代信息技术基础上，产生巨大的网络外部性，成为现代经济的核心，虚拟平台独特的身份、行为以及责任要求，为平台企业法律体系的建构奠定了必要的基础。本章主要论述平台的基本概念、特征和本质，探索平台经济模式优越性的根源及其具体表现，梳理平台的基本分类、双重身份，在此基础上，论证平台专门立法的意义、基本架构以及法律地位。

第一节　平台的概念、特征、本质

一、平台概念

对于平台概念，基于不同的学科立场，存在以下几种不同的界定。

一是技术功能说。即从技术层面上界定平台的构成要素和基本功能，该说

---

❶ ［美］杰奥夫雷·G. 帕克、马歇尔·W. 范·埃尔斯泰恩、桑基特·保罗·邱达利：《平台革命》，志鹏译，机械工业出版社 2017 年版，第 12 页。

认为平台是数字化的基础设施，使两个或两个以上的群体能够进行互动。❶ 或是认为网络平台由组件（如硬件、软件、服务）和规则（标准、协议、政策和合约）构成，类似阿里巴巴电子商务平台这样的网络系统，平台为买家和卖家两类使用者同时提供发布和搜索供求信息、撮合交易和信用管理等服务。❷ 平台是通过开放 API 接口，向第三方企业开放入口、用户、数据、计算能力等资源，构建起多方深度协作、利益共享的服务平台。❸ 平台是能够帮助生态系统中的成员企业通过一系列的接口和界面而解决问题的一整套方案。平台是一个能使网络核心企业与其连接的生态系统成员共享价值的工具包。❹

二是商业模式说。该说法认为网络平台就是网络产业中一种平台化经营模式，即由专业的平台开发商或运营商以互联网为基础，以网络技术为依托构建一个平台架构，为网络用户提供集认证、支付、物流、客服于一体的一站式服务，吸引买卖双方参与到平台上来达成交易的一种商业模式。❺

三是双边市场说。该说法认为平台最初基于双边市场理论被定义为一种聚集用户和供应方的现实或虚拟场所，为供需双方提供环境。❻ 平台本质上是"双边市场"，撮合了第三方开发者和消费者，并从平台服务中获利。❼

四是构成要素说。从要素看，平台可以分为技术、规则与应用三个层面。其中，技术层包括网络、数据与算法等底层要素，为平台上的用户活动提供基础支持；规则层包括准入、交互、评价、退出规则等，为平台用户的行为提供规范；应用层主要指平台上的双边或多边用户群体基于平台开展交互活动。❽

---

❶ ［加］尼克·斯尔尼塞克：《平台资本主义》，程水英译，广东人民出版社 2018 年版，第 50 页。

❷ 段文奇、赵良杰、陈忠：《网络平台管理研究进展》，载《预测》2009 年第 6 期。

❸❼ 曹阳：《互联网平台提供商的民事侵权责任分析》，载《东方法学》2017 年第 3 期。

❹ 转引自季成、徐福缘：《平台管理》，上海交通大学出版社 2014 年版，第 8 页。

❺ 周利华：《网络平台演化机制研究》，浙江师范大学 2013 年硕士学位论文。

❻ 张小宁：《平台战略研究评述及展望》，载《经济管理》2014 年第 3 期。

❽ 中国信通院：《互联网平台治理研究报告（2019 年）》，载 http://www.caict.ac.cn/kxyj/qwfb/bps/201903/t20190301_195339.html，访问日期：2019 年 11 月 6 日。

五是特殊企业说。该说法认为平台是"通过连接普通用户、操作系统制作者和外围设备制造商等创造中间价值的拥有双边市场的企业"。❶

本书认同最后一种观点,认为平台是一种以现代信息技术为基础而形成的,以对双边或多边用户实施管理并促进它们之间交流交易为主要业务的企业。对此概念,有以下几点需要说明。

第一,本书所指的平台仅仅为现代虚拟的网络平台,不包括实体平台。下文中的平台,如无特别说明,就是指现代虚拟的网络平台。

第二,平台存在的意义就是为双边或多边用户之间的直接交易提供连接的手段,也为双边或多边用户之间的信息交流提供连接手段,而信息交流的最终目的仍然在于进行交易。

第三,该平台概念仅仅适用于法学学科,是基于法学学科研究需要而建构的概念,是法律上的一个特有概念,不需要等同于其他学科中的平台概念。

第四,平台的组织形式基本都是公司,公司是当前经济生活中最为重要的经济组织形式,是企业的一种。企业种类中除了公司之外,还包括合伙企业和个人独资企业。❷

二、平台特征

(1) 撮合交易的中介经营者。任何交易都必须具备三个要素:信息交换、商品服务交换和货币交换,平台也是一样。信息交换通过平台本身进行,这是平台的基本特点;有的商品服务交换是在平台上进行的,比如图片、文章、视频、软件工具等,也有许多是在平台之外交换的,如线下打车;货币交换支付的方式多数是在平台之内进行的,也有的在平台之外。平台上存在需求互补的双边(多边)用户,平台随着双边市场的出现而出现,不同于传统企业面向单一客户,它面对的是双边用户或者是更多的用户。例如,支付平台主要是针

---

❶ [韩] 赵镛浩:《平台战争》,吴苏梦译,北京大学出版社 2012 年版,第 15 页。

❷ 在本书中,平台、平台企业、平台公司,此三个概念通用。由于平台在日常生活中具有多种含义,容易造成误会,故本书书名为《平台企业法通论》,仅仅是为了方便表述本书的内容。

对消费者和商家交易时便捷支付的需求，将双方聚集在一个平台上，以刷卡等手段满足消费者便捷支付的需求；电视媒体则涉及多方群体观众、内容供应商和广告商，它满足了观众观影的需求、广告商广告宣传的需求以及内容供应商影片销售的需求；电子商务平台提供了种类齐全的商品，以及安全、跨越时空的交易环境，从而满足了买卖双方便捷、高效的交易需求。平台可以满足双方的需求，缺少了任何一方的需求，平台就不能聚集足够多的用户于平台之上，无法有效地撮合交易。

作为一种中介机构，平台从事的工作主要是：首先，吸引用户加入；其次，帮助用户进行配对；再次，提供工具和服务；最后，建立规则治理平台，维护交易质量。这是平台所应当具有的最为基本的功能。[1] 从本质上讲，平台仍然是一种中介，是连接上下游、供需端或买卖方的第三方或第四方服务，从撮合交易、资源配置、开源创新等过程中，降低交易费用，分享价值增值收益。

（2）商业生态系统的建构者和管理者。不同于传统的线性企业，平台上聚集了多边客户以及为多边客户提供支持和服务的各类行为主体，构成了一个相互依存的生态系统。[2] 比如，电子商务平台生态系统的主体包括平台、消费者、商家、网络服务商，还包括仓储物流、支付等配套服务提供商、政府、协会及相关机构。主体之间互相连接，共享信息。同时，主体还与系统环境形成互动，交换信息、资源。[3] "Windows 的生态系统就包括电脑厂商和软件开发者，还包括鼠标、键盘、DVD 光驱、电涌保护器和许多其他产品的生产者以及培训服务提供商和维修商。无论结果好坏，生态系统中的参与者都相互依

---

[1] 平台的核心交易，指消费者和生产者为了实现价值交换在平台上必须完成的一系列行为。普通的商业通过制造产品或者服务创造价值，平台的价值就是创立关联、制造交易。平台的核心交易就是平台的工厂。参见［美］亚历克斯·莫塞德、尼古拉斯·L. 约翰逊：《平台垄断》，杨菲译，机械工业出版社 2018 年版，第 29 页。

[2] 刘学：《重构平台与生态》，北京大学出版社 2017 年版，第 7 页。

[3] 叶秀敏：《平台经济理论与实践》，中国社会科学出版社 2018 年版，第 60 页。

存。"❶ 应当说，平台生态系统是一种人工的商业系统，庞大而广泛的参与者及其需求是平台生态系统持续发展的动力；良好的平台规则以及依据该规则进行的平台管理行为是平台组织正常运行的制度保障，是平台生态系统的灵魂所在；强大的信息和数据处理能力则是平台生态系统有效运作的技术支撑。而平台则处于该商业生态系统的核心地位，对其一手创建的生态系统负有直接的管理职责。

（3）现代信息技术的利用者。某种类型的交易，如果有很多潜在买家和卖家，如何撮合两个群体达成交易至关重要，而平台效率也集中体现为撮合效率。❷ 平台之所以有价值，是因为其连接一切的特性及虚拟空间，打破时间限制与物理空间距离，使得企业超越区域小市场，面向全国或全球大市场，从针对存量的"头部"发展到拓展增量的"长尾"，❸ 从人工操作处理为主发展到工具的技术替代。比如，微信支付自上线以来，截至2019年8月，已覆盖34

---

❶ ［美］戴维·S. 埃文斯、理查德·施马兰奇：《多边平台经济学》，张昕译，中信出版集团2018年版，第115页。

❷ 摩尔定律可以反映出信息技术进步的速度。该定律是由英特尔（Intel）创始人之一戈登·摩尔（Gordon Moore）提出来的。其内容为：当价格不变时，集成电路上可容纳的元器件的数目，约每隔18~24个月便会增加一倍，性能也将提升一倍。换言之，每一美元所能买到的电脑性能，将每隔18~24个月翻一倍以上。这一定律揭示了信息技术进步的速度。尽管这种趋势已经持续了超过半个世纪，摩尔定律仍应该被认为是观测或推测，而不是一个物理或自然法。预计该定律将持续到至少2015年或2020年。然而，2010年国际半导体技术发展路线图的更新增长已经在2013年年底放缓，之后晶体管数量密度预计只会每3年翻一番。

❸ 长尾效应（Long Tail Effect）。"头"（head）和"尾"（tail）是两个统计学名词。正态曲线中间的突起部分叫"头"；两边相对平缓的部分叫"尾"。从人们需求的角度来看，大多数的需求会集中在头部，这部分可以称之流行，而分布在尾部的需求是个性化的、零散的、少量的需求，这部分差异化的、少量的需求会在需求曲线上面形成一条长长的"尾巴"。而所谓长尾效应就在于它在数量上，将所有非流行的市场累加起来就会形成一个比流行市场还大的市场。长尾商业模式在于少量多种地销售自己的产品；它致力于提供相当多种类的小众产品，而其中的每一种卖出量相对很少。将这些小众产品的销售汇总，所得收入可以像传统模式销售所得一样可观。长尾商业模式要求低库存成本以及强大的平台以保证小众商品能够及时被感兴趣的买家获得。参见［瑞士］亚历山大·奥斯特瓦德、［比利时］伊夫·皮尼厄：《商业模式新生代》，王帅等译，机械工业出版社2015年版，第57页。

个省（市、自治区），共涉及超 100 个行业，日均总交易量超过 10 亿次，共连接 5000 万户个体商户与商家。这在以往是不可想象的。虚拟平台使用现代信息技术，大大地减少对实体基础设施和资产的需求，降低平台建设和拓展的成本，❶ 因而大幅度地扩展了用户范围，提升交易效率，降低交易成本，提高资源利用效率，进而成为现代经济的核心力量和重要组织者。

【深度思考】旅行房屋租赁平台爱彼迎（Airbnb）的定位，究竟是房地产代理，还是在线平台？爱彼迎在全球拥有超过 600 万套房源，1.5 亿活跃用户；在盈利方面，爱彼迎已经连续两年实现盈利，估值超过 310 亿美元。2019 年 12 月 19 日，欧盟最高法院"欧洲法院"（European Court of Justice）裁定，旅行房屋租赁平台爱彼迎是一个在线平台，而不是房地产代理，因此不受欧洲繁重的房地产监管规定的约束。欧洲法院称，爱彼迎是一项"信息社会服务"，仅仅是一个在线平台，不能被视为房地产代理。

此案是在法国旅游协会 AHTOP 提出投诉后提交给欧洲法院的。据 AHTOP 的统计，爱彼迎在巴黎提供的 6 万个房源里，有 2 万个房源不合法。许多欧洲酒店公司和城市认为爱彼迎并非是一家互联网服务公司，而是一家房产中介公司。在被法国旅游协会 AHTOP 投诉后，巴黎的一名检察官随后指控爱彼迎违反了法国的《霍格特法》，此法律是关于个人财产代理人活动的法律。2019 年 2 月，巴黎市政府就此将爱彼迎告上法院，法院给爱彼迎开了一张 1250 万欧元的天价罚单。随后一名法国法官向欧洲法院寻求对爱彼迎公司性质进行裁定。

欧洲法院的这个裁决势必会对爱彼迎的发展造成深远的影响。在其他欧盟国家，各国的法院会参照欧洲法院的裁决进行裁决。若法院裁定爱彼迎为传统房产中介，那么欧盟国家的房地产法等将会适用于爱彼迎，爱彼迎将会面临更严格的监管，而这势必会对爱彼迎的发展造成巨大的负面冲击。在 2017 年，优步（Uber）也面临相似的问题，优步被认为是一个运输服务公司，而非一个互联网服务公司。若法院裁定爱彼迎为互联网服务平台，爱彼迎将面临更为

---

❶ 刘学：《重构平台与生态》，北京大学出版社 2017 年版，第 1 页。

宽松的监管，这方便爱彼迎获取更多的房源，有利于其核心营收的增加和相关税费的减少。

本书认为，在普通的房地产中介业务关系中，房地产中介机构确实承担了代理职能，但爱彼迎和用户之间没有代理关系，仅仅是作为一个平台发挥作用。

三、平台本质

在人类历史上，交易场所经历了以下三个阶段的演变过程。

第一阶段：交易场所的无形性。在人类社会发展史上，一开始，市场是一个交易关系或交易过程，在不特定的区域中，实现商品、信息和货币的交流，发挥价值规律的调节功能，促进资源的合理配置。《周易·系辞》就市场的起源写道："神农日中为市，致天下之民，聚天下之货，交易而退，各得其所。"司马光在《资治通鉴》中也说："神农日中为市，致天下之民，聚天下之货，交易而退，此立市始。"这两种说法都认为原始市场是从神农氏的时代开始出现的。但神农是传说中的上古帝王，不一定实有其人。不过有一点可以肯定，我国古代社会进入农业时期，社会生产力有了一定发展后，先民们就开始有了少量剩余产品可以交换，因而产生了原始市场。

第二阶段：交易场所的固定化。周朝的正式市场中，每日的交易活动分三次举行："朝市"在早晨，"大市"在午后，"夕市"在傍晚。参加夕市贸易的都是小商小贩。市场设有门。进入市门交易，叫"市入"，市入之时，有小吏执鞭守于门口，以维护市入秩序。市场的各个贸易地点，叫作"肆"。同一市场中，按照不同的经营品种，设若干个肆。市内设有存储货物的屋舍，叫"廛"，读作chán，也就是后世的栈房。廛都是官府建造的，所以商人存入商品必须纳税，叫"廛布"（布，货币）。贸易时用的券契，叫"质剂"。其中长券叫"质"，用来购买牛马等商品。短券叫"剂"，用以购置兵器及珍异之物。大市使用"质"，小市则用"剂"。市场官员发表的命令，叫"市令"。商人必须遵守市令，否则会遭到处罚。处罚的方式之一是罚款，叫"罚市"。

西汉时，长安的商业区主要分布在九市。其中有名可考的有七市，即西市、柳市、东市、孝里市、直市（因物价无二，故以"直市"为名）、交门市、交道亭市。九市平面皆为方形。各方266步。诸市都建有围墙，叫"阛"。市内有十字形通道，叫作"隧"。隧两侧是"列肆"，也叫"市列"，即陈列商品的建筑物。肆分别成行，井然有序。列肆的后面，挨着市墙，建有堆放货物的店，叫作"邸舍"，就是周朝的"廛"。商人们只要是在市中营业的，都要登记入册，叫作"市籍"。取得市籍的人，得向官府缴纳"市租"。市的管理机构设在"旗亭"（也叫"市楼"）上。从东汉张衡《西京赋》描写的"郭开九市，通阛带阓。旗亭五重，俯察百隧"的情形看，九市的建筑都很壮观。

第三阶段：交易场所的主体化。即交易场所由各种经营主体创造出来，其目的在于撮合交易，并从撮合交易过程中取得自身利润的最大化。第一步是出现各种传统的实体平台，如采取公司制的证券交易所、各种专业市场、综合体、商业中心。第二步就是各种虚拟平台，如电商平台、社交平台、观众平台等。在这个阶段，提供交易场所的本身就是市场主体，其目的在于通过提供撮合交易的服务来获得利润。由此，市场从看不见的手，变成一只"捞钱"的手，从裁判员到裁判员兼运动员。因此，平台兼具传统公司和市场的特征，它其实是科斯的公司理论和哈耶克的市场理论的一种合成。平台是一个经营者，但不再投资产品，而是投资基础设施和工具，从而支持并拓展一个网络化的市场或者社群。❶ 总之，虚拟平台所建构的是一个双边市场，其规模、效率、方式是传统实体平台所无法比拟的，现代平台的本质是借助信息技术来撮合交易的市场主体。

【延伸阅读】平台是人类第五次连接革命的产物。迄今为止，人类共经历了五次连接革命。❷

---

❶ [美]亚历克斯·莫塞德、尼古拉斯·L.约翰逊：《平台垄断》，杨菲译，机械工业出版社2018年版，第63页。

❷ 简仲：《人类历史五次连接革命》，载 http://blog.sina.com.cn/s/blog_9ece0ead0102y5vi.html，访问时间：2019年10月17日。基于篇幅考量，本书在引用时进行了简化。

第一次连接革命：语言与文字产生。语言一旦产生，即成为人类协作的最重要和最有效的方式。在语言基础上，7000 年前又产生了一次质的飞跃，出现了文字，使语言可以固化记载下来，记录人类知识成果，实现代代相传，经验和知识不断固化、发展和传承，将人类的过去、现在与未来连接在一起。文字也为形成更加复杂的理念、思想、制度提供了可靠的依托，为更广范围、更远距离、更长时间段的连接和交流提供了可能。

第二次连接革命：思想爆发与宗教、国家的出现。思想是语言发展到更高水平、建立了更广连接的产物，宗教和国家是固化连接框架的两种基本模式。这次连接革命的发端应该在公元前 4000 年左右，高潮是公元前 800 年到公元前 200 年，尤其是公元前 600 年至公元前 300 年。这个阶段正是人类历史上著名的"轴心时代"。其标志是古代文明大爆发和宗教、国家成型。这次连接革命的核心意义在于，人类第一次形成了具有普遍意义的几种思想共识和连接模式的基本框架。

第三次连接革命：大航海与文艺复兴、宗教改革、启蒙运动以及美国革命、法国大革命。这次连接革命的时间段是 15~18 世纪，标志性事件是大航海，以及文艺复兴（14~16 世纪）、宗教改革（16 世纪）和启蒙运动（17~18 世纪），然后连锁引发美国革命和法国大革命，出现新的国家形式，这也就是人类最重要的连接模式——国家政体的更新。地理学知识、科学技术、印刷技术、造船技术的提高是发生这次连接革命的基础性技术手段。这次连接革命打破了各大洲之间相对孤立的状态，促进了经济、文化、人种、基因在全球范围内的交流，开始将整个地球连接为一体，世界市场开始形成，促进了全球文化交流、宗教和文字传播，同时促进了世界动植物的大交流，连接进化加速。

第四次连接革命：新交通通信工具、现代媒体发明与经济全球化。这次连接革命的时间段是 18 世纪 60 年代~20 世纪中期，也就是第一次、第二次和第三次工业革命这段时间，主要标志是火车、汽车、飞机、电话、电报、计算机的广泛应用，以及电影、电视、报纸的全面兴起。连接工具的发明应用是这一阶段的突出特点。火车、汽车、飞机，将人和资源更快、更广、更大规模地连接在一起，电话、电报、电影、电视、报纸也为连接信息的高效载体。

第五次连接革命：互联网产生与广泛应用。目前正处于第五次连接革命的中期，标志是互联网的应用。这次连接革命发端于 1969 年的美国，逐步发展成为一个连接全球所有领域和各个角落的巨大网络。互联网是人类发明的最快速、最全面、最深刻的连接工具，人类连接效率之高、连接成本之低、连接颗粒之细前所未有，每一个人都可以通过互联网与全世界、每一个人迅速建立深度的、不易断开的、及时反馈的连接。

人类还将迎来一个新的连接革命，也就是第六次连接革命。如果按照前五次连接革命发生的时间算，第一次连接革命中期（文字出现）为 7000 年前，第二次为 2600 年前，第三次为 400 年前，第四次为 100 年前，目前是第五次的中期，依此作大致推测，第六次连接革命有可能将在 2040 年发端，2050 年达到爆发期。

第二节　平台经济模式的优越性

一、平台经济模式优越性的根源

商业模式的本质是利益相关者之间的一种交易结构。平台经济模式就是指依托虚拟交易空间，吸引产业链上下游相关因素加入，并以促成双方或多方之间进行交易或信息交换为目的的商业模式。由此，平台经济是一种商业模式的革新，而非产品本身的创新。其优势的根源在于互联网技术基础上产生的网络效应，或者说网络外部性。

网络效应是指网络的价值与其节点数的关系，这就必须提及梅特卡夫定律（Metcalfe's law），这是一个关于网络的价值和网络技术的发展定律，以计算机网络先驱、3Com 公司的创始人罗伯特·梅特卡夫的姓氏命名，以表彰他在以太网上的贡献。该定律指出，一个网络的用户数目越多，那么整个网络和该网络内的每台计算机的价值也就越大，网络价值与用户数的平方成正比。即网络的价值 $V=K\times N^2$（K 为价值系数，N 为用户数量）。

比如，一部电话没有任何价值，几部电话的价值也非常有限，成千上万部电话组成的通信网络才把通信技术的价值最大化了。所以，有人开玩笑说，历史上最伟大的销售员奖，应当颁发给卖掉第一台电话的人。因为只有一部电话，根本没有什么价值。存在2台电话，就有了1条连接；4台电话，有6条连接；12台电话，就有66条连接；100台电话，就有4950条连接。这种增长是几何级的。这种网络效应带来需求方的规模经济。❶

网络效应分为直接网络外部性、交叉网络外部性和间接网络外部性。

（1）直接网络外部性，是指产品对用户的价值随着购买该产品的消费者数目的增加而增加。如电信产业中，当消费者购买的电信服务加入电信系统网络中时，他所获得的效用依赖于同一网络中使用同样产品或服务的人数。到该系统网络中的人数越多，则新加入者所获得的效用越大。另外，新客户的加入，同时给老客户带来正的效用。

（2）交叉网络外部性，是指一方的用户数量将影响另一方用户的数量和交易量。交叉网络外部性是双边市场形成的一个前提条件，也是判断该市场是否为双边市场的一个重要指标。比如office的开发商对windows的需求取决于有多少用户使用windows操作系统，而消费者对windows操作系统的需求取决于与该系统相配合的软件数量。一边用户获得的信息是由另一边的用户总人数决定的，两边存在相互制衡的关系。因此，在双边网络中，一边用户规模的增加会使得另一边用户的收益随之增加。平台各边用户之间存在着明显的交叉网络外部性，即一方用户所获取的效用对另一方用户的使用产生一定的影响。

（3）间接网络外部性，多存在功能互补的产品之间，如打印机使用者数量的增加，为其互补产品墨盒提供了一种需求方规模经济。间接网络效应使得购买一种基本产品的用户总数并不会直接影响购买该产品的单位用户的收益，但是却影响了购买该产品的互补产品种类的供给，从而间接地影响了该用户的收益。随着消费者对互补产品购买欲望的增加，会有更多的供应商进入互补品市场，互补品市场的规模报酬递增使得基本产品网络中用户的收益得到提升。

---

❶ ［美］杰奥夫雷·G.帕克、马歇尔·W.范·埃尔斯泰恩、桑基特·保罗·邱达利：《平台革命》，志鹏译，机械工业出版社2017年版，第20页。

二、平台经济模式优越性的具体体现

第一，产生了需求方规模经济。传统工业经济以行业分工为主要特征，行业之间边界清晰，泾渭分明。传统企业处在单向、线性价值链的一环，只需面向客户交付产品或服务，充当生产者和交付者的角色。传统企业考虑的核心是如何低成本、高质量、高效率地交付产品，从而实现利润最大化。这个过程就是经济学意义上的规模经济，主要是供给侧的规模经济。平台经济的出现改变了这个过程。比如，当希尔顿和喜来登这样的连锁酒店要扩展业务时，它们需要建造更多的客房，雇佣成千上万的员工。但与之相反的是，爱彼迎这样的平台在扩展业务时，花费的边际成本几乎可以忽略不计，因为爱彼迎在其网络列表上多添加一间房的成本微乎其微。❶ 这就产生了需求方规模经济。规模效益主要体现为平台上的大规模信息匹配带来了巨量交易。以平台经济为核心的经济体与工业时代的经济体大不一样，从厂商的规模经济转移到平台的规模匹配。在实际操作中，可以明显地看出产品的定价权在转移，大多数厂商只能被动适应平台的要求，降价促销和参与各种购物节活动。❷

第二，降低交易成本，提升经济效率。交易成本指达成一笔交易所要花费的成本，也指买卖过程中所花费的全部时间和货币成本，包括传播信息、广告、与市场有关的运输以及谈判、协商、签约、合约执行的监督等活动所花费的成本。这个概念最先由新制度经济学在传统生产成本之外引入经济分析中。平台最大的好处就是能降低交易成本，平台上有充足的信息，有搜索引擎帮助检索信息，大幅降低交易成本中的搜索成本。同时，让生产者直接面对消费者，省掉常规多层次的经销体系，交易过程中的协商成本和订约成本能够大幅

---

❶ ［美］杰奥夫雷·G.帕克、马歇尔·W.范·埃尔斯泰恩、桑基特·保罗·邱达利：《平台革命》，志鹏译，机械工业出版社2017年版，第63页。

❷ 平台上的大规模信息匹配，还衍生出两个"副产品"。一个是物流仓储，另一个是支付，原因就是这两项业务很容易标准化。物流公司的规模越大，效益越好，支付公司也是如此。从过去生产方的规模经济、需求方的规模经济，演变成平台方控制的支付规模经济和物流仓储规模经济。规模经济的方式变了，经济活动的重心也跟着发生变化，其中原因就是平台侧的规模经济（包括支付和物流）取代了原来的生产方的规模经济。

降低。可以说，降低交易成本，减少交易过程中的实质性阻力，是多边平台获得成功的必要条件。❶

传统经济模式的交易成本很高，集中体现为两个特征：高摩擦和高耗散。以服装业为例，如果一件品牌服装的成本是 100 元，商场的定价大约是 12 倍，市场的平均倍数为 8.9 倍。近年来，在互联网的冲击下，大约降到 8 倍以下，但终端依然是高定价。在服装行业的供应链中，各环节之间都有交易成本，还有物理空间成本，这就是高摩擦。所谓高耗散，就是指资源最终的有效利用率。例如，从中东进口石油最后真正由消费者享受的价值（用作动力的石油）可能不足 17%，80% 左右的资源全部耗散掉了。平台经济就是要减少这种摩擦和耗散，而减少摩擦和耗散恰好也是平台最重要的收入来源。平台经济的魅力在于凝聚资源，平台将原本冗长的产业链弯曲成环形，企业端用户通过平台直接触及消费者，节省的各个环节都提高了产业效率。❷

第三，产生了新的资源利用方式。谷歌将用户的搜索行为转换为具有丰富价值的广告，脸书运用在线社交搜集并出售用户的精准画像，而优步则看准用户的交通需求充分调度私人汽车，调动用户参与生产，释放未被充分使用的个

---

❶ [美] 戴维·S. 埃文斯、理查德·施马兰奇：《连接：多边平台经济学》，张昕译，中信出版集团 2018 年版，第 59-60 页。

❷ 价值链是哈佛大学商学院教授迈克尔·波特于 1985 年提出的概念，波特认为，"每一个企业都是在设计、生产、销售、发送和辅助其产品的过程中进行种种活动的集合体。所有这些活动可以用一个价值链来表明"。企业的价值创造是通过一系列活动构成的，这些活动可分为基本活动和辅助活动两类，基本活动包括内部后勤、生产作业、外部后勤、市场和销售、服务等；而辅助活动则包括采购、技术开发、人力资源管理和企业基础设施等。这些互不相同但又相互关联的生产经营活动，构成了一个创造价值的动态过程，即价值链。波特的"价值链"理论揭示，企业与企业的竞争，不只是某个环节的竞争，而是整个价值链的竞争，而整个价值链的综合竞争力决定企业的竞争力。基于平台经济视角，传统的价值链是一种线性价值链，而平台则构成一种以自己为核心的环形价值链。

人资产的商业价值，这也会对用户产生巨大影响。❶ 优步创始人认为："我们想做到的是使用优步比买车更便宜。"他认为："最终出行将如自来水一般简单可靠。"❷ 而类似于 Youtube 的平台则让每一位用户都能成为具有灵活工作时间并从平台得到收益的创业者，为劳动者和工作任务提供匹配服务的平台可能使劳动力市场更有效率，同时会出现一个工作岗位和价值创造都极度分散化的社会。

第三节　平台基本分类

一、基于中介功能划分

从平台的中介功能来看，可以分为市场制造者平台、观众制造者平台和需求协调者平台。

（1）**市场制造者平台**。平台帮助不同市场方的成员互相交易，如各种电子商务平台。传统的实体平台，如房地产中介平台、婚姻中介平台、拍卖行、房屋中介、股票和期货交易所、购物中心、超市、猎头公司等，也属于市场制造者平台。

（2）**观众制造者平台**。平台匹配广告商与观众，观众和广告商之间不存在直接交易关系，观众数量越多，且对广告信息作出越多的正反馈，广告商就会越看重平台服务；同样，当有用信息越多时，观众就越看重平台服务。不管

---

❶ 1978 年，美国得克萨斯州立大学社会学教授马库斯·费尔森（Marcus Felson）和伊利诺伊大学社会学教授乔·斯佩思（Joe Spaeth）首次提出"共享经济"的概念，并且指出："共享经济的主要特点是以第三方建立的信息技术平台为共享基础。共享经济是人们公平享有社会资源，各自以不同的方式付出和受益，共同获得经济红利，此种共享更多的是通过互联网作为媒介来实现的。"转引自陈春花、赵海然：《共生——未来企业组织进化路径》，中信出版集团 2018 年版，第 157 页。从上述界定来看，共享经济的概念似乎比平台经济概念要小，至少不包括社交平台。

❷ ［美］杰奥夫雷·G. 帕克、马歇尔·W. 范·埃尔斯泰恩、桑基特·保罗·邱达利：《平台革命》，志鹏译，机械工业出版社 2017 年版，第 61 页。

是哪一方，只要正反馈越多，另一方就会越重视该平台。

（3）需求协调者平台。需求协调者平台本身也提供基础产品，一方用户提供应用产品，共同组成完整的产品组合提供给最终用户。属于需求协调者平台的例子有：软件平台支付系统和移动通信等。比如，360公司提供越来越多的电脑应用软件，极大地方便用户下载使用，想使用这些软件的消费者就会在自己的手机或者电脑上安装360软件。随着使用电脑软件用户的增加，使用360的用户也会随之增加。

上述区分方式有两个缺陷。第一，对于微信、微博、推特等一些社交平台未能涉及。第二，需求协调者平台的概括有失偏颇。首先，所有的平台都是协调双方的需求，没有需求的协调就没有平台存在的必要性。其次，需求协调者平台实际上也是市场制造者平台，无非是平台同时提供了基础产品，用户只有同时接受基础产品和应用产品才能满足需求。但不管怎么说，平台在应用产品供应商和用户之间创造了市场需求，本质上也属于市场制造者平台。

二、基于用户间的关系

基于平台用户之间的关系，可以分为纵向平台、横向平台和观众平台。

（1）纵向平台。平台的双方用户之间存在着直接的交易关系，一方提供产品、服务，另一方支付价款，平台撮合双方的交易。其典型特征是：双方用户处于交易链的不同位置。

根据平台在交易中的参与度，可以进一步区分为以下三种情形。

第一种是不参与型。平台仅仅提供交易场所。比如，购物中心通过提供具体的场所促进买方与卖家达成交易，而自己不参与具体的交易过程，仅仅收取租金与有限的管理费用。当然，这里的平台仍然只能是传统的实体平台，不是本书所研究的虚拟的网络平台。

第二种是弱参与型。特点是方便双边用户交易，通过中介平台来提高搜索交易对象的效率和买卖双方配对成功的可能性。平台不仅提供虚拟的交易场所，而且提供交易机制、交易规则、交易工具和交易服务，监控交易过程。如网络购物平台同时为大量的商家提供新的产品渠道，短时间内聚集大量的卖家和买家，使得平台产品多样化，买家能够突破地理因素和时间因素等限制购买商品，提高交易成功率，并通过安全支付功能将众多产品进行整合，增加用户的转移成本和用户黏性。其他还有游戏控制平台连接游戏开发商（卖家）和玩家（买家），医疗服务匹配系统连接居民（"出售"劳动力）和医院（买家）或者匹配患者与医生。

第三种是强参与型。平台不仅提供交易场所、交易规则、机制、产品、服务，监控交易过程，而且其本身也提供基础平台，吸引一边用户入驻平台，开发应用产品，并与基础产品一起提供给另一边用户，也即所谓需求协调型平台。典型的如苹果的 App Store、谷歌的安卓商店。

（2）横向平台。横向平台是匹配具有相似特征的不同组成员的相互交流和组合的虚拟空间，基本上都是社交平台。一个典型的例子是电子邮件系统，使用系统的各个用户之间地位相同，不存在明显的买卖关系，但是他们之间存在相互交流与组合的需求，电子邮件系统就是通过将发件人的信件按照地址成功送达收件人，完成他们之间的交流沟通。还有一些典型横向平台如人人网、世纪佳缘等社交平台，平台的双边客户是具有相似社交需求的人群（如人人网）、男性或女性（如世纪佳缘），不存在明显的买卖关系，平台只是按照搜寻条件匹配双边客户的需求。其他的还有微信、QQ 等也属于比较典型的横向平台。

（3）观众平台。观众平台是间接促成广告商和观众之间交易的一种平台，即广告商提供费用给平台，平台提供内容和广告给观众，观众欣赏内容并获得广告信息。实际上，观众以获取广告信息为代价免费欣赏内容，平台以提供内容为代价收取广告费，广告商以支付广告费为代价获得了向观众宣传自己产品服务的机会。这种观众平台实际上深度融入交易过程中，并且成为三方交易过程的不可或缺的组成部分。最典型的如新浪、网易等门户网站。

三、基于是否能够直接促进创新

基于是否能够直接促进创新，可以分为交换平台和制造平台。

（1）交换平台。主要是通过将消费者和生产者之间的直接交易最优化，降低交易成本,从而提供价值。最典型的如电商平台。其他如支付平台、投资平台、社交平台等均属于此。

(2)制造平台。主要是提供基础设施,使得用户创新成为可能。比较典型的如安卓和苹果开发平台,平台提供工具和基础设施,生产者可以生产出各种软件,供平台另一侧的用户免费或有偿使用。其他如观众制造者平台实际上也是在广告商和观众之间搭建交易平台,广告商以获得观众交易注意机会为对价支付广告费。但前提是需要生产相关内容,包括文字、视频等。

上述分类的意义在于:两种平台的核心价值不一样,交换平台仅仅降低交易成本,制造平台还鼓励创新。❶ 但需要注意以下几点。

第一,平台最为根本的目的还是在于促进交易,交换平台仅仅是促进交易,制造平台除了促进交易以外,还提供创新创作的手段,参与的程度不同。

第二,在实际生活中,交换平台和制造平台通常是混同的,交换平台也往往有软件的创新或内容的创新,这在电商平台和社交平台上都会存在。比如,微信开始是一个聊天工具,后来增加了拍照工具,成为内容平台,再后来增加了大量的小程序,成为制造平台。脸书一开始是一个简单的社交平台,后来扩展为一个全新的内容平台,最后将软件开发者也纳入其中,成为一个制造平台。所以,很难说存在非常纯粹的某一类平台。

四、基于交易内容划分

基于交易内容,可以分为技术平台、交易平台、社交平台和信息服务平台。

(1)技术平台。也可称为"应用分发平台",是开发者上传应用并由平台用户自由获取相关应用的场所,与此同时,应用分发平台会提供一定的营销推广服务。传统的应用分发平台如应用宝、App Store 等应用商店型平台,此外还包括综合性游戏平台如 Steam、WeGame,以及基于移动社交的如微信"游戏"模块等,为相关软件开发提供入口和技术支撑。

---

❶ [美]亚历克斯·莫塞德、尼古拉斯·L.约翰逊:《平台垄断》,杨菲译,机械工业出版社 2018 年版,第 30-31 页。

（2）交易平台。主要为买卖双方的交易提供线上场所和第三方担保服务，可以细分为以下三种。①商品交易平台。典型的电子商务平台如淘宝、京东以及美团等。网络交易平台为买卖双方提供了一个发布、浏览、了解相关商品信息并完成交易的场所。②服务交易平台。此类平台利用网络技术，为向平台用户提供特定服务而调配社会劳动力，并促成服务和交易的完成，如"滴滴打车"服务、"闪送"服务、"e代价"等。③技术交易平台，如云服务、3D打印平台等。④金融资产交易平台，如支付宝、微信钱包、网贷平台、投资平台。

（3）社交平台。以文字、语音、图片等为媒介，以为用户与用户之间提供传递信息、交流思想、传达意识等信息沟通为主要服务目标的平台。典型的社交平台如基于"即时通信服务"的微信、QQ，以及即时通信服务的延伸产品如朋友圈、QQ个人空间等，为多边用户搭建相互交流和组织的线上空间；一般可以分为普通社交平台，如微信、脸书；兴趣交流平台，如百合网、世纪佳缘网等。

（4）信息服务平台，是指专门生产或者传播文字、影视等信息的网络平台，包括新闻门户平台、搜索引擎平台、视频网站以及自媒体平台等。以作品类为主的平台，如视频类的腾讯视频、文字类的QQ阅读、腾讯新闻以及音频类的企鹅FM；亦包括非作品类平台，如大众点评、58同城。另外，还包括直播平台。❶

在实际生活中，上述这些平台往往交织在一起，或者一个平台往往具有多种功能。比如，为了支持庞大的交易量，支付是个关键，为此，淘宝推出了第

---

❶ 直播平台是指向观众提供涵盖游戏、科技、教育、公益、体育、综艺、娱乐等多种内容的即时视频放送服务平台，其中"主播"无须经过事先录音或录像，在现场或演播室等场所直接播出节目，而观众可参与内容创作并和主播进行实时高频互动。"直播"形式主要分为两种，一是网上提供电视信号来观看，例如各类体育比赛和文艺活动的直播，这类直播原理是将电视（模拟）信号通过采集，转换为数字信号输入电脑，实时上传网站供人观看，相当于"网络电视"；另一类则是真正意义上的"网络直播"：在现场架设独立的信号采集设备（音频+视频）导入导播端（导播设备或平台），再通过网络上传至服务器，发布至网址供人观看。典型的直播平台如虎牙直播、斗鱼直播、企鹅电竞等，以上主流直播平台以游戏直播为主，兼顾丰富多样的内容直播。

三方支付平台——支付宝，并将其嵌入天猫交易平台。同时，每项产品售出后，都有买家对此进行评论，这俨然是个社交平台。当然，淘宝上也有专门的BBS虚拟社区。由于存在如此庞大的买家和卖家，自然会吸引厂商和广告客户的兴趣，因此，天猫上有海量的商品信息和广告促销信息，天猫又变成一个信息平台。所有这些平台，都共享了巨大的平台用户群。因此，天猫是一个综合平台。事实上，平台的功能不是一成不变的，在平台生命周期的不同阶段，平台功能的拓展和融合可能会持续发生，这取决于平台企业的战略远见和战略安排。❶

五、基于平台血缘关系划分

依据平台血缘（从属）关系，可以将平台分为母平台与子平台。母平台是指由众多小平台组成的大平台，小平台也可称为子平台。从微观经济体层面来看，母子平台与母子公司体制具有一定的相似性，母子平台同样遵循母子公司的管控模式。在母子平台网络结构中，母平台通过支配与管控子平台的业务方向与发展战略，与子平台进行信息交换。母平台存在的价值在于为众多子平台提供某种满足需求的门户或渠道，发挥直接的网络外部性优势与用户群优势，子平台存在价值在于使母平台的产品、服务或特性更加专业化与精细化，实现母平台某一项重要的发展战略。

子平台有两种类型，第一类是由母平台部分功能裂变出来的独立平台，又可以称为内部寄生平台，典型例子是新浪微博、新浪乐居、新浪汽车等子平台与新浪母平台的关系，子平台作为母平台某一项功能的专业化裂变平台，分享母平台的用户群优势。另外，还有腾讯QQ母平台与QQ游戏、QQ微博、QQ邮箱等子平台的关系。第二类母子平台关系属于一种非亲情关系的外部寄生，典型例子是hao123与淘宝、优酷、天涯、新浪等，子平台寄生在母平台上，借助母平台的渠道优势被用户认知与获得。通常，母平台的体量能量都比较庞大，差异化产品与众多服务是其裂变或被寄生的主要原因。

---

❶ 陈应龙：《双边市场中平台企业的商业模式研究》，浙江大学出版社2016年版，第70页。

在发展初始阶段，子平台凭借母平台的开放性与包容性优势及庞大用户群优势，能够获得迅速的成长。但如果母平台的开放性与包容性不够高，或者用户群较少，则可能无法支撑子平台健康成长，极可能导致子平台发育不良或萎缩。比如，腾讯游戏平台的快速壮大、盛大游戏子平台的日益萎缩，两个截然不同的游戏子平台的命运便是极好的例证。腾讯网络游戏平台基于腾讯广大的即时通信用户价值，打造以QQ客户端为主导的推广策略，QQ用户可以在QQ的页面上直接点击进入游戏，腾讯母平台为游戏子平台提供了庞大的用户基础。然而，盛大的开放平台却多而不精，平台发展到一定阶段，出现产品供大于求时，就会遭遇危机。盛大游戏旗下有多款产品，之前曾有媒体曝光称盛大游戏下产品不低于百款，是目前传统游戏企业中旗下游戏产品数量最多的一个。然而，盛大游戏除网络游戏以外，没有其他强有力的支柱产品来支撑，子平台的效应没有充分体现出来。

第四节 平台双重身份

任何企业的生存与发展都离不开经营与管理。通常情形下，经营是对外的，追求从企业外部获取资源和建立影响；管理是对内的，强调对内部资源的整合和建立秩序。经营与管理二者之间相互促进，经营倒逼管理水平提高，管理促进经营的发展。所以，从这个意义上讲，任何企业，既是经营者，也是管理者。

对于平台而言，情况有所不同：经营行为自然是对外的，但平台除了实施经营行为以外，还建构了一个以自己为核心的平台生态系统，对于平台生态系统的健康运行负有义务，需要制定平台规则、实施规则、裁决纠纷，提供工具和服务，这些行为实际上是一种管理行为，是一种对外管理行为。换句话说，在整个平台生态系统中，平台经营者和用户之间存在着管理关系。在平台对外关系中，不仅存在经营行为，而且也有管理行为。

因此，平台具有经营者和（外部）管理者的双重身份。其中，平台作为网络交易的发起者以及中介服务的提供者，扮演经营者身份，以牟利为其第一目标；而平台作为平台生态的管理者和平台经济秩序的调节者，其行使的是一种准公权力，以平台生态系统健康为第一目的。平台的身份、平台的角色就是在管理者和经营者二者之间进行切换。

一、作为经营者的平台

"双边市场"（two-sided market）一词最早由罗歇（Rochet）和蒂罗尔（Tirole）于2001年正式提出。他们发现，一些平台并不为买卖双方生产任何商品和服务，而是利用"平台"对买卖双方产生相互吸引作用，通过制定合理的收费标准将买卖双方聚集在平台中进行交易。阿姆斯壮（Armstrong）将双边市场定义为：存在两组需要通过网络型平台实现互动的用户，其中一组用户加入平台的收益取决于加入该平台的另一组用户的数量。一个双边市场通常包含两个主要方面：一是市场中有两个不同类型的用户，它们通过一个中介机构或平台来发生作用或进行交易；二是一边用户的决策会影响另一边用户的结果。❶

平台所构建的是一种比较典型的双边市场，20世纪90年代以后，互联网快速发展，电脑广泛普及，逐渐兴起了门户网站、网络游戏电子商务等平台。互联网具有天然的优势，如聚集分散用户、无固定时空限制、成本低廉等，因此建立在互联网基础上的平台非常容易聚集起大量需求互补的双边用户，进而演变为双边市场。

从价值创造的角度来看，任何企业要想存在，都必须为它的顾客创造某种价值。企业所进行的活动是一个价值链的延伸过程，从提出价值主张，进行价

---

❶ 双边市场最早出现在报纸行业，1833年的《纽约太阳报》在美国掀起"便士报纸"运动，一份报纸只需要一便士，每个人都可以购买，报纸的销量剧增，进而吸引了广告商的注意，广告商在该报纸上投放了大量的广告，由报纸、读者和广告商三者组成了双边市场的雏形。1945年之后，美国电视传媒业迅速发展，电视进入每家每户，广告也随之产生，并且取得了非常好的效果，吸引了更多广告商，从而形成了以电视媒体为平台，观众和广告商为客户的双边市场。

值生产、价值传递,进而获取价值、分配价值,成为一种完整的商业模式。❶平台作为一个经营者,体现一种新型的商业模式,也必须从事各种价值活动。❷ 平台商业模式包括以下四个要素。

（1）提出价值主张。所谓价值主张就是能满足客户需求的产品或服务。❸平台的核心价值主张是：帮助双边用户实现交易/互动,如支付宝的价值主张就是致力于提供"简单、安全、快速"的支付解决方案。❹谷歌商业模式的核心就是它的价值主张：在全球网络发布精准定位的文字广告。通过一项叫作 Adwords 的服务,广告商可以发布广告并将链接放进谷歌的搜索页面。当人们使用谷歌的搜索引擎时,这些广告就呈现在搜索结果的旁边。谷歌要确保只有与搜索关键词相关的广告会呈现出来。这项服务对于广告商非常有吸引力,因为它使得他们可以针对搜索内容和某一特殊人群量身打造在线广告语,尽管该模式只在许多人都选择使用谷歌搜索引擎的前提下有效。越多的人用谷歌搜索,越多的广告将被呈现出来,为广告商创造的价值也就越大。❺

（2）进行价值生产,指搭建平台基础设施,吸引目标顾客。比如,微信已经成为移动互联网重要的基础设施之一,2011 年 1 月 21 日微信 iOS 版正式上线,在随后的 7 年间,这款产品成为中国互联网的一个奇迹,彻底改变了中国人的日常生活。过去向陌生人见面,标准动作是交换名片、互留电话,现在变成了加微信。过去向亲人朋友表达关怀可能是一周一通的电话,现在变成了随时随地的语音留言、视频聊天和朋友圈点赞。有了微信,再也分不清什么是上班,什么是下班。朋友圈作为微信最伟大的发明之一,2012 年 4 月 19 日

---

❶ 陈应龙:《双边市场中平台企业的商业模式研究》,浙江大学出版社 2016 年版,第 94 页。

❷ 这里的价值主张、价值生产、价值传递,指的是使用价值——效用、利益、功能；而价值获取、价值分配往往是指交换价值,体现为一定数量的货币。

❸ [瑞士] 亚历山大·奥斯特瓦德、[比利时] 伊夫·皮尼厄:《商业模式新生代》,王帅等译,机械工业出版社 2015 年版,第 12 页。

❹ 陈应龙:《双边市场中平台企业的商业模式研究》,浙江大学出版社 2016 年版,第 95 页。

❺ [瑞士] 亚历山大·奥斯特瓦德、[比利时] 伊夫·皮尼厄:《商业模式新生代》,王帅等译,机械工业出版社 2015 年版,第 70 页。

4.0版本上线后的朋友圈在某种程度上已经成为国民秀场。从图片到视频，朋友圈越来越精彩。除了朋友圈以外，还有微信小程序、红包、地图、广告、游戏、公众号等各种各样的工具。

（3）价值传递，实现顾客需求，提升顾客满意度和忠诚度，主要包括三个方面。一是改善双边用户的信息处境。在双边市场中，集中了大量的用户资源、商品服务资源，通过信息检索，能够找到合适的交易对象。而在分散的单边市场中，双方进行交易的概率受到极大的限制。二是降低交易成本，包括信息搜寻成本、谈判成本、监督成本等。这些方面都需要平台提供相应的搜索机制、交易工具以及相应的服务等。三是提供创新的基础设施，比如，开放平台端口和源代码，鼓励在平台上进行各种创新活动，包括软件或其他各种设计服务等。❶

（4）价值获取与分配。垂直型传统企业更多的只是以自身为关注重点，更多地思考如何创造价值，而平台构建的是一个商业价值网络，价值网络内的价值创造是基础和前提，更重要的是如何对创造的价值在价值网络中进行合理分配。其中利益分配往往是通过对双边用户的定价来实现的。很多平台都会选择一边用户进行收费，这些用户称为"付费方"，给企业带来持续的收入以支撑平台的运营，而平台对另一边用户则提供费用进行补贴，称为"被补贴方"，吸引该群体中人们进入平台中来。例如，淘宝、京东等电子商务平台的"卖家"就是"付费方"，而"买家"则是"被补贴方"。

通过以上的交易组织行为，平台就此取代工厂，成为现代经济活动的中心。平台所获得的优势并不在于它们拥有什么，而在于它们通过连接用户所创造的价值。它们并不像以往的行业垄断者一样具备生产的工具，它们拥有的是连接的工具，❷通过连接工具连接海量的交易主体，促进了价值创造，形成了一种新的商业模式。

---

❶ 平台价值生产和价值传递部分是平台商业模式中不可缺少的环节，但不具有直接的营利性，并非经营行为。在本书中，这两个部分更多的属于平台管理行为。为了完整地展示平台商业模式，故列举于此。

❷ ［美］亚历克斯·莫塞德、尼古拉斯·L.约翰逊：《平台垄断》，杨菲译，机械工业出版社2018年版，第101页。

【案例解读】在北京乐动卓越科技有限公司与阿里云计算有限公司侵害信息网络传播权纠纷案〔（2017）京73民终1194号〕中，法院查明，阿里云公司提供的云服务器ECS（Elastic Compute Service）服务，是为网络用户接入互联网、开设网站或创建网络应用等提供的电信服务。云服务器ECS服务，包括"云资源服务"（包括CPU、内存、系统盘、数据盘等）和"带宽资源服务"（包括公网带宽、IP等）。用户可以按需向阿里云公司购买前述服务，并在此基础上开设、经营网站或运行网络应用。

根据《信息网络传播权保护条例》第22条规定，信息存储空间服务是指网络服务提供者为服务对象提供信息存储空间，供服务对象通过信息网络向公众提供作品、表演、录音录像制品。当前实际运营的信息存储空间服务主要包括：综合性门户平台（含网站、App等）、电子商务平台、媒体平台、社交平台，以及云盘、网盘等。针对信息存储空间服务，《信息网络传播权保护条例》确立了"避风港"规则，并建立了"通知——删除"规则体系，要求信息存储空间服务提供者在接到权利人合格通知后立即采取删除侵权作品、表演、录音录像制品的"必要措施"。

云服务器租赁服务与信息存储空间服务属于性质完全不同的服务，对此可以从技术特征层面及法律法规规定、行业监管层面进行比较。

首先，在技术特征层面，总体而言，云服务器租赁服务提供者有技术能力对其出租的云服务器进行整体关停或空间释放（强行删除服务器内全部数据），却没有技术能力对存储在其出租的云服务器中的具体内容进行直接控制。而信息存储空间服务则是服务提供者利用传统模式或云计算模式，在购买或租用服务器、带宽资源后，通过接入商接入互联网，为公众提供前述综合门户平台、电商平台、媒体平台、网盘等服务。在利用云计算服务的模式下，信息存储空间服务与云服务器租赁服务在网络服务中处于不同的业务流程和技术层级，后者只负责提供基础设施，保障前者的合同利益，而不参与也不可能参与前者的经营活动，更无从对前者经营活动中产生的信息进行控制和管理。

其次，在法律法规规定和行业监管层面，按照主管部门对电信行业的准入和监管分类标准，云服务器租赁服务与信息存储空间服务属于不同的监管类别，颁发不同的许可证照。根据工业和信息化部公布的《电信业务分类目录》（2015年版），阿里云公司提供的云服务器租赁服务属于"互联网数据中心业务（B11）"，与提供"互联网接入服务业务（B14）"的中国联通、中国电信等同属于"第一类增值电信业务"。而信息存储空间服务属于该目录中"第二类增值电信业务"中的"信息服务业务（B25）"。

最后，按照相关国家标准和行业伦理，云服务器租赁服务提供者负有极为严格的安全保护义务、保密义务和隐私保护义务，不允许其接触用户存储的信息内容，遑论对内容进行核实、处理、删除。行业规范和行业伦理均对云服务器租赁服务提供者接触和控制客户存储的信息提出了极为严格的要求，故对其苛以直接控制服务器中存储信息的责任会带来严重的行业伦理冲突，这与法律规定信息存储空间服务提供者在接到权利人通知后立刻定位、核实、删除被诉信息形成了鲜明的对比，足见二者本质差异。

综上，法院认为，阿里云公司提供的云服务器租赁服务不同于信息存储空间服务，不承担通知+删除义务，而是适用《侵权责任法》第36条的规定，网络用户、网络服务提供者利用网络侵害他人民事权益的，应当承担侵权责任。网络用户利用网络服务实施侵权行为的，被侵权人有权通知网络服务提供者采取删除、屏蔽、断开链接等必要措施。网络服务提供者接到通知后未及时采取必要措施的，对损害的扩大部分与该网络用户承担连带责任。网络服务提供者知道网络用户利用其网络服务侵害他人民事权益，未采取必要措施的，与该网络用户承担连带责任。

本书认为，从平台法视角上看，从事网络技术服务的，不一定是平台。如基于定位和导航技术、搜索引擎技术或者云计算、云存储等多种云技术，向用户提供地图服务、搜索服务或者各类云服务的免费或付费增值技术服务。在这些网络技术服务中，如果没有为双方用户提供各种交易交流机制的设计，不对双边或多边用户进行管理，只是以合同方式同一边用户之间发生有偿的法律关系，这种情况下，其所提供的就是一种单边的网络技术服务。网络服务商和用户之间也是一种单线关系，本质上仍然是一种单边市场。显然，该案中，云服务器租赁服务并非平台服务，阿里云并非平台，其和承租人之间形成的是一种单边市场，不承担管理责任。在承租人发生侵权时，仅仅根据其过错程度判断其是否应当承担帮助侵权责任。

二、作为管理者的平台

平台作为整个交易网络的核心，在面临海量用户、海量交易行为的情况下，势必承担交易秩序的治理重任，采取多种措施和行为监控平台商业系统按照秩序正常运行，避免参与者发生投机行为。❶ 扎克伯克说："在很大程度上，Facebook 不是一家传统的公司，它更像一个政府，和其他科技公司相比，我们拥有人数庞大的社群，我们的确在为人们制定政策。"推特的负责人萨维尔说："我经常对我的团队说，我们是一座城市的市长。我们的工作就是制定各种奖惩措施，激励一群从未谋面的人产生最好的行为和最好的结果。"❷

平台管理至少包括以下三个方面。❸

1. 平台交易秩序维护

（1）准立法。制定平台管理规则义务。设计交易标准，制定交易规则、奖惩规则。"平台——让企业成为游戏规则的制定者。"❹ 面对亿万用户、成千

---

❶ 国家市场监管总局法规司司长刘红亮认为："平台经营者是网络交易空间的搭建者，交易规则的创建者和交易行为的见证者，天然具有管理者的身份和能力。此处的'管理'是民法概念上的管理，并非行政管理，是基于其技术和能力对网络空间内发生的违法行为进行一般性检查与监控。"载 http://www.cicn.com.cn/zggsb/2019-04/09/cms116649article.shtml，访问时间：2020年1月27日。

❷ ［美］亚历克斯·莫塞德、尼古拉斯·L. 约翰逊：《平台垄断》，杨菲译，机械工业出版社2018年版，第148页。

❸ 从社团自治的命题出发，至少可以推演出两项社团公务：提供服务与秩序管理，两者构成了社团所能提供的"准公共物品"的涵义。服务职能表现为一种"软"的职能，包括信息服务、教育与培训服务、咨询服务、举办展览、发布统计资料、培养人才、组织会议、促进交往等；秩序管理是一种"硬"的职能，包括协调、监督管理。没有软的服务职能，只有硬的管理职能，社团就会回到"二政府"的位置上去；而没有硬的管理职能只有软的服务职能，社团承担的社会治理功能必将流于形式。参见方洁：《社团处罚研究》，中国政法大学2006年博士学位论文，第48页。值得注意的是：此处的社团不包括公司等营利性法人。但社团公务包括的秩序维护和给付这两个方面，不仅同国家的公共职能类似，而且同平台的准公共职能也类似。

❹ ［韩］赵镛浩：《平台战争》，吴苏梦译，北京大学出版社2012年版，第21页。

上万的交易行为，如何进行治理？首先，需要制定一些标准和规则，如平台双边客户的产品、行为及声誉的评价规则。其次，平台资源的分配规则，如淘宝的流量分配规则。最后，双边客户互动的程序规则。如支付宝根据中国市场的商业环境创立的担保交易支付程序等。❶

（2）准执法。平台一旦搭建成功，平台方就具有了对多边客户的内部管制能力，直接执行平台规则，对违反平台规则的行为进行处罚，对遵守规则的行为进行奖励。

（3）准司法。对平台内的纠纷进行裁决。通过纠纷处理机制处理纠纷。虚拟服务的交易很容易出现不满甚至纠纷，所以网站要具备相应的仲裁机制。比如，在猪八戒网，当买卖双方各执一词的时候，会有专门的人员负责介入调查，了解服务的提供情况，并根据网站标准进行调解和仲裁。同时，猪八戒网内部有严格的规定，严禁公司员工参与买卖双方的交易，以杜绝内部腐败，维护平台中立立场。❷

（4）准入及内容审查。对用户的资格进行入门审查，另外，对平台上发布的信息、商品、服务的合法性进行审查。

2. 平台实施的各种行政给付、协助行为

（1）交易工具及服务提供。即提供各种工具促进交易交流，如淘宝上的阿里旺旺聊天工具、微信上的拍照修图工具。提供各种服务，解决交易交流中的个别问题，类似于政府提供交通、公园等公共产品。

（2）协助维权。比如，对平台上发生的侵权行为，平台有义务提供相应的证据、信息，协助停止侵权行为或防止损失扩大。

---

❶ 2003年，为解决网络交易时买卖双方互不信任的问题，淘宝网财务部尝试作为信用中介建立担保交易方式。其交易流程为：①消费者拍下网络商品，向卖家支付资金，此时这笔资金被支付宝冻结；②支付宝将支付结果通知卖家；③卖家发货，消费者收到货物并确认支付；④支付宝按消费者指令将资金打入卖家账户。担保交易由淘宝网和支付宝配合完成。这一"中国特色"的交易与支付方式解决了网购时的信任问题，并由此推动了中国电商行业的进程，成为国内C2C行业的标准。参见刘学：《重构平台与生态》，北京大学出版社2017年版，第54页。

❷ 陈威如、王诗一：《平台转型》，中信出版集团2016年版，第84页。

（3）配合监管。主要是指以网络平台为代表的网络服务提供者协助侦查机关以技术手段获取他人通信内容或者通信相关数据，包括通信监控、数据留存及其附随的提供技术协助、保密等义务。

（4）安全防范。即采用各种技术的、管理上的措施和手段保障用户的人身安全、财产安全和信息安全，维护系统安全和社会公共安全。❶

3. 平台经济秩序调节

平台的经济调节包括价格控制、竞争策划、促进创新等手段。

（1）价格控制。价格控制是平台常用的调节手段。如果卖方一边具有超越买方一边的市场能力，买方通过加入平台仅仅获得很少的收益。那么，平台方就可以通过对买方进行补贴等方法来增加买方收益，活跃平台交易。

（2）竞争策划。平台的经济调节还经常表现为平台方策划某一边参与方的竞争行为。当价格控制显得复杂或无效时，平台方可能会通过鼓励市场一方的竞争而使自身对另一方更有吸引力，比如，举办"双十一"等各种促销活动。

（3）创新促进。对于一些制造平台而言，还可以通过补助、补贴等方式促进创新。比如，起点中文网实施作者福利制度，推出一项起点作者全勤奖，激发了广大原创作者的创作热情，广大的读者也因此看到了更多更好的优秀作品。

三、结语

区分平台的双重身份，主要考虑两方面内容：一是平台大量实施外部管理行为，这是平台不同于其他类型经营者的主要标志，平台外部管理行为的核心

---

❶ 国内大部分学者仍然将安全保障义务视为网络经营者的全部义务，至少是其主要义务。参见刘文杰：《从责任避风港到安全保障义务——网络服务提供者的中介人责任研究》，中国社会科学出版社 2016 年版。本书认为，这些观点实际上是把网络平台经营者视为普通的场所经营者，类推适用场所经营者的安全保障义务，然后在现有制度框架范围之内解决平台责任问题。应当说，这种做法在司法上或许最为妥当，但不能从根本上解决问题，与网络平台在实际经济生活中的地位也不相称。总体上看，安全保障是平台最为重要的义务，或者说是首要义务，但远非其全部义务。

内容、目的意图等均不同于普通的经营行为,有必要作如此区分;二是明确平台的管理职权和职责,扩张平台的管理范围,适度减轻赔偿责任,让平台承担更多的管理义务,同时不再像平台的经营者一样承担过重的赔偿责任,而是承担类似于国家赔偿责任一样的管理责任,与平台在经济生活中的实际地位、作用更为契合。整个平台的特殊性、平台企业法的必要性,都是建立在平台双重身份的区分之上的,这是研究平台企业法的总理论枢纽。

【延伸阅读】德国国库理论将国家人格二元化,分为私法人格和公法人格。在公法上,国家以统治权主体身份成为法人。在私法上,国家是一个财产集合体,其财产储于国库之内,国库是一个权利义务主体,是可以拥有财产并从事经济活动的私法人。❶ 德国法学家耶林内克形容国库是一个"不穿制服而以平民身份出现的国家"。

政府行为可以分为公权力行政和私经济行政两种。上下秩序关系之事项(亦即强制与服从关系),属公权力行政,平等关系之事项则为私经济行政。私经济行政包括行政辅助行为、行政营利行为和行政私法行为。其中,行政辅助行为是指行政主体以私法方式获取日常行政活动所需的人力与物品。这类行为,如筹办办公场所、办公大楼的发包、办公桌椅及相关设备的购置等。行政主体从事此类行为时处于私法人的地位,应受私法相关规定的规范。行政营利行为是指国家以私法方式参与社会上的经济活动,其主要目的在于增进国库收入,如烟草专卖行为、出售国有土地的行为,或者设立国家投资公司。行政私法行为是指行政主体以私法方式直接完成行政任务的行为。例如,为满足社会公众日常生活需要,国家设立公司或者与人民订立私法契约,提供水、电、煤气、电话设备或大众运输工具的营运等。这类行为主要适用于不干涉公民权利的给付行政领域。

---

❶ 在德国,即使在公法上,国库利益也是为了使国家(及地方政府)有充足的财源,所以原则上属于公共利益,但纯粹的国库利益也不能视为公共福祉之需求,不能为满足国库利益而进行征收。参见陈新民:《德国公法学基础理论》,山东人民出版社2001年版,第474页。

私经济行政与公权力行政区分的意义有三点。第一，对于公权力行政而言，行政机关无选择之自由，必须为之。第二，诉讼程序的差异。公权力行政既然以公法方式为其行为特征，所以相对人对之如有争执，应当遵循公法救济途径，谋求解决。反之，私经济行政是由国家立于私人地位，以私法形态所从事的行政活动，如果发生争议，应由民事庭审理。第三，法律责任不同。开始时，各国之所以作上述区分，主要是针对公权力行为，国家不负有赔偿责任；针对非公权力行为，国家依据民法负担赔偿责任。❶现在国家也负有赔偿责任，但国家赔偿责任的性质、范围、方式、标准等与民法上的赔偿责任存在重大差异。

本书认为，平台的法律地位也类似于国家，一方面作为治理者，行使的是准公权力，承担特殊的管理责任；另一方面作为经营者，其目的在于牟利，承担的是普通的民事责任。

第五节 平台专门立法

一、平台专门立法的必要性

（1）因应平台在现实经济生活中的实际地位的需要。任何经济活动都会产生相应的组织形态，农业经济的主要组织是家庭，通过家庭实现土地和劳动力的结合；工业经济的主要组织是工厂，它把资本和劳动结合在一起。在数字技术发展之前，都是由线性企业主导经济。所谓线性企业是指创造产品或者服务并出售给消费者的公司，价值沿着公司供应链单向线性流动。❷

当前，平台已经占据现代经济生活的中心地位，特别是一些超级平台，如亚马逊、苹果、谷歌和脸书等，其活跃用户数量达到 10 亿级，对用户具有高黏性并已成为重要信息基础设施，具有强大动员能力与产业支配地位，且仍在

---

❶ 沈岿：《国家赔偿法：原理与案例》，北京大学出版社 2017 年版，第 38-39 页。

❷ [美] 亚历克斯·莫塞德、尼古拉斯·L. 约翰逊：《平台垄断》，杨菲译，机械工业出版社 2018 年版，第 270 页。

持续扩张。❶ 在数字经济形态中，平台是把数据和其他要素结合在一起的主要组织，形成了一种环形价值链，迥异于传统的线性企业，需要就平台进行专门立法。

（2）目前的大多数法律仍然是围绕这些线性企业如何组织、如何运行而制定的。首先，在平台企业设立方面，没有特殊的门槛和要求，适用公司法的一般规定，导致平台企业抗风险能力弱。其次，把平台当作普通的民事主体，类比民法上的场所经营者，仅仅要求其承担安全保障义务。实际上，平台管理行为的丰富程度早已远远超越了实体场所安全保障义务的范畴。再次，把平台和用户之间的关系当作合同关系进行处理，忽视了这种"合同"是平台单方面提供和修改的。平台和用户之间从来就不是一种基于合同而产生的平等关系，而是一种管理与被管理的不平等关系。最后，在平台责任方面，仍然是按照普通的合同法、侵权法等法律制度进行处理，把平台当作普通的侵权者。于是，淘宝、腾讯等平台作为帮助侵权者成为第二被告，频繁地出现在法院的被告席上，大量案件涌入平台企业所在地法院。总之，平台企业的组织、行为、责任等方面仍然按照普通的公司法、合同法、侵权法等法律制度进行处理，无疑是不合适的。❷

（3）有助于形成一个独特的商事法律部门。平台企业是一种特殊的企业形态，有必要对平台企业的组织设立、运行和责任进行专门规范，由此形成一个特有的平台企业法律部门。在这个法律部门中，也有基本法和一般法的区别。《平台企业法》是该法律部门的基本法，与其他各种特别立法，如《电子商务法》等共同形成一个有机的平台企业法律体系。

二、平台专门立法的研究重点和难点

平台专门立法的研究重点在于：厘清国家、平台、用户三者之间的关系，

---

❶ 方兴东、严峰：《浅析超级网络平台的演进及其治理困境与相关政策建议——如何破解网络时代第一治理难题》，载汕头大学党报（人文社会科学版）2017年第7期。

❷ 现行法律没有考虑到平台的特殊情形，当一个行业内首先浮现出一家主宰性平台的时候，这个平台往往是在法律的灰色地带运行。参见［美］亚历克斯·莫塞德、尼古拉斯·L.约翰逊：《平台垄断》，杨菲译，机械工业出版社2018年版，第238页。

划清平台管理和平台经营二者之间的界限，明确管理责任和经营责任不同的构成要件。在研究过程中，也会碰到实践和理论方面的众多难题，试举例如下。

（1）实践方面的难题。比如，平台种类多，统一的门槛条件是否可能？平台管理费和经营收入到底如何区分？平台管理费的合理限度是什么？平台管理行为和经营行为之间的界限能否清晰区分？

（2）理论方面的难题。如何确定平台管理和经营中合理注意义务之间的差异？平台管理权的法律性质是什么？平台管理行为的法律定性？可以说，平台企业法的研究，在一定程度上完全动摇了传统民事权利、民事行为的理论基础，也撼动了公法、私法划分的标准，人们需要对这些问题重新进行审视。

三、平台专门立法的基本架构

从平台企业法立法角度上看，至少应当包括以下几个方面内容。

（1）总则，阐明平台企业法的立法目的、平台概念、平台企业法基本原则以及平台监管等。

（2）平台组织，着重规定平台的门槛要求，认为平台不同于一般的企业，不能随意设立，包括其必须具有一定的注册资金要求、技术要求、金融资质、人才要求，没有这些条件，平台既无法正常运作，也不能保证平台生态系统的健康。

（3）平台管理，包括制定规则、执行规则、裁决纠纷、调节经济秩序、协助维权、协助监管等。平台作为一种生态系统的核心，履行管理义务既是平台的职责，也是平台的职权所在，还应当成为平台承担的一项公法义务。

（4）平台经营，包括客户召集、平台自营、发送广告、价格歧视、不正当竞争、垄断等。

（5）平台责任，主要规定平台责任的性质、类型、构成要件、责任方式、责任排除等。

四、平台专门立法在法律体系中的地位

我国当前采取的是民商合一的立法体系。其中，民法体系包括总则、物权

法、债权法（主要是合同法）、婚姻法、继承法、知识产权法、人身权法、侵权行为法，以上这些主要都是传统意义上的民法体系；商法包括公司法、证券法、信托法、商业银行法、票据法、保险法等。平台企业法主要规范一类特殊的企业——平台，其在组织、行为、责任等方面具有不同于普通企业的特殊之处，近似于一种特别商法，可以和公司法、证券法、信托法、商业银行法、票据法、保险法等商法部门并列。❶ 平台企业法作为一种商事特别法，充分体现了商法的各种特点。❷

（1）商法的特点之一在于扩大了私法自治的范围，一方面，商人需要法律特别保护的程度较低，因为人们预期他们对交易熟练并有丰富的经验；另一方面对私法自治的限制也和商事交易对最大限度地减少形式束缚和其他限制的要求相抵触。平台企业法更多地体现了私法自治的理念，平台在制定自治规则、实施处罚、裁决纠纷等方面均有较多的自治空间，这种自治空间是前所未有的。

（2）商法的另一特点是对交易保护和信赖保护有较高要求，包括商事登记制度、善意取得制度等。平台企业法特别强调交易安全和信赖保护，安全和信用是平台企业法的核心理念，安全保障和信用保护是平台企业法的基本原则。

（3）商法的第三个特点可以归结为对商人的特别注意义务和职责的提定。比如，对商事买卖中检查和异议义务的规定。这又体现了对商人的较高要求和对快捷性与保障性的要求相统一的特点。平台企业法尤其注重对平台管理职权、职责的认定，在这个方面赋予平台更多的权利和义务，这一点也和商法相

---

❶ 学界也有观点认为，网络法是规范网络行为、确保网络安全和正常运行的法律规范，具有独立的规范内容、独立的基本特性、独立的基本原则，因此可以成为一个独立的法律部门，与民法、刑法并列。参见来小鹏：《论作为独立法律部门的网络法》，载《法学杂志》2019年第11期。本书认为，网络法中的法律关系错综复杂，既包含民商法律关系，也包含行政法律关系，还可能产生刑事法律关系，很难提炼出一套特有的外部概念体系、内在原则体系，不足以形成一个独特的法律部门。比如，利益平衡在任何法律部门中都会存在，但失之宽泛，不可能成为某一个法律部门的基本原则。

❷ 关于商法的特征有不同的观点，从四个特征到八个特征，不一而足。参见范健、王建文：《商法的价值、源流及本体》，中国人民大学出版社2004年版，第175-181页。

契合。

（4）商法经常成为法律发展的开路者。一项要求往往在商事实践中领先于一般法律交易中出现，而且在商事交易中更有解决的迫切性。人们在商事交易中创立的经理制度就是表现之一，善意取得制度的建立也要感谢商事交易中提出的强烈需要，外观权利制度更是完全应在商法中寻找它的起源。平台企业法充当了民商法的开路先锋，对于平台商业模式的特殊性给予了充分的考量，对平台管理权、平台管理行为的法律定性进行了探索，而这恰恰也是商法的一个特点。❶

（5）组织法与行为法相结合。商事组织是商事交易的基础，而商事交易是商事组织设立的目的。因此，商事组织和商事交易都不可避免地成为商法的规范对象，这使得商法既具有组织法的一面，又具有行为法的一面。❷ 前者，如公司法的规定，证券法、海商法、保险法的部分规定；后者，如票据法的规定，证券法、海商法、保险法的大部分规定。❸ 两者的结合，则构成了商法的又一个特点。平台企业法既包括平台组织的设立条件，这部分基本上为强制性规定，也包括针对平台管理和平台经营等各种行为的立法。

---

❶ 商法的前四个特点可以参见［德］卡纳里斯：《德国商法》，杨继译，法律出版社2006年版，第9—10页。

❷ 比如，担保立法分为两类：一类是担保机构组织法，一类是担保行为法。我国主要是就担保行为立法。参见曹士兵：《中国担保制度与担保方法》，中国法制出版社2017年版，第3页。

❸ 赵中孚：《商法总论》，中国人民大学出版社1999年版，第22页。

第二章 平台企业法的基本原则

对于平台而言，它建立了一个以自己为核心的生态系统，聚集了数以亿计的用户，在一个虚拟的环境中进行信息、资金、商品服务的交易。在整个运行过程中，最为核心、最为关键的理念是什么？本书认为，应当有三个：安全、信用和自治。

所谓安全，不仅包含用户个体的安全，还涉及社会公共安全；不仅包括人身财产安全，还包括信息安全；不仅包括平台系统的安全运行，也包括整个交易交流的安全。这个安全不仅是平台的义务，而且是包括平台内经营者、一般用户在内的多方主体的义务。

所谓信用，它是虚拟环境中交易交流的基础，离开信用，任何交易交流都无法形成，无法持续。在平台上，如何建立信用机制、维护信用机制，是整个平台运行和管理的关键之所在。

所谓自治，指平台上聚集了数以亿计的用户，平台制定规则、执行规则、裁决纠纷，提供各项基础设施、工具和服务，对平台内经济秩序进行调节，实际上行使了一种准公权力。平台自治既是一种既定的事实，更是平台经济发展之必需。在人类发展史上，从来没有过这样一种社会组织，能够管理这么多的用户，而且其管理方式同国家如此类似，涵括立法、执法、司法等的全方位、全过程。实际上建立了一个以它自己为核心的王国，在这个王国中，用户加入平台，接受平台管辖，在平台上从事各种交易交流活动。国家高居在平台之上，对平台的各种管理行为进行监督，但不干预平台的自治活动。

对于平台而言，上述三个核心理念贯穿于平台立法、执法、司法以及平台管理的各项制度、行为、过程中。其中，安全是前提，是基础；❶信用为关键，离开信用，平台交易无法形成、无法持续；自治则是实现安全和信用的总枢纽。不管是安全，还是信用，主要靠平台的自治得以实现。基本原则是整个法律体系或者某一法律部门所适用的、体现该法的价值理念的原则。由此，本书认为，平台企业法的基本原则包括以下三种：安全保障原则、信用保护原则、平台自治原则。

第一节 安全保障原则

一、安全保障原则的主要内容

安全保障原则指在平台运行过程中，应当保障用户的人身安全、财产安全、信息安全，保障系统安全和社会公共安全，这是平台法的首要原则。"信息时代的关键是安全。"❷

万千用户在同一个虚拟平台上，首要保障的就是安全。从安全角度来看，在网络空间中主要生活着三种生物：黑客、红客和网络普通用户（简称"用户"）。他们彼此相互作用，或互为竞争关系（黑客与红客），或为捕猎与被猎（黑客与用户）关系，或互惠互利（红客与用户）。黑客的本意是要从用户处获利，但是，如果红客要挡它财路，黑客也会攻击红客；红客并不想主动攻击黑客，但是，如果用户受到伤害，红客就有义务提供保护；用户在黑客面前几乎无能为力，就像牛羊在狮子面前一样，只能靠运气（未被黑客盯上）和红客的保护。网络安全生态重点包括：黑客与用户形成的"狮子与牛羊"般的狩猎与被猎生态平衡问题；黑客与红客形成的"狮子与牧民"般的竞争性生态平衡问题；用户与红客形成的"牛羊与牧民"般的互惠互利生态平衡问题；黑客、红客和用户三方共同形成的"狮子、牧民和牛羊"般的捕猎、竞

---

❶ "在网络空间中，安全是永恒的主题。"参见杨义先、钮心忻：《安全通论》，电子工业出版社2018年版，第367页。

❷ 杨义先、钮心忻：《安全简史》，电子工业出版社2017年版，第63页。

争和互惠共存的复杂生态平衡问题。❶ 上述红客主要是各种平台。根据脸书创始人马克·扎克伯格的说法，脸书现在已经聘用了超过 3 万人从事安全工作，并投入了数十亿美元来提升平台的安全保障性能。平台对用户的人身财产安全、信息安全以及系统安全、社会公共安全负有首要责任。

二、从侵权法的安全保障义务到平台企业法的安全保障原则

安全保障义务是民法对场所经营者规定的一种义务，指经营者在经营场所对消费者、潜在的消费者或者其他进入服务场所的人之人身、财产安全依法承担的安全保障义务。其义务主体为服务场所的经营者，包括服务场所的所有者、管理者、承包经营者等对该场所负有法定安全保障义务或者具有事实上控制力的公民、法人或其他社会组织。

因宾馆、酒店、卡拉 OK 厅、银行等服务经营场所不安全导致消费者人身、财产权益受侵害的案件屡屡见诸报端。最高人民法院于 2003 年出台了《关于审理人身损害赔偿案件适用法律若干问题的解释》，确立了经营者的安全保障义务，明确了安全保障义务人的义务范围和责任界限。2007 年《侵权责任法》第 37 条正式在立法层面上确认了我国的安全保障义务制度，形成了一般性规范。

有学者认为，将安全保障义务适用于网络空间同样不存在障碍。诸如网络论坛、贴吧、微博、视频分享空间等无疑属于"向公众开放的场所"，而网络服务商无疑是这些场所的终极管理人，诸如竞拍、竞答等网络竞赛及网络团购等无疑属于"群众性活动"，网络服务商在很多时候都是这些活动的组织者。除了介质不同，这些行为与物理空间内的行为并无差异，对服务商提出的要求也同样是合理保障他人权益（知识产权、人格等）不受侵害。和物理空间中的情况一样，网络空间中的服务商同样负有两类安全义务，一是防范自身的技术设置、人员、信息等给他人（不限于网络用户）造成损害；二是防范第三人利用网络服务加害于他人。对于网络服务商的注意义务，国内对后一种讨论

---

❶ 杨义先、钮心忻：《安全通论》，电子工业出版社 2018 年版，第 285 页、第 298 页。

多，对前一种讨论相对较少。实际上，两类义务恰恰统一于安全保障义务理论之下。❶

本书认为，从经营者的安全保障义务到平台企业法上的安全保障原则，体现了以下几个方面的重大变化。

第一，安全保障的范围变得更为宽泛。在范围方面，从人身、财产安全到信息安全，再到社会公共安全。

第二，关注重点不同。对于经营者的安全保障义务，主要涉及人身财产安全，特别是人身安全，而安全保障原则所针对的主要是信息安全和公共安全。在虚拟空间中，人身安全问题倒不是非常突出。

第三，安全保障的义务主体更为宽泛。在安全保障义务中，义务主体主要是经营者，也包括其他公共场所的管理者以及公共活动的组织者等。但平台企业法上的安全保障原则是针对所有主体的，也就是说，平台、双方用户以及其他参与者均要承担安全保障义务，保障他人的人身财产以及信息安全，同时不得损害社会公共安全。

第四，安全保障的权利主体也在发生变化。安全保障义务的权利主体主要是消费者、潜在的消费者、实际进入该服务场所的任何人。安全保障原则的权利主体则依具体情况而定，有时候是用户，有时候是平台，在损害公共安全情况下，则不存在明确的权利主体。

第五，法理基础也不一样。经营者的安全保障义务的法理基础是社会活动安全注意义务，社会活动安全注意义务是由诚实信用原则派生而来的，它来源于德国法院法官从判例中发展起来的社会活动安全注意义务或者一般安全注意义务的理论。而安全保障原则则产生于网络环境中，是维护网络交易安全、公共安全的需要。

---

❶ 刘文杰：《从责任避风港到安全保障义务——网络服务提供者的中介人责任研究》，中国社会科学出版社 2016 年版，第 214 页。

三、安全保障原则的主要体现

1. 个人隐私保护义务

在平台上，拖库、洗库、撞库是比较典型的侵犯公民隐私的手法。拖库是指黑客通过各种社工手段、技术手段将数据库中敏感信息非法获取，一般这些敏感信息包括用户的账号信息如用户名、密码，身份信息如真实姓名、证件号码，通信信息如电子邮箱、电话、住址等。

在拖库取得大量的用户数据之后，黑客会通过一系列的技术手段和黑色产业链将有价值的用户数据变现，这通常也被称作"洗库"。包括：（1）用户账号中的虚拟货币、游戏账号、装备，都可以通过交易的方式变现，也就是俗称的"盗号"。（2）金融类账号，比如支付宝、网银、信用卡，以及股票的账号和密码，则可以用来进行金融犯罪和诈骗。（3）一些可归类的用户信息，如学生、打工者、老板等，多用于发送广告、垃圾短信，电商营销。也有专门的广告投放公司，花钱购买这些分门别类的信息。

数据经历了拖库、洗库以后，还有剩余价值，这就是"撞库"。撞库是黑客通过收集互联网已泄露的用户和密码信息，生成对应的字典表，尝试批量登录其他网站后，得到一系列可以登录的用户。很多用户在不同网站使用的是相同的账号密码，黑客可以通过获取用户在 A 网站的账户从而尝试登录 B 网址，这就可以理解为撞库攻击。登录进去之后，获得姓名、身份证、工作单位、手机号、家庭住址等个人信息。

2. 人身安全保障义务

平台上也可能存在危及用户人身安全的因素。比如，有的软件平台具有定位功能，在三个不同地点搜索，便可以确定目标的具体地理位置，随着定位次数的增多，目标地理位置的准确度也会越来越高。犯罪分子据此可以确定目标的位置，再依据用户朋友圈中的照片和小视频，基本可以判断目标的生活环境和家庭条件，从而实施犯罪行为。在平台上，一些商品、服务可能会直接影响消费者生命健康。

3. 交易安全保障义务

交易过程和交易结果的无法预测是市场交易的大敌，交易安全是市场秩序的主要内容之一，体现为市场主体对交易过程和交易结果的可预测性。在法律上，交易安全集中体现为交易过程中对善意无过失者的倾斜保护，即法律出于保护交易秩序的考虑，而保护善意的无过失者。❶

平台的交易安全保障义务，是指平台按照合同约定或者法律的规定，采取直接或间接的措施保障交易安全，避免交易风险，从而保护交易方财产利益不受损害或在损害发生后采取合理措施进行补救的义务。通常认为，交易安全义务包括提供安全稳定技术的义务、告知义务、市场准入审查义务、交易记录安全和保存义务、交易监管义务等。

4. 财产安全防控义务

在平台上，用户的财产安全也很容易受到威胁。例如，"红包大盗"手机木马伪装成微信红包，窃取手机用户的银行卡号等信息。它设计的页面和微信钱包十分相似，点击后界面会提示输入一个密码，输入后会出现一个"恭喜你成功领取红包"，不知情的人会真的以为领取到了红包，其实在不知不觉中，用户银行卡的信息就已经被不法分子获取了。有些钓鱼链接利用存在的漏洞伪装成微信红包进行传播，当用户点击红包后会出现"你被骗了"字样。但这并不是一个简单的玩笑，该链接会将用户引到外部网站，可能中木马病毒。木马病毒可能盗取用户手机资料、偷跑流量吸费，甚至会盗取用户绑定的银行卡信息。

5. 技术防控义务

网络平台承担着网络安全管理责任，通过强化技术防控，针对内容分级管理和技术保护的方法才能正确履行好安全管理职责。以腾讯的微信、QQ为例，依靠人工巡查几乎不可能完成安全管理任务，只能主要依靠关键词监测技术。而就移动、电信、联通这样的平台而言，它们的短信内容"监管"，可以采取与腾讯微信、QQ一样的关键词监测技术措施。再以淘宝为例，由于信息主要都是"明文"存储，完全可以通过关键词监测技术，甚至是人工巡查，达到安全管理目的。

---

❶ 刘得宽：《民法诸问题与新展望》，中国政法大学出版社2002年版，第282-288页。

6. 系统安全义务

平台负责平台运营和维护，包括平台软件系统、硬件系统的日常维护和升级，保证系统的安全，保证平台用户能够正常使用。首先是克服系统漏洞，同政府相比较，网络平台对自身的技术风险和漏洞更为熟知和了解。❶ 在计算机领域，漏洞特指系统存在的弱点或缺陷，一般被定义为硬件、软件、协议的具体实现或系统安全在策略上存在的缺陷。❷ 漏洞伴随着系统的诞生而持续存在。目前，大型信息系统的代码动辄数百万、上千万行，Windows7 操作系统有 5000 万行代码，Windows8 有上亿行代码，其中潜藏着成千上万个漏洞。更可怕的是，随着信息系统运行、检测、迭代升级，尽管绝大部分漏洞被发现并及时清除，但仍有部分漏洞如附骨之疽一样难以被发现，更不会被修复，成为持续影响系统安全的重要源头。

7. 其他信息资源保障义务

用户在平台上累积了大量的信息资源，比如，用户在电子商务平台上的购物记录，用户在微信聊天记录上沉积下来的大量信息、文件，不管是存储在本地，还是平台服务器上，这些都是属于用户的信息资源，平台应当保障这部分信息资源安全，使得用户能够接触、使用这部分信息资源。

8. 公共安全保障义务

在平台上，网络信息的传播速度具有即时性和传播范围的广泛性。但不良信息的传播对公共安全危害极其巨大，我国近年来频发高发的各种突发事件多在事发后一小时左右就迅速传遍全国甚至全世界了。有的是有意造谣，有的是不知真相，有的是故意起哄，有的是被利用，这些对国家安全、社会稳定造成

---

❶ 汪旭晖、张其林：《平台型网络市场"平台—政府"双元管理范式研究——基于阿里巴巴集团的案例分析》，载《中国工业经济》2015 年第 3 期。

❷ 1947 年 9 月 9 日，美国海军对 MakⅡ型计算机进行测试时，计算机突然发生了故障。经过几个小时的检查，当时的美国海军中尉、电脑专家格蕾丝·霍波（Grace Hopper）发现，一只被夹扁的小飞蛾卡在了 MarkⅡ型计算机的继电器触点之间，导致电路中断。将飞蛾取出后，计算机恢复正常。霍波在工作日志上写道："就是这个 Bug（虫子）害我们今天的工作无法完成。"自此，Bug 一词被当作计算机系统缺陷和问题的专业术语一直沿用至今。在日常生活中，人们也通常将 Bug 等同于漏洞。

了极大的负面影响。平台作为信息的聚集地，对平台上所传播的信息，所提供的商品、服务，包括各种软件，是否对影响公共安全负有审查义务和协助国家监管的义务。同时，这项义务主体也包括所有的平台用户，包括平台内的经营者和一般的用户。

【案例解读】2018年8月，浙江省乐清人赵某乘坐滴滴顺风车时，被犯罪嫌疑人钟某载向偏僻无人的山路，赵某随即向朋友发送信息说明异常情况，之后又向朋友发出求救信息后便失去联系。次日，犯罪嫌疑人被捕，证实受害者赵某已被强奸杀害。在被害人赵某失联之后，其亲友多次与滴滴平台联系，索要车辆信息及车主联系方式，但滴滴平台均以涉嫌个人隐私为由予以回绝，致使丧失最佳救援时间。然而，该犯罪嫌疑人在前一天即因有作案嫌疑被其他乘客投诉，滴滴平台当时也承诺会进行调查，但是直至命案发生前仍然未曾作出任何反馈，致使又一位乘客用生命陨落为平台的不作为买单。

目前，滴滴平台的安全保障包括：司机和车辆的信息验证、车辆轨迹行驶路径的分享、协助报警等。安全管理和保障义务仍然是滴滴平台的重要义务。安全保障义务的实现不仅依赖严格的事先准入，更应当贯穿于过程监督、事后协助整个过程。现存的安全保障机制践行状况如何，是否存在漏洞，如何更全面保护乘客出行利益，这些仍是滴滴平台面临的艰巨问题。

第二节 信用保护原则

一、信用含义

信用的基本含义是遵守诺言、实践成约、取信于他人。信用既属于道德范畴，又属于经济、法律范畴，具有多层含义。在道德层面上，信用是主体的一种道德精神，信用是对他人的一种承诺关系，是信守自己的承诺不予改变的行为选择。作为一种承诺关系，信用的实质和核心是诚实，是主体信守承诺去履行责任的自觉和努力。

在经济学层面上，信用是以偿还和付息为条件的价值单方面的运用，是价值运动的一种特殊形式。信用本质上体现的是一种以偿还和付息为基本特征的借贷关系。

在法学层面上，信用的本质就是对契约关系中义务承担者履约意向、履约能力和履约后果的确定性预期。信用与契约密切联系。首先，契约与信用互为因果，契约关系的完美终结是良好的信用关系的开始。同样，良好的信用关系又有助于新的契约关系的缔结。其次，契约是信用发展的纽带，人们之间的交易很大程度上借助一定的信用工具，通过各种契约方式来达成，而信用则通过契约的履行得以延续。交易主体信守契约是市场良性运行的基础。

二、平台信用保护的重要性

平台提供的是一个虚拟的交易交流环境，海量的产品、海量的用户，无法通过其网络表现而判断对方是否存在，是否具有资质，产品质量是否合格，是否具有履约能力。平台用户之间在主体确认、意思表示归属以及合同履行的确认等一系列交易环节都容易出现问题，双方处于一种严重的信息不对称状态。此外，网络交易还存在技术风险、维权风险等。

在这种情况下，建立契约关系，交流各种信息，实现信息、商品和资金的交流，信用问题就凸显出来。在良好的信用环境下，买方认为卖方会根据商品质量确定价格，在选购商品时反过来根据价格估计商品的质量。买方在较大程度上会相信卖方发布的信息，提高交易效率，降低交易难度，节约交易时间、成本，实现规模经济。可见，只有在良好的信用环境下，才能消除信息不对称

性，消除"柠檬问题"对交易的影响。❶

总之，交易过程中最大的障碍是成本，而交易成本的关键是信用。商家和消费者之间、平台和商家之间、平台和消费者之间如果有了信用，交易将变得更加简单而快乐。信用保护是平台经济发展的一个关键因素，不仅应成为一种具体的制度，更应当成为平台企业法的一项基本原则，贯穿于各项制度、各种行为之中。

【延伸阅读】2016 年，马云在新加坡国际诚信研讨会（the Honour International Symposium）的部分发言，要旨如下：中国电子商务发展不起来，就是缺少一个让人和人之间建立信任的东西。而这个东西，我觉得就应该由支付宝来解决。当天晚上我在达沃斯打电话给我的朋友和同事，我说立刻、现在马上去做这个产品，启动支付宝这个产品。如果说因为这个产品要去坐牢，那就是我去。其实中国一直是一个讲诚信的国家，吾日三省吾身，古人每天反省自己的三件事，有两件事关乎诚信。为人办事有没有尽力，与朋友相交是否守信用。中国讲诚信但是中国缺乏诚信体系。支付宝在中国要有价值，就必须建立这么一个诚信体系。现在阿里巴巴在中国建立了一个诚信体系，用户给你评价，支付宝帮助你交易。最后你的一切痕迹都是数据，而数据留下来，产生了强大的信用。有了这套体系，你才有可能在网上只凭一张图片和几句介绍就可以向陌

---

❶ 经济学家乔治·阿克洛夫于 1970 年提出"柠檬问题"。"柠檬"一词在美国俚语中表示"次品"，"柠檬原理"是信息不对称理论的重要组成部分。在次品市场上，交易双方对质量信息的获得是不对称的，卖者知道产品确切的真实质量，而买者却不知道产品的确切质量。交易活动的参与人（这里指卖方）可以利用这种信息的不对称性对买方进行欺骗，这就是"隐藏信息"和"隐藏行动"。隐藏信息将导致"逆向选择"，其含义有二：一是在交易中隐藏信息的一方对交易另一方利益产生损害；二是市场的优胜劣汰机制发生扭曲，质量好的产品被挤出市场，而质量差的产品却留在市场，极端的情况是市场会逐步萎缩直到消失。这是因为买者只愿意根据他所知道的平均质量来决定支付的价格，这个价格将使质量低的卖者愿意成交，质量高的卖者由于不能得到同质量相称的价格而退出市场。柠檬问题的典型例子是二手车市场：买者不知道每辆车的质量但知道车市的质量分布。假设车市有三辆车，价格分别为：0，5，10。首先，顾客愿意花费的价格是 5，所以，价格为 10 的车主退出市场；之后，基于市场质量分布，顾客将只愿意花费 2.5。于是价格为 5 的车主退出市场；最后，顾客的花费意愿将降为 0，且只有最差的车留在市场。

生人付钱，向陌生人寄出商品。

我们现在每天有上亿人次的点击，有时候一单生意就是几十万的钻石、上百万的汽车。前几天我们用了 25 秒钟卖出了 100 辆奔驰，所以没有诚信体系这一切几乎全不可能。今天我们最骄傲的不是阿里巴巴卖出了多少商品，而是阿里巴巴建设了一个诚信的体系。用商业的方法向所有人证明了诚信值多少钱。我们建造了一套诚信的体系，我们自己也是这个体系的受益者。这是阿里巴巴一个财年为什么能够实现 5000 亿美元销售的基石。

诚信的力量是巨大的，如果说中国过去 30 年的发展，依靠的是人口红利，是廉价劳动力。那么接下来，中国可以依靠的不是货品与货品之间的差价，而是人与人之间的互信。如果说人类还有什么红利没有被发掘的话，那我相信，信任、互信是最大的未开发财富。❶

三、平台信用风险的具体体现——以电商平台为例

1. 商家信用风险

（1）恶意退货风险。电商承诺的七天无理由退换货，本是有利于消费者的好事，却变成了一些有心之人的"生财之道"。有不法分子先从网上淘"高仿"假货，再到正规电商平台上购买同款正品，收到货物后，利用网上交易退、换货条款，将价格远低于正牌商品的假货调包退换给电商。甚至有的买家收到货后，拿假货出来拍照上传，一口咬定卖家发的假货。

（2）职业差评风险。"买家差评"有时也会成为某些不法之徒的牟利工具。和普通的网络买家不同，所谓的"职业差评师"就是那些借助电商平台征信机制的漏洞，故意拍下东西给差评，以此来勒索商家的不法分子。他们有的是单打独斗，有的组成一个"联盟"，有的甚至受雇于一些商家，故意去打压同行商家。

2. 消费者的信用风险

（1）卖家信息不对称风险。与传统商业活动相比，网络交易市场经营者来去自由，商家何时退出市场消费者无从知晓，买卖双方主体信息严重不对

---

❶ 载 https://www.yangfenzi.com/renwu/63922.html，访问时间：2020 年 2 月 20 日。

称。在网络交易市场,"刷单""刷信用"等失信行为大量存在,加剧了信息的不对称性。同时,商家全面掌握商品信息,但其只展现商品正面信息,基本不会公布功能缺陷和质量瑕疵等商品负面信息。消费者对商品的了解仅停留在商家对商品的文字描述和图片展示上,难以获取商品的真实信息,无法甄别真伪。

(2)商品促销假象风险。商家在价格方面的不诚信行为在各大购物节都是消费者投诉的重点。虽然各有关监管部门及电商平台对这一行为加大了治理,但由于商品数量巨大,一些商家在价格方面的不诚信行为仍然存在。其主要手法有:有的商家仍采用"先抬价后打折"的方式,营造打折声势;有的商家的商品价格比平时仅便宜"一元半角",甚至有的商品价格比平时还高;有的商家将长期在"特卖"或"打折"的老款标注上"强烈推荐"和"热销",给消费者带来错误的认识。各种暗含"水分"的打折促销,在伤害消费者利益的同时,极易引发消费者对电商的信任危机。

(3)用户体验"代写"风险。不少用户在网购时往往会查看他人的售后评价后再决定是否购买。但近年来,随着"测评笔记"越来越火,一些商家专门雇人冒充用户撰写消费体验,以此博取信任,这些写手大都没有真正体验过产品,所谓的"好评"也只是根据资料杜撰。调查发现,在同一电商平台中,有多个同款商品"用后感"笔记存在雷同现象。这种行为不仅是对消费者的一种误导,也涉嫌消费欺诈。

(4)线上线下双重标准风险。近年来,有个别商家存在线上线下同款商品不同质问题,个别线上商品的质量低于线下商品质量。2017年6月,中国消费者协会发布的《部分商品线上线下质量、价格调查报告》指出,线下样品与线上样品的价格差越大,线上样品越容易出现质量问题。在价格方面,如同个商品线下样本价格明显高于线上样本价格的,相对低价的线上商品更容易出现质量问题,由此反映出个别企业针对线上线下存在质量上的双重标准。

(5)售后服务难以兑现风险。为了体现售后服务质量,一些商家尤其是家电行业在宣传时往往给消费者过高的承诺,24小时上门、免费维修、终身免费更换零部件等,往往在消费者报修后,售后服务质量达不到承诺的标准,造成消费者心理上的落差，引发投诉。尤其是手机、电脑类家电产品，在保修期遇到质量问题要求退换货时，有的商家要求消费者到线下指定售后网点出具报告，而有些中小城市没有售后网点，消费者往往很难自行检测，进行证据留存。同时，国内有资质的检测机构较少，检测费用较高，无形中提高了消费者维权门槛。

（6）社交电商"信任危机"风险。消费者网购的渠道除了各大电商平台外，朋友圈购物、微商购物也是重要渠道。此类社交电商最显著的特点在于依靠社交关系的信任来产生消费，消费行为多发生在熟人之间。部分投机分子以次充好，暴利定价，通过各级微商和个人，将三无产品呈现在消费者面前。基于社交关系所产生的信任，消费者极容易因此而购买到"质价不一"的假冒伪劣商品，从而引发消费者对社交电商的"信任危机"。另外，微商作为社交和商业结合的产物，需要不断拓展人际关系来促进消费，依托网络层状结构来发展，这一过程还有可能异化成传销活动，导致"信任危机"。

四、信用保护原则的具体体现

（1）运用大数据建立现代信用体系。传统的信用体系以基于信贷的银行征信体系为主，信用评估内容不全面、更新速度慢、覆盖主体少、信用体系不健全。随着阿里巴巴芝麻信用、京东小白信用等基于消费者和商家交易数据的信用体系迅速发展，评估的全面性、客观性、更新速度大大提升。❶ 比如，在信用评估内容方面，芝麻信用覆盖身份、履约、历史、人脉、行为等多方面；在更新速度方面，芝麻信用每个月更新一次；在覆盖主体方面，大部分支付宝用户（2018年年初活跃用户为5.2亿人）都有自己的芝麻信用评分。芝麻信用依托日益完善的信用体系推出的免押服务通过化繁为简，提升了顾客的消费体验，提高了顾客忠诚度。此外，芝麻信用的引入使租车行业的租金欠款率、

---

❶ 目前，我国的个人征信体系形成公共征信与市场化征信并存的双轨制体系。截至2017年7月，央行征信系统已覆盖全国9.32亿自然人，提供45.21亿次个人征信报告查询。央行个人信用数据库主要收集与金融消费相关的个人信用信息。参见吴旭莉：《大数据时代的个人信用信息保护——以个人征信制度的完善为契机》，载《厦门大学学报（哲学社会科学版）》2019年第1期。

违章罚款欠款率分别下降52%和27%，推动了社会整体进步。❶

（2）建立声誉评价机制。很多电子商务平台建立用户评分机制，平台成员间彼此判定，提高精确配对的概率，进而提升整个平台商业生态圈的质量标准。这种评价、关注、名气、影响力在平台上甚至扮演了货币的角色，给商家带来价值。比如，淘宝做的非常重要的一件事就是创立了声誉评价机制，每一笔交易都可以追溯和评估，而这种连续的有记录的评估是线下实体店所不具备的特性。线下的声誉是口口相传的，线上的声誉则是通过每个用户的评价来实现的。亚马逊网站鼓励用户对图书进行评论，专业评论和普通用户评论有助于用户作出是否购书的决策，弥补与替代了在线下书店可以打开书阅读的体验。

（3）建立信用查询机制。例如，阿里巴巴2017年2月正式上线企业诚信查询平台https：//www.cheng.xin。该平台主要依托于阿里巴巴推出的企业诚信体系，该体系由诚信评级、诚信档案、企业身份认证、风险扫描准入、动态风险监控、电子通行码等部分组成，其中信用评级以企业基本信息、法定代表人、贸易行为、金融行为、商业关系等五大维度为企业提供信用评级，级别分为AAA、AA、A、BBB、BB五个等级。用户登录后，只需在网站输入企业名称或法定代表人信息，就能查询其信用等级以及企业相关情况。该平台目前提供中国8600万家企业和美国2400万家企业的免费查询服务，这些数字未来还将不断增加，并逐步开放其他国家。除了信用等级，用户还能在平台上查询企业的基本信息、工商变更记录、主要管理人员、企业股东信息、被执行人、失信被执行人、对外投资信息等，有助于交易双方降低贸易风险。

（4）鼓励建立信用联盟。例如，我国各大互联网企业开始尝试组建联盟，联合对"炒信"、售假等行为予以打击。2016年10月，由阿里巴巴、腾讯、京东等8家公司成立的反"炒信"联盟成立，已发布多期"炒信"黑名单和重点监测对象名单。

2015年，芝麻信用与永安自行车联合推出"免押金扫码租车"服务，芝麻信用评分600分以上的用户可以通过支付宝免押金扫描租车。同年，芝麻信

---

❶ 金帆、张雪：《从价值链到价值生态系统——云经济时代的产业组织》，经济管理出版社2018年版，第50页。

用与光大银行合作,帮助光大银行更好地评估、量化客户的信用风险,优化不同风险客户的经营策略。

京东小白信用与住宿、出行、生活服务等领域的多个价值生态系统进行了战略合作。在住宿领域,2017年9月,小白信用与木鸟短租达成战略合作,小白信用分超过90分的用户可以享受木鸟短租上部分房源的免押入住;职场领域,2018年1月,小白信用与猎聘达成合作,共同建设职场信用体系,双方通过联合建模,从身份认证、社交人脉、信用历史、行为偏好、简历质量等多维度对求职者进行评价,致力打造职场客需信用生态;生活服务领域,小白信用与亿家净水"共享净水器"达成战略合作,小白信用达75分以上的用户,就可以免押金申请使用智能共享净水器,定期缴纳服务费就能享受到免费的净水设备,以及免费滤芯更换等服务。❶

(5) 平台提供信用担保,增强用户之间的信任。例如,爱彼迎为了帮助房东和房客之间更好地建立信任,为每位房东提供500万元人民币的房东保障金和保额100万美元的保障险,为每位房客提供第三方责任险,提供入住安全保障。此外,所有房东和房客均需要通过证件审核和芝麻信用审核进行实名验证,为自己增加信任值。这种信任机制的建立有助于降低顾客对风险的顾虑,鼓励更多的顾客以房东和房客的角色嵌入爱彼迎中,从而促进交易的达成与和谐生态的构建。

第三节 平台自治原则

一、平台自治的概念

所谓平台自治,主要指平台设定规则、流程、机制,执行奖惩,对平台参与者的活动进行调节。平台应当具备治理、控制网站平台用户个人信息、平台内容信息、平台数据库、交易过程等方面的实质权限,这些既是职权,也是在

---

❶ 金帆、张雪:《从价值链到价值生态系统——云经济时代的产业组织》,经济管理出版社2018年版,第163-164页。

履行法律、行政法规规定的义务，是职责。

平台自治的内容具体包括以下三大方面：一是维护平台交易秩序，主要包括准立法、准执法、准司法、协助维权、配合监管；二是调节平台经济秩序，主要是竞争促进、补贴优惠、创新促进等；三是提供准公共产品，包括提供交易机制、设施、工具、服务等。本书第四章平台管理部分对平台自治的内容进行详细描述。

二、平台自治的必要性

平台自治的必要性存在于两个方面：一是平台内双边市场的失灵，包括双方信息不对称、外部性问题等，解决市场失灵问题；二是政府对平台双边市场治理的不足，政府由于各个方面的局限，无法替代平台实施管理，平台的管理主要靠平台自治得以实现。

（1）信息不对称（asymmetric information）指交易中的各人拥有的信息不同。在社会政治、经济等活动中，一些成员拥有其他成员无法拥有的信息，由此造成信息的不对称。在市场经济活动中，各类人员对有关信息的了解是有差异的：掌握信息比较充分的人员，往往处于比较有利的地位；而信息贫乏的人员，则处于比较不利的地位。"在互联网上，没人知道你是一条狗。"（见图2-1）❶ 在虚拟的交易场所，无法判断对方的身份，无法确定商品服务的质量，信息不对称问题更加严重。

（2）负外部性。外部性是指经济主体的经济活动对他人和社会造成的非市场化的影响。负外部性，也称外部成本或外部不经济，是指一个人的行为或企业的行为影响了其他人或企业，使之支付了额外的成本费用，但后者又无法获得相应补偿的现象。在平台上，负外部性主要表现为网络信息污染现象，包括制作和传播谣言、诽谤、色情淫秽、泄露他人隐私、煽动社会矛盾等有害信息，传播计算机病毒、垃圾邮件、恶意攻击他人计算机信息系统等，经济利益

---

❶ 这句话作为1993年7月5日《纽约客》刊登的由彼得·施泰纳（Peter Steiner）创作的漫画的标题而变得流行。时至2000年，这一漫画是《纽约客》中被重印最多的一则漫画，施泰纳因为此漫画的重印而赚得超过5万美元版税。

图 2-1 1993 年 7 月 5 日《纽约客》刊登的彼得·施泰纳的漫画

的驱动是最基本的成因。负外部性势必导致市场或社会无效率。为提高社会经济资源的效率，必须对污染性网络信息资源进行防范和治理，将质量低劣的污染性信息从平台中清除出去或至少加以某种限制，对网络信息的负外部性进行规制。❶

（3）填补政府治理的不足。平台聚合了数以十亿计的用户，通过制定规则成为事实上的治理者，改变了原先由政府直接治理的格局，形成了政府监管的隔层。政府相关部门则无法直接接触超级网络平台上的用户以及为他们提供日常服务。❷ 政府直接管理用户个体必然是一种笨拙的、低效的治理模式。例如，2015 年，交通运输部出台《网络预约出租汽车经营服务管理暂行办法》

---

❶ 杨君佐：《网络信息负外部性的法律控制》，载《情报科学》2010 年第 2 期。

❷ 方兴东、严峰：《浅析超级网络平台的演进及其治理困境与相关政策建议——如何破解网络时代第一治理难题》，载汕头大学学报（人文社会科学版）2017 年第 7 期。

(征求意见稿)。根据这个征求意见稿,网约车司机必须取得由市级道路运输管理机构发放的《道路运输从业人员从业资格证》。然而,全国网约车司机的规模,已超过百万人,政府机关难以应付申请、考试、核准和监督网约车司机资质的重任。很显然,承担着巨额私人投资的滴滴和优步等网约车平台,具有比政府强烈得多的积极性、比政府详细得多的局部知识、比政府有效得多的管理手段,来确保司机的服务质量,并承担相应的责任。

三、平台自治的范围

关于平台自治的范围,以下两个例子较为典型。

一是阿里巴巴与国家工商行政管理总局的白皮书之争。2014 年 1 月 23 日,国家工商总局发布了一份报告,称淘宝平台正品率低。随后淘宝店小二指责该白皮书逻辑混乱,结论马虎,并直指相关负责人吹黑哨,引发激烈对抗。此后双方经多回合论争,最后由双方最高管理者出面,表示将共同探索管理模式,促进网络经济健康发展。这是典型的由于双方职责和权限不清带来的平台自治和政府监管之间的冲突。

二是苹果公司与美国政府解锁事件。2015 年 12 月 2 日,因为一场枪击案凶手的 iPhone 5c 手机无法被破解,FBI 要求苹果公司提供技术支持被拒绝后,双方剑拔弩张,并引起了美国科技圈和政界的关注,甚至要对簿公堂。虽然最终以 FBI 的撤诉收场,但是由此引发的平台私权与政府执法权的讨论仍在继续,并成为未来超级网络平台管理不可回避的问题。

从上述中外两个例子可以看出,平台自治范围的关键在于以下四点。

第一,如果平台活动的外部性特别巨大,当然需要政府去管理。比如一些互联网金融平台,一出问题就可能会引发系统性风险,这就需要政府推出相应的管制政策,平台协助政府进行监管。对于平台日常交易秩序等方面,政府相对平台来讲,存在信息劣势,只能监管一些原则性的东西,不能管制非常细小

的东西，而是交给平台去进行处理，实现平台自治。❶

第二，通过专门的平台立法，对平台管理权的权限范围进行必要的界定，明确平台自治权的范围。在这个范围之内，排除政府公权力的干预。

第三，对政府的监管权限的启动和程序进行规定，明确政府干预的条件和方式。政府或法院在其各自的职权范围内，依照法定的程序，保留对平台自治事项的最终裁决权。

第四，明确平台自治作为私法自治的具体表现形式，本身也受到极大的限制，包括公序良俗的限制、诚信原则的限制，不得违反法律法规的强制性规定，不得导致显失公平的结果，等等。❷

四、平台自治的依据

目前，平台自我管理的依据主要是合同约定。以全国首例电商平台打假并主动赔付消费者的案件为例，入驻拼多多平台开设网店自主经营的商家与拼多多签署《拼多多平台合作协议》，协议约定商家售假需按涉假商品历史销售额的十倍承担责任，平台有权自商家账户扣款赔付消费者。但在商家经营过程中，拼多多抽检商家货物时发现其售假货，随即以协议规定处理。商家不服诉至法院。法院认为，平台协议合法有效，商品抽检鉴定过程合法有据，商家利用平台售假构成违约，平台按约自商家店铺扣款并赔付给消费者于法不悖，该"消费者赔付金"属于平台管理措施，是平台为保护消费者权益，处理售假商家，维护平台管理秩序设定的一种消费者权益保护资金，与传统意义上用于弥补守约方损失的违约金有所区别，对平台约定的赔付标准不可予调整，最终判决驳回原告的全部诉请。

由于平台本身是企业，而不是公权力机构，其履行治理职责必须由法律赋予权利，以实现平台管理与行政监管、司法程序的密切衔接；同时，也需要通

---

❶ 治理是一组关于谁来参与生态系统、如何进行价值分配，以及如何解决冲突的规则集。参见［美］杰奥夫雷·G.帕克、马歇尔·W.范·埃尔斯泰恩、桑基特·保罗·邱达利：《平台革命》，志鹏译，机械工业出版社2017年版，第161页。

❷ "私法自治之限制，以使生活资源之合理分配为其原理原则。"参见曾世雄：《民法总则之现在与未来》，中国政法大学出版社2001年版，第21页。

过法律明确平台怠于管理的惩罚措施和民事责任。这就是说，平台自治的依据不应当来自其与用户的合同约定，而是应当源于专门的法律规定。

五、平台自治和传统的公司自治的区别

公司自治是指公司治理主体依照公司法和公司章程，自主安排公司治理机构，配置公司权力（利）、义务和责任的活动，公司自治的三大要求是"人格独立、财产独立与行为自由"。❶ 平台作为一种特殊的公司，平台自治本身属于公司自治的一种，或者说是公司自治的高级形式。但平台自治和传统的公司自治之间有着以下重大的区别。

第一，范围不同。传统的公司自治是以公司治理结构为基础进行的配置权、责、利的活动。而平台自治，主要是平台对双方市场以及平台生态系统的治理。

第二，影响不同，平台自治涉及面更广，影响更大，甚至涉及公共利益。

第三，自治的主体、客体不同。平台自治的主体主要是平台，治理的客体主要是双边市场交易秩序、平台生态系统。而公司自治的主体主要是股东、董事、监事和高级管理人员等都参与公司自治，治理的客体是公司内部的管理秩序。

第四，外部干预性不同。公司治理应主要由公司自主决定，法律并不一般性地干预公司治理中的具体活动，但法律仍在其中具有重要作用，比如提高信息披露水准，保持公司参与人谈判的可能性和约束他们之间不守信用的行为。相比而言，平台自治不仅涉及平台内部的利益关系，而且也大量牵涉公共安全，对监管提出了更高的要求，外部法律对平台的干预性也更高。

【延伸阅读1】微信小程序的自治体系。小程序是一种全新的移动互联网业态，一经面市就受到诸多公司追捧。目前微信的小程序有五大类，包括零售、电商、生活服务、政务民生和小游戏。关于产品理念，微信团队的描述是"无须安装，无须卸载，用完即走"。小程序的关键指标不是粉丝留存率，而

---

❶ 刘俊海：《现代公司法》，法律出版社2008年版，第133页。

是用户回访率。而小程序真正的意义在于，彻底打通了线上与线下的壁垒，将微信变成工具之王。

2017年1月9日，微信小程序率先上线。随后，支付宝、百度、今日头条等陆续上线小程序。随着小程序的发展，其商业价值逐渐显现。据微信公布的数据显示，截至2019年1月，微信小程序覆盖超过200个细分行业，服务超过1000亿人次用户，年交易增长超过600%，创造超过5000亿元的商业价值。在小程序迅速发展的同时，相关知识产权保护问题也显现出来。据微信官方在2019微信公开课上公布的数据显示，2018年全年微信小程序侵权投诉近4000件。从投诉类型看，主要分为两大类：一是小程序的昵称、头像、功能简介；二是小程序的内容。从投诉内容来看，涉及著作权侵权、商标侵权及专利侵权等。其中，著作权侵权投诉颇多。

伴随着微信小程序生态初具规模，相配套的规则体系也更加完善。微信小程序如今建立了《服务条款》《运营规范》《常见拒绝情形》以及《开放的服务类目》四大运营规则体系，涉及小程序分享、知识产权保护、UGC内容分享等重点的小程序运营规则。其中，在针对小程序的内容侵权投诉问题上，被投诉方收到投诉通知后，可对投诉通知所指出的涉嫌侵权的内容进行评估，自行下架侵权高风险内容；如果开发者已经自行处理了被投诉内容，平台在审核时，就不会对整个小程序进行下架处理，进而保护了小程序的整体权益。同时，为保持小程序服务的连续性，微信对不属于严重违法违规、不属于多次批量或恶意对抗的小程序违规行为，平台会下发违规整改处理提示，开发者需对违规部分进行全面整改，否则相关小程序会被下架。❶

【延伸阅读2】公司是一种社团组织，因而平台自治属于一种广义上的社团自治。当前，我国社团自治暴露了众多问题，这个方面的研究也明显不足。其中，最著名的是"亚泰案"。❷

---

❶ 《首例涉微信小程序著作权侵权案一审宣判——小程序不适用"通知—删除"规则》，载 http://ip.people.com.cn/n1/2019/0301/c179663-30951831.html，访问时间：2019年10月18日。

❷ 苏西刚：《社团自治及其法律界限的基本原理》，载《行政法论丛》2005年第1期。

2001年10月16日，中国足协对四川绵阳、成都五牛、长春亚泰、江苏舜天和浙江绿城俱乐部足球队涉嫌打假球作出处罚。同一天，中国足协就广州吉利队在与上海中远汇丽队的比赛最后阶段的违规行为作出处罚。上述被处罚对象对处罚均表示不服，其中广州吉利队宣布退出中国足球协会，并认为中国足协的处罚侵害了俱乐部的名誉权，于2001年12月13日，以中国足协为被告，向广州天河区人民法院提起民事诉讼，状告中国足协名誉侵权。长春亚泰则于2001年10月19日和11月10日，两次向中国足协提出申诉状，但中国足协未答复，亚泰遂于2002年1月7日，以中国足协为被告，向北京市第二中级人民法院提起行政诉讼。广州市天河区人民法院对广州吉利的民事诉讼作出了驳回诉讼请求的裁定，北京市第二中级人民法院认为，长春亚泰提起的行政诉讼不属于人民法院行政诉讼的受案范围，依法作出了不予受理的裁定。

该案提出的问题包括：足协处罚是否应受国家司法管辖？应当受何种司法管辖？直接涉及社团自治是什么？它的界限何在？应当说，平台自治本身是社团自治的特殊形式，社团自治研究的深入，有助于深入理解平台自治。

第四节 与民法基本原则的关系

民法上的基本原则是指具有普遍法律约束力的一般原则，也包括即使在法律文本中没有写明但也具有法律拘束力的法的一般原则，是贯穿于整个民事立法，对各项民法制度和民法规范起统率和指导作用的立法方针。依据《民法总则》，我国民法的基本原则主要包括平等原则、私法自治原则、诚实信用原则、公序良俗原则等。本书认为，平台企业法作为一门商事特别法，民法基本原则自然可以全面贯穿于平台企业法的各项制度、行为中，方式主要有两种：一是体现为平台企业法中的下位具体原则，即安全保障原则、信用保护原则、平台自治原则，分别对应于民法中的公序良俗原则、诚实信用原则、私法自治原则；二是直接体现在平台企业法的各种制度、行为中，如平等原则和公平原则。分述如下。

一、安全保障原则是公序良俗原则的具体体现

公序，指公共秩序，是指国家社会的存在及其发展所必需的一般秩序；良俗，指善良风俗，是指国家社会的存在及其发展所必需的一般道德。公序良俗指民事主体的行为应当遵守公共秩序，符合善良风俗，不得违反国家的公共秩序和社会的一般道德。

公序良俗原则起源于罗马法。在罗马法上，所谓公序，即国家的安全，市民的根本利益；良俗即市民的一般道德准则。在德国民法中，与公序良俗相当的概念是善良风俗。在英美法中，与此类似的概念是公共政策。我国《民法总则》多次提及公序良俗。如《民法总则》第8条规定，民事主体从事民事活动，不得违反法律，不得违背公序良俗；第10条规定，处理民事纠纷，应当依照法律，法律没有规定的，可以适用习惯，但是不得违背公序良俗；第153条规定，违背公序良俗的民事法律行为无效。

违反公序良俗的情形大致包括以下几种：危害国家公共秩序类型；危害家庭关系类型；违反性道德行为类型；射幸（侥幸）行为类型；违反人权和人格尊严类型；限制经济自由的行为类型；违反公平竞争行为类型；违反消费者保护的行为类型；违反劳动者保护的行为类型；暴利行为类型。

首先，在平台中，人们是在一个虚拟的空间中进行交易交流的，人身安全、财产安全、信息安全是首要考量的因素，不得损害他人的安全是行为的首要准则。其次，在平台上，还需要维护交易安全和平台生态系统健康，反对限制经济自由，反对暴利，促进公平竞争。最后，在平台上，还涉及社会公共安全问题，平台活动不得损害社会公共安全，不得散布危害国家安全的信息以及其他公德的信息、言论等。由此，安全保障原则是公序良俗原则在平台领域的具体体现。

二、信用保护原则是诚信原则的具体体现

诚信原则要求一切市场参与者遵循诚实商人和诚实劳动者的道德标准，在不损害他人利益和社会公益的前提下，追求自己的利益。诚实信用原则为市场

经济活动中的道德准则，是民法的帝王条款。诚实信用原则的目的是在当事人之间的利益关系和当事人与社会之间的利益关系中实现平衡，并维持市场道德秩序。

我国《民法总则》第7条规定："民事主体从事民事活动，应当遵循诚信原则，秉持诚实，恪守承诺。"《民法通则》第4条规定："民事活动应当遵循自愿、公平、等价有偿、诚实信用的原则。"《合同法》第6条规定："当事人行使权利，履行义务应当遵循诚实信用原则。"《消费者权益保护法》第4条规定："经营者与消费者进行交易，应当遵循自愿、平等、公平、诚实信用的原则。"

在平台上，由于交易双方数量众多，均为虚拟存在，沟通交流的方式、频率也受到极大的限制，信息不对称现象更为普遍，因此信用的建立和保护更为重要，直接涉及交易是否能够进行的问题。但也只有在平台上，借助大数据技术，才能够把信用数值化，为每个用户建构信用档案，有效地建立、完善信用评价体系。在其他法律中，诚信原则由于内涵和外延的不确定性，所涵盖的范围极大，远远超过其他一般条款，较多地涉及自由裁量问题，需要在个案中具体化，但在平台上可以量化。可以说，在平台企业法上，民法诚信原则能够得到更为彻底的实现，信用保护原则即为民法诚信原则的具体表现，贯穿于平台企业法的各项制度、平台经营管理的各项行为中。

三、平台自治原则是私法自治原则的具体体现

私法自治，指各个主体根据自己的意志自主形成法律关系的原则，私法自治的工具是法律行为。❶ 此为民法最重要的基本原则，旨在保障实践个人的自主决定及人格尊严。私法自治原则体现在各种制度之上：（1）所有权自由，即所有人于法令限制之范围内，得自由使用收益及处分其所有物，并排除他人之干涉。（2）遗嘱自由，即个人于其生前，得以立遗嘱处分财产，决定死后其财产的归属。（3）契约自由，此在法律交易上最为重要，指当事人得依其

---

❶ ［德］迪特尔·梅迪库斯：《德国民法总论》，邵建东译，法律出版社2000年版，第142页。

意思之合致，缔结契约而取得权利，负担义务。

私法自治在公司制度中表现为公司自治。平台企业一般采取公司形式，故平台自治是公司自治的高级形式，是私法自治原则的具体体现，包含以下几层意思。

第一，平台是公司的一种，平台自治仍然属于公司自治的范畴，而公司作为市场经济中最为重要的一类主体，公司自治也是私法自治的重要表现形式。

第二，平台自治超越了普通公司自治的范畴，是公司自治的一种高级形式。普通的公司自治主要局限于公司的内部治理，包括公司股东之间、公司机构之间的职权职责以及议事程序等。而平台自治除了包含这些传统的公司的自治内容以外，还包括公司外部治理，即对以平台为核心的整个生态系统的治理，这就大大地超越了传统公司治理的范围，是公司自治的一种高级形式，只有平台这种特殊主体才会涉及对其所建构的生态系统的治理。

第三，平台自治中，决策自由受到一定的限制。德国著名法学家迪特尔·梅迪库斯详细地阐述了私法和公法在决策自由上的区别。在私法上，通常情况下行为人不需要向任何人说明为何作出这样决定的原因，即"私法主体的动机是一种禁忌。对于其行为的后果，主体充其量是自己承担责任"。也就是说，在通常情形中，法律不可能对这些决策是否具有合理的动机进行监控。只有在滥用权力的场合，才适用不同的原则。如果对私法上的行为要求强制说明理由，那么，家庭主妇就必须说明，她为什么在某个特定的面包师那里购买小面包，而不在另一个面包师那里购买。但在公法上，对决策自由进行限制必须陈述理由，主要原因在于：一是国家拥有权力工具，须进行限制；二是公法不同于私法，公法中一般不存在将法律后果归属于决策者的现象。❶ 在平台自治中，平台享有类似的一种准公共权力，可以单方面影响广大用户的权益，因而必须对其决策自由进行限制。

---

❶ [德] 迪特尔·梅迪库斯：《德国债法总论》，杜景林、卢谌译，法律出版社2004年版，第8-9页。

四、平等原则和公平原则在平台企业法中的实现

所谓平等原则，是指在民事活动中一切当事人法律地位平等，当事人的人格完全平等，任何一方不得将自己的意志强加给对方。公平原则也是民法的一项基本原则，它要求当事人在民事活动中应以社会正义、公平的观念指导自己的行为，平衡各方的利益。

平等原则和公平原则之间有着密切的联系，二者都强调了公平、正义的价值理念。二者的区别在于：平等注重的是形式上的平等，而公平注重的是实质上的公平。由于在实际生活中，基于种种原因，双方实力上的不平等为一种常态。所以，在法律上对实力更强的一方施加更高的注意义务要求，对双方行为的结果进行干预。对双方实力上的不平等采取颠倒行动，以一种形式上的不平等规定追求实质平等的功能，❶ 最后获得相对公平的结果。

在平台企业法上，用户和用户之间，实力地位可能是平等的，也可能是不平等的。比如，电商平台内经营者和消费者之间在经济上、信息上可能是不平等的，经营者一方占据更多的优势。由此，在立法上，需要对消费者进行倾斜保护，比如，7天无理由退货等，以达实际上的公平状态，体现民法公平原则。

目前，在平台和用户之间，双方的法律地位在名义上是一种合同关系，双方当事人法律地位平等，但实际上是一种管理与被管理的关系。如果说，在是否加入平台问题上，用户还存在有限的选择余地，❷ 那么在加入平台后，对于用户而言，平台自治规则的制定、修改、执行，不可能和平台处于一种平等地位。在立法上，就要督促平台善用管理职权，妥当履行管理职责，不能损害用户正当权益，以达到实际上的公平状态，体现民法公平原则。另外，在法律责任承担方面，如果平台是在履行管理职责，处于中立地位，没有牟取特殊私

---

❶ 此种规定为"间接的平等规定"，如合同法上格式条款之规定。参见徐国栋：《民法哲学》，中国法制出版社2009年版，第120页。

❷ 例如，是否加入某一电商平台，用户可能具有选择权；是否加入微信或钉钉，用户要么选择加入，要么选择被淘汰，实际上选择余地很小。

益，不存在主观故意，这种情况下，可以适度减轻平台的法律责任，这也符合民法的公平原则。

第三章　平台设立

　　设立、经营平台需要具备一定的核心资源，对于平台而言，这些核心资源包括人力资源、金融资源、知识资源以及实物资源等，这是平台商业模式得以运行的最为重要的资产，应当体现为平台的设立条件。但这种条件并没有统一的规定，而是散落在不同的法律法规规章中。例如，法律法规规定申请互联网信息服务业务经营许可证的，应当符合《中华人民共和国电信条例》第13条的规定和下列条件：(1) 有与开发经营活动相适应的资金和专业人员；(2) 有业务发展计划及相关技术方案；(3) 有为用户提供长期服务的信誉或者能力；(4) 经营者为依法设立的公司，注册资金应在100万元或者100万元以上的公司；(5) 涉及ICP管理办法中规定须要前置审批信息服务内容的，已取得有关主管部门同意的文件；(6) 健全的网络与信息安全保障措施，包括网站安全保障措施、信息安全保密管理制度、用户信息安全管理制度；(7) 国家规定的其他条件。

　　显然，上述要求均远远高于《公司法》确定的标准。本书认为，平台并非普通企业，而是整个平台生态系统的核心，可能涉及海量的用户、产品和信息，因而在注册资金、技术、人才、设施、规则等方面均应有更高的要求。❶ 经营管理一个平台，不同于一个普通的企业，需要投入大量的人力、技术力量、财力，平台的设立本身应当有比较高的门槛，才能够符合平台管理的要求。❷ 本章主要参照相关法律对平台的设立条件进行描述。

第一节　平台注册资本

一、《公司法》规定的注册资金要求

注册资本，是指合营企业在登记管理机构登记的资本总额，是合营各方已经缴纳的或合营者承诺一定要缴纳的出资额的总和。我国法律、法规规定，合营企业成立之前必须在合营企业合同、章程中明确企业的注册资本，合营各方的出资额、出资比例、利润分配和亏损分担的比例，并向登记机构登记。

2006年《公司法》修改后取消了按照公司经营内容区分最低注册资本额

---

❶ "由于互联网时代监管的客观复杂性远超过传统产业时代。以广告发布为例，传统时代，央视是最大的一个广告公司，一天可能上传的广告是有限的，在百度搜索平台上，每天上传推广的信息可以达到每秒5000条，而每天都是数以千万计的，从而导致客观的复杂性远远超越我们传统时代所想象的。在2016年7月份，一些网站发现网络赌博的问题，这些网络赌博的信息，我们核查时发现它的变种词居然超越了3万条，这在实际当中可能是无法想象的。我们现在对这方面审核的团队已经超越了1000人，每天实现机器+人工+人工三道防线24小时不断排查。"百度公司法务部总经理谭俊：《互联网企业发展中的困惑与法律需求》，2016年第十一届中国法学青年论坛主旨演讲，载 https://www.chinalaw.org.cn/portal/article/index/id/20358.html，访问时间：2020年1月17日。

❷ 管制分为两种：一是经济性管制，主要包括自然垄断领域和存在信息不对称（信息偏在）的领域，其典型产业包括有线通信、电力、铁路运输、自来水和煤气供应等产业；二是社会性管制，以保障劳动者和消费者的安全、健康、卫生、环境保护、防止灾害为目的，对产品和服务的质量和伴随着提供它们而产生的各种活动制定一定标准，并禁止、限制特定行为的管制。参见王俊豪：《政府管制经济学导论》，商务印书馆2001年版，第31-40页。本书认为，从政府管制的角度上看，对平台的设立设置较高的要求，也是一种市场准入的管制行为。政府对平台的管制既有经济性管制的性质，比如，具有网络效应及成本弱增性，但又不同于自然垄断；也具有社会性管制性质，比如，对平台用户权益的特殊保护等。

的规定，将有限责任公司的最低注册资本从 10 万~50 万元统一降至 3 万元，将股份有限公司的最低注册资本从原来的 1000 万元降至 500 万元。尽管没有采纳授权资本制，但却允许两种公司的资本都可以分期缴纳，而不必一次性缴足，只是要求全体股东的首期出资额不得低于注册资本的 20%（首期出资额不得低于注册资本的最低限额），而其余部分必须在两年内缴足，其中投资公司可以在 5 年内缴足。2014 年新修订的《公司法》改实收资本验资制为核准制，仅存 27 类金融相关企业仍需验资注册资本。

二、互联网企业的注册资金要求

互联网信息服务业务经营许可证，即 ICP 经营许可证。根据 2000 年通过的《中华人民共和国电信条例》（中华人民共和国国务院令第 291 号）、《互联网信息服务管理办法》（中华人民共和国国务院令第 292 号），国家对提供互联网信息服务的 ICP 实行许可证制度。从而，ICP 许可证成为网站经营的许可证，经营性网站必须办理 ICP 许可证，否则就属于非法经营。因此，办理 ICP 许可证是企业网站合法经营的需要。ICP 许可证由各地通信管理部门核发。根据《中华人民共和国电信条例》的规定，要办理 ICP 许可证，公司注册资金应在 100 万元或者 100 万元以上。

国家广电总局从 2008 年开始施行《互联网视听节目服务管理规定》，要求凡是在互联网上从事互联网视听节目服务的都应该取得《信息网络传播视听节目许可证》。企业单位申办互联网视听节目服务的，注册资本应在 1000 万元以上。其中，提供新闻、影视剧、文娱、专业等多种内容视听节目服务的，注册资本应在 2000 万元以上。新闻宣传单位设立的企业申办公益性互联网视听节目服务，不受最低注册资本限制。

2017 年，文化部发布新版《互联网文化管理暂行规定》，要求申请从事网络游戏经营活动的公司应当具备不低于 1000 万元的注册资金。

三、平台企业的注册资金要求

本书认为，平台企业必须具备一定的注册资金规模，舍此无法对平台生态系统进行有效的管理，无法具备一定的技术人才、法律人才、技术设施，不能提供有效的准公共产品。很多平台还从事各种金融活动，对资金的要求应当更高。近年来，发生众多的 P2P 平台跑路事件，其中的原因多种多样，但注册资金的门槛太低也是重要因素。笔者曾到访过杭州一家颇有名气的 P2P 公司，其注册资金 1000 万元，但首期缴纳仅 50 万元，实际投入的就是这 50 万元。虽然一时红火，但最后法定代表人也投案自首。

现行法律对设立金融机构的注册资金有着较高的要求。比如，设立全国性商业银行的注册资本最低限额为 10 亿元人民币，设立城市商业银行的注册资本最低限额为 1 亿元人民币，设立农村商业银行的注册资本最低限额为 5000 万元人民币。信托公司注册资本最低限额为 3 亿元人民币或等值的可自由兑换货币。金融租赁公司注册资本最低限额为 1 亿元人民币或等值的可自由兑换货币，证券公司最低注册资本是 5000 万元人民币，从事证券承销与保荐、证券自营、证券资产管理中的一项时，最低注册资本是 1 亿元人民币，两项或两项以上时最低注册资本是 5 亿元人民币。以上注册资本应当是实缴资本。

参照金融机构的注册资金要求，考虑到平台的管理需求，本书认为，设立平台的注册资金不应当少于 5000 万元人民币，而且应当是实缴资本。主要考虑以下几个方面的需要：

第一，对平台技术人才、法律人才、服务人员等方面的人才资源要求；

第二，平台创办初期，常以免费方式召集平台用户的需求；

第三，对平台安全运行的保障要求；

第四，平台对用户身份和内容审查方面的要求；

第五，平台可能实施的转移支付等方面的要求；

第六，平台承担法律责任方面的要求。

【案例解读】 P2P 公司网贷评级不正当竞争纠纷案〔（2017）京 73 民终 981 号〕。原告久亿恒远（北京）科技有限公司（简称"久亿公司"），被告北京融世纪信息技术有限公司（简称"融世纪公司"），第三人：中国人民大学国际学院（苏州研究院）（简称"苏州研究院"）。久亿公司诉称，其经营

"短融网"P2P网贷平台，融世纪公司为互联网金融企业，双方为同业竞争企业。融世纪公司联合苏州研究院从2015年年初起针对P2P网贷平台开展评级活动，定期发布评级报告，每期报告针对100家左右的P2P网贷平台按A至C级进行划分。久亿公司发现，融世纪公司于2015年2月9日发布的《2015年网贷评级报告（第一期）》中将久亿公司开办的短融网列为C级，2015年5月19日发布的《2015年网贷评级报告（第二期）》中将短融网进一步降级为C-级，并在网贷评级说明部分将C-级解释为"平台综合实力弱，仅少数平台获得过风险投资，管理团队结构有较大改进空间，经验相对不足"等，上述评级报告等文章在社会上广泛传播。久亿公司认为，融世纪公司不具有合法评级业务资质，在上述两期评级报告中对久亿公司的评价构成了对久亿公司的商业诋毁。融世纪公司辩称，互联网金融网贷评级领域尚无法律法规的限制性规定，其收集了大量公开事实和数据，并有较为科学的评价体系，其行为不构成商业诋毁。

法院认为：关于评级资质，在尚无明确的法律法规对网贷评级主体资质、评级要求和标准作出规定的情况下，法院判断融世纪公司的行为是否构成商业诋毁，应以行为本身是否属于捏造、散布虚假事实进行实质性评判，而非对行为主体是否具有准入资质进行评判。关于评级标准，法院结合双方证据、专家辅助人的意见认定，久亿公司缺乏充分证据证明融世纪公司存在主观恶意，收集的短融网数据信息不真实、不完整，也无法指出涉案评级体系规则存在明显不科学、不合理之处，以及评级结果使久亿公司受到不当的市场冲击而造成商业信誉受损。法院驳回了久亿公司的全部诉讼请求。

本书认为，P2P平台扛着互联网金融、普惠金融的名义，设立几乎无门槛，风险极高。绝大部分P2P平台设置了资金池模式，对出借行为进行了担保，实际上是作为经营者参与其中。该案中，被告对原告P2P平台的评级行为，法院认为并非有意的商业诋毁，非常有现实意义，是法律对平台设立门槛缺少强制性规定情况下的一种市场自救行为。

第二节 平台技术要求

一、现行法律关于平台技术要求方面的规定

根据《互联网视听节目服务管理规定》，可以申办许可证并继续从业的条件之一就是：有健全的节目安全传播管理制度和安全保护技术措施。

申请网站 ICP 许可证的，除《中华人民共和国电信条例》第 13 条规定的条件外，还要有健全的网络与信息安全保障措施，包括网站安全保障措施、信息安全保密管理制度、用户信息安全管理制度。

申领网络文化经营许可证，需要具有从事经营 ICP 业务的可行性报告和技术方案；为用户提供长期服务的能力及保障措施，包括后续资金保障、技术力量保障、商业经营保障、内置管理模式；具有信息安全保护措施，包括网站安全保障措施、信息安全保密管理制度、用户信息安全管理制度。

二、平台的安全技术

以交易平台为例，人们不再是面对面的、看着实实在在的货物，靠纸介质单据（包括现金）进行买卖交易，而是通过网络，通过网上琳琅满目的商品信息、完善的物流配送系统和方便安全的资金结算系统进行交易（买卖）。从技术角度讲，电子商务交易安全的需求突出表现为网络系统的硬件、软件及其系统中的数据受到保护，不受偶然的或者恶意的原因影响而遭到破坏，系统连续可靠地运行，网络上的信息（包括静态信息的夺储和传输）都是安全的。主要的安全问题是支付安全和信息保密，要用密码技术、数字签名、数字邮戳、数字凭证和认证中心等技术和手段构成安全电子商务体系。

（1）防火墙技术。防火墙就是在网络边界上建立相应的网络通信监控系统，用来保障计算机网络的安全，它是一种控制技术，既可以是一种软件产品，又可以制作或嵌入某种硬件产品中。

（2）数据加密技术。在电子商务中，数据加密技术是其他安全技术的基

础，也是最主要的安全措施。目前，加密技术分为两类，即对称加密和非对称加密。首先，对称加密又称为私钥加密。发送方用密钥加密明文，传送给接收方，接收方用同一密钥解密。其次，非对称加密又称为公钥加密。公钥加密是在对数据加解密时，使用不同的密钥，通信双方各有两把密钥，即一把公钥和一把密钥。最后是数字签名技术，仅有加密技术还不足以保证信息传递的安全，在确保信息完整性方面，数字签名技术占据着不可替代的位置。

（3）安全监测技术。针对数据开放共享场景下海量异构数据的融合、存储和运维管理，需要采取有效的针对性技术手段强化网络安全监测，通过对流量、日志、配置文件等进行监测，对数据开放共享平台及系统进行网络安全的深度监测和分析，对网络安全事件进行预警与协同防御处置，提升对安全风险的监测预警和感知能力，提升数据开放共享平台和系统的整体安全态势感知、风险研判、安全预警及安全决策等能力。

（4）访问控制技术。有效的身份认证与访问控制是确保数据不被非授权访问的关键。针对应用场景、业务需求等划分用户，通过统一的身份认证和单点登录，为系统用户访问数据资源提供集中、唯一的访问入口，禁止用户非法访问和使用数据资源，实现用户对资源的访问控制，并对用户访问资源的行为进行记录，以便事后追根溯源。

（5）数据脱敏技术。平台上存在大量的敏感数据，如个人信息数据、交易数据等。对于这些敏感数据，需要依据相关的法律法规、数据分类分级的安全需求以及数据开放共享的安全管理要求，定义数据脱敏的安全方法和评估标准，针对数据开放、交换、交易等应用场景对数据进行脱敏。

（6）追根溯源技术。安全事件追根溯源要求对用户的操作行为进行审计，对违规操作能够进行溯源。对流量信息、日志信息以及告警信息等进行关联分析，有效地追溯网络攻击行为，关联行为主体的 IP 地址等信息，追溯到行为主体所在的单位、具体的操作人。通过对数据开放共享全过程进行不可抵赖和修改的记录，提升对安全责任的确责和追责能力。

三、电商平台的精确搜索技术

数字技术的发展，使得供需之间的海量触达、匹配、互动和交易成为可能。在虚拟的平台上，面对海量的交易主体、交易产品，怎样撮合交易？如何能让用户找到符合意图的商品？这是首先要解决的问题。以淘宝为例，淘宝有几十亿商品，挂靠在几千个叶子类目、上百个一级类目、十几个行业下面。而且，淘宝的数据变化和更新非常快。每天大量的新商品数据被上传到网站，一旦新商品被上传，这个商品就需要被搜索到。同时在淘宝每天有大量的商品不停地在更新，包括商品标题描述的变化、商品价格的改变、商品图片的更新、商品的上下架等，这些变化也需要实时地更新到搜索中，以便让用户及时找到更新后的商品信息。离开信息搜索技术，平台往往无法进行运作。

【延伸阅读】平台核心交互有三个关键要素：参与者、价值单元和过滤器。(1) 所谓参与者，主要是创造价值的生产者和使用价值的消费者。(2) 价值单元，价值单元是商家所创造的单个消费单位或消费单位展示，包括两层意思：一是在平台上可以直接交换消费的商品服务，比如软件、视频、文字、图片等，每一单位构成一个价值单元；二是线下消费的商品、服务，体现为平台上的展示列表，比如在当当网上每一件图书商品的具体名称、单价、目录，优步的可用车辆列表，推特的文章，领英的简历，谷歌上搜索到的网页标记等。平台不会创造价值单元，平台的参与者创造价值单元。平台是一个庞大的信息工程项目，储存大量价值单元的信息，它鼓励生产者创造精确、有用、有关联且让消费者感兴趣的价值单元。(3) 过滤器是有严格算法的一个软件工具，设计得当的过滤器保证平台用户只会接收到与他们相关并对于他们来说有用处的价值单元，而设计不当的过滤器所造成的结果恰恰相反，有可能使得用户放弃平台。因此，平台获得的用户信息、价值单元信息越多，过滤器越精准，生产者和消费者正确匹配获得的可能性就越高。❶

四、社交平台的谣言拦截技术

例如，2014 年 8 月 7 日，微信已为抵制谣言建立了技术拦截、举报人工

---

❶ ［美］杰奥夫雷·G. 帕克、马歇尔·W. 范·埃尔斯泰恩、桑基特·保罗·邱达利：《平台革命》，志鹏译，机械工业出版社 2017 年版，第 40-41 页。

处理、辟谣工具这三大系统。在相关信息被权威机构判定不实,或者接到用户举报并核实举报内容后,微信会积极提供协助阻断信息的进一步传播。在微信公众平台第一阶段的严打过程中,删除文章近千篇,封停账号400余个。

第三节 平台法律人才要求

一、平台法律需求范围

平台作为最大的自治性社会组织,对整个生态系统的健康运行负有主要责任。在实际运行过程中,具有众多的法律需求,这些需求至少包括以下两大方面。

1. 平台特有的法律需求

(1) 制定规则。即制定交易规则、交易机制、纠纷处理机制等。特别是互联网产业,创新、颠覆似乎就是它与生俱来的基因,这给互联网法务工作带来的挑战不言而喻,法律经常会和业务、技术混在一起。研究新的业务模式,分析新的侵权模式,产生新的案件类型,形成新的规范。

(2) 处理举报。即对平台上具有的负外部性的各种信息、行为进行处理。例如,在日常运营中,腾讯有一支专业的队伍负责处理用户的举报内容。根据用户的举报,查证后一旦确认存在涉及侵权、泄密、造谣、骚扰、广告及垃圾信息等违反国家法律法规、政策及公序良俗、社会公德的行为,该队伍会视情况严重程度对相关账号予以处罚。

(3) 处理知识产权投诉。平台是知识产权侵权的重灾区,需要专门的法律力量进行处理,几个大平台均设立了专门的知识产权部。例如,早在淘宝成立之前,阿里巴巴便有一支专业团队,处理海内外的知识产权投诉。阿里巴巴知识产权团队规模大、专业性强、业务内容广、技术手段多、自动化和智能化程度高。随着业务量的持续增加,阿里巴巴集团的知识产权团队规模也越来越大。从早期的由安全部兼顾,到后来的由网络安全部负责,再由2C(天猫、淘宝)和2B(alibaba、1688)两个BU平台分别管理,最后到目前由平台治理部集中统一安排。组织架构在不断调整，团队规模也由最初的几个人增加到目前的500多人。

（4）执行平台规则，裁决各种纠纷。这相当于准执法和准司法工作，主要是依据平台规则和国家相关法律进行，涉及管辖、法律事实认定、法律及平台自治规则的适用等。

2. 平台常规业务的法律需求

（1）并购业务。负责公司治理、上市合规、融资、兼并收购、大规模技术交易、投后项目、产品国际化及境外风险控制、海外分公司、境外HR等方面的法务支持及相关标准和规则的制定。

（2）产品合规业务。法务团队针对业务部门的需求，设立细分的接口小组，由专人跟进对应业务部门的法务工作。很多时候，互联网企业的技术人员、工程师们并不具备把产品和法律联系在一起的意识，而互联网公司之间本就是技术的战争，各个公司法务的关注重点也在对方的产品上，法务人员在产品研发前期就实时跟进，对产品可能产生的法律风险进行预警和防范，从而提前避免诉讼的产生。比如，腾讯平台法务中心下设有与公司几大事业群相对接的专业团队，能够与产品部门、业务部门深入沟通，在产品设计、业务规划初期即介入，进行法律风险提示并提出优化方案。

（3）日常法律管理。负责为公司业务提供法律事务支持及法律风险管理，同时负责诉讼争议事务、法律研究、法务管理和团队建设。

（4）知识产权管理。统一负责公司专利、商标、版权、域名、商业秘密等知识产权的确权、管理、策略制定和实施，以及与知识产权相关的业务战略规划与执行。

（5）数据安全管理。设立数据安全官。根据欧盟GDPR规定，数据控制者和处理者应当任命数据安全官，能够适当及时地参与有关个人数据保护的所有事宜，并能够独立地执行任务，而且不会因此受到控制者或处理者的解雇或处罚。虽然我国《网络安全法》等相关法律法规并没有要求设置"数据安全官"这个职位，但是考虑到满足欧美国家和地区对数据安全合规的需求，进

一步加强个人隐私保护,设置数据保护官必将是我国企业内部数据合规的重要一步。❶

二、平台的法律人员需求

在 BAT❷ 等大中型互联网公司内部,法务工作往往细分为诉讼法务、合规法务、知识产权法务以及 BU 法务等,分工负责,相互配合;既要通过接口团队进行前端的风险控制以及知识产权团队的全方位布局,也要通过诉讼、投资并购等团队来解决实际发生的问题,保障公司权益、支撑业务发展,更要预先进行前沿问题的研究,从事研究工作,往往人数众多。比如,华为法务部的员工近千人,法务部包括两大块:一个是律师部门,另外一个是知识产权部门。法务部具有增值的功能已经成为华为的文化。

360 安全卫士作为一款病毒防护软件,该产品的研发人员为了维护用户的安全,在百度网页中可能存在木马、病毒的地方进行了标记,随后因此被百度告上了法庭。法院最终的判决是 360 败诉,败诉原因在于 360 安全卫士在对木马进行标记的同时,推广了 360 浏览器,就变成了非公益性行为,干扰了百度的正常经营。如果 360 的法务人员在产品开发时能够对其进行实时跟进,就能够避免此类事件的发生。之后,360 公司的法律团队也从一个"风控部门"变成了"产品支持部门"。

---

❶ 张莉:《数据治理与数据安全》,人民邮电出版社 2019 年版,第 250 页。
❷ B 指百度、A 指阿里巴巴、T 指腾讯,是中国互联网公司百度公司(Baidu)、阿里巴巴集团(Alibaba)、腾讯公司(Tencent)三大互联网公司首字母的缩写。BAT 已经成为中国最大的三家互联网公司。中国互联网发展了 20 年,现在形成了三足鼎立的格局,三家巨头各自形成自己的体系和战略规划,分别掌握着中国的信息型数据、交易型数据、关系型数据,利用与大众的通道不断兼并后起的创新企业。过去数年,三家巨头共投资了 30 家已上市公司和几百家未上市公司。中国互联网未上市创业公司估值前 30 名的公司,80% 背后有 BAT 的身影。基于现有业务的竞争优势在移动互联网领域构建完整的生态体系已经成为 BAT 的布局核心,但在这个过程中,三巨头的侧重点各不相同。百度以搜索引擎为支撑,在探索新业务方向时,主要以战略投资为主,形式多为收购和控股,这样一方面可以引进人才,另一方面可以卡位新的业务。阿里巴巴侧重于构筑完善的电子商务生态链,覆盖物流、数据服务、电商的交易支付、供应链金融等领域。腾讯更多的是采用开放平台战略,特别是对相对不熟悉的领域,而游戏领域一直是腾讯投资的重点。

总之，在平台上，法务部门是一个创造价值的部门，而不仅是一个服务的部门、被动的部门，法务部门的布局须全方位支持公司业务快速发展。据此，本书认为，即使是初创期的平台法务人员也不能少于10人。其中，应至少有一半是专职人员，并具有3年以上的法律从业经历。没有这些专业人员，对平台规则制定、纠纷裁决以及平台上内容违法性的判断都将无法进行，更不用说进行产品支持了。

【延伸阅读】BU法务与业务、产品的贴合度极高，BU即Business Unit，意为业务单元。对于多业务的集团性公司来说，每个不同业务、不同产品都极可能是一个单独的Business Unit，也就是独立完成一件事情的小组或部门。与传统企业随事而建的中短期项目组不同，BU通常是中长期固定存在的业务组织，以业务和产品运营发展为其存在目的。与具体负责某一职能的传统部门也不同，BU通常"五脏俱全"，在产品、研发、运营、销售等业务团队基础上会配备齐全BU法务、BU财务、BU税务、HRBP等系列职能人员。其中，BU法务即是紧跟业务发展，统筹负责解决或对接BU所面临的所有法律事务的职能岗位。

第四节　平台金融要求

一、平台与金融的关系

（1）平台交易需要解决交付问题。在互联网早期，成为网络支付主流的，在全球是PayPal。2002年，eBay以15亿美元收购PayPal。eBay是世界最大的网上市场，PayPal则是eBay上用户的主要支付手段。PayPal提供委托付款服务。付款人的钱不直接存入收款人的银行账户，而是暂时冻结在PayPal的企业账户中，当有邀请或确认时，PayPal才予以转账，并且也不是直接以现金形式拨款，而是转入收款人的PayPal虚拟账户。如果收款人超过1个月不予履行交易，PayPal就会通知付款人，并将款项按原路径退还给本人。PayPal的主要收益来源之一就是这种虚拟账户存款的利息收入。❶ PayPal 账户之间转账，不像支付宝或是微信之间转账那样基本没有手续费，也没有像支付宝或是微信那样提供一个不可逆的支付方式。❷ 使用 PayPal 转账，付款的一方有 45 天的时间反悔，可以把钱追回来。所以使用 PayPal 来进行虚拟物品的交易基本不可能，因为总有买家钻空子，在获得了虚拟物品之后声称自己 PayPal 账号被盗，再把付出的钱追回来。

2003 年，随着淘宝网和电商的发展，阿里巴巴发现了网络支付的需求。2005 年 1 月，淘宝正式推出其支付平台——支付宝，支付宝是第三方支付平台，在买家确认完美无损地收货后才会将钱款打给卖家。因为中国消费者较少使用信用卡，支付宝这种延迟打款方式让消费者能够放心地选择在线交易，支付宝又侧面促进了淘宝的交易。

（2）平台上也往往存在一些准货币发行行为。最为突出的是各种游戏货币，例如 Q 币。腾讯对 Q 币的定义是："Q 币是用于计算机用户使用腾讯网站各种增值服务的种类、数量或时间等的一种统计代码，并非任何代币票券，不能用于腾讯网站增值服务以外的任何商品或服务。"用户购买 Q 币的方式有购买实物卡、网银购买、通过电信运营商充值等。Q 币是单向流动的，用户购买了 Q 币之后不能兑换回人民币。盛大等游戏运营商也曾大量发行实体卡，通过网吧进行游戏点卡充值。在相当长的时间里，Q 币是虚拟世界最强势的"虚拟货币"。由于价值稳定、1 个 Q 币始终具有相当于 1 元人民币的价值，虽然腾讯在对 Q 币的定义中说明 Q 币只能用于兑换腾讯提供的虚拟服务，但也有人将它用于在网上购买实物商品。在 2006 年，媒体里甚至出现"Q 币冲击人民币"的夸张说法。2007 年，信息产业部等 4 个部委出手规范，发文禁止将 Q 币等虚拟货币兑换回人民币。同年 3 月，14 个部委又明确规定"虚拟货币不得购买实物"。在政府部门的规范和腾讯自己的平台治理下，Q 币回归到一

---

❶ ［韩］赵镛浩：《平台战争》，吴苏梦译，北京大学出版社 2012 年版，第 130 页。
❷ 中外互联网基础设施最大的差别是在线支付方面的差别。迄今为止，美国尚且没有一个非常好用的在线支付工具。

家互联网公司服务体系内的兑换虚拟服务的点数这样的原本含义。❶

二、平台的金融资质要求

在平台上，由于交易双方的信任问题，在资金的收付方面会存在时间差，往往需要平台代收款项，涉及金融活动。❷ 在我国，根据《非金融机构支付服务管理办法》《非银行支付机构网络支付业务管理办法》等法律法规，"代收付款"业务的行为，涉嫌无证经营支付业务的第一类无证经营银行卡收单核心业务和第二类无证经营网络支付业务，已构成非法经营行为。

运营银行卡网络的中国银联、阿里巴巴旗下的支付宝、腾讯公司旗下的财付通、盛大网络旗下的盛付通等是新兴支付平台的典型代表。另外，中国电信、中国联通、中国移动分别成立的天翼电子商务、联通沃易付网络技术、中移电子商务均已获得了支付牌照。❸

与淘宝交易不同，猪八戒网涉及的服务内容金额较高，而且从费用支付到网站再到网站转付给卖家有一个交易账期时间差，一般在 25 天左右。在这个过程中，会有大量的资金沉淀到网站上，所以资金安全成为买卖双方的关注重点之一。为了保障资金安全，使交易更加让人放心，2012 年猪八戒网成立专门的支付公司，获得了全国性互联网支付牌照。❹

美团网一开始采用的"代收付款"业务模式涉嫌违规，因为其采取了大商户结算模式，即消费者支付资金先划转至美团或第三方三快在线公司，再由美团或第三方三快在线公司结算给美团网的平台商户，交易记录显示交易款由

---

❶ 方军、程明霞、徐思彦：《平台时代》，机械工业出版社 2017 年版，第 124 页。

❷ 现行平台上的各种支付方式仍然是中心化的，围绕着特定的支付机构进行，比如支付宝。只有区块链技术发展后形成一种去中心化的格局。参见徐明星等：《图说区块链》，中信出版集团 2017 年版，第 38-40 页。也就是说，区块链技术发展成熟后，平台才有可能不要求具备金融资质，因为这个时候平台不需要处理支付问题了。这个问题还可以参考方军：《区块链超入门》，机械工业出版社 2019 年版，第 66-81 页。在该书中，方军认为区块链是互联网的二次革命，通过区块链可以从信息互联网过渡到价值互联网，不用经过中心化机构，直接实现价值转移。

❸ 季成、徐福缘：《平台企业管理》，上海交通大学出版社 2014 年版，第 33 页。

❹ 陈威如、王诗一：《平台转型》，中信出版集团 2016 年版，第 84 页。

三快在线代为收取。美团点评于 2016 年 9 月完成对第三方支付公司钱袋宝的全资收购。钱袋宝是国内首批获得由央行颁发的第三方支付牌照的企业之一，钱袋宝支付牌照的许可范围包括互联网支付、移动电话支付、银行卡收单等业务。收购完成后，美团点评获得了第三方支付牌照，初步完成下半场生态平台的支付布局。

总之，在金融方面，平台用户之间需要解决支付问题，往往需要平台具有从事金融活动的资质，底线也要与其他企业达成金融安排方面的协作关系。

第五节　平台设施权利要求

一、平台运行须具有一定的技术设施

平台是以现代互联网技术为基础的专门从事交易撮合业务的企业，需要具备一定的技术设施。平台拥有准公共产品属性的新型经济社会基础设施，较大程度上表现出了公共产品的非竞争性和有限排他性特征。❶ 这些设施包括服务器、软件、网页、域名等。离开这些设施，平台无法提供最基础的服务。

首先，开设网站，需要使用服务器部署网站程序，服务器是指可以 24 小时运行的电脑主机，它用来运行网站的程序。

其次，使用域名来绑定网站地址。在没有绑定域名之前，网站部署到服务器上是用 IP 访问的，IP 很难被记住，所以网站要让用户访问必须给用户一个容易记住的名字，就是域名，将域名和 IP 绑定之后用户就可以容易记住，方便下次登录访问。

最后，需要运行一定的软件，包括客户端软件和管理端后台软件。

平台具有上述设施，如同一个实体企业需要住所一样。离开固定住所，企业的生产经营就难以为继。

---

❶ 中国信通院：《互联网平台治理研究报告（2019 年）》，载 https：//www.caict.ac.cn/kxyj/qwfb/bps/201903/t20190301_195339.htm，访问时间：2019 年 11 月 6 日。

二、平台对技术设施须具有稳定的权利

（1）具有相应的知识产权。比如，软件版权问题不可忽视。如果是来自他人的授权，必须审查所有的授权文件，保证授权链条的完整性。尤其是在游戏领域，存在国外的版权方将作品授权给国内并且国内的被授权人多次转手的情况，需要注意每一份授权书中关于授权范围的表述，否则会发生已经付费购买版权但实际却无授权的结果。

（2）需要获得稳定的授权，包括上述各种知识产权的授权，也包括租用服务器的授权。也就是说，从事平台业务，不一定对各种设施都需要具备所有权性质的权利，但需要有相对稳定的授权，包括对授权的时间范围、地域范围、使用方式等都需要明确。一旦设施的权利基础发生动摇，整个平台生态系统将无法稳定。

第四章　平台管理

平台属性决定了其拥有的权力和承担的职责已经远远超越了一个普通企业的边界，它可以制定规则，可以执行规则，可以裁决纠纷，可以单方面决定收取费用的标准、时间和方式，可以采取措施促进竞争、促进创新，这些都是传统企业所无法具备的。权利越大，义务越重，平台在无所不能、越来越像主权者的时候，管理不仅仅成为平台的权力、职权，更成为平台最为重要的一项公法义务和职责。❶

第一节　平台管理概述

平台营造了一个双边市场，这种双边市场是人造的商业系统，既不会自发形成，也不会自动运转，它需要治理。❷ 平台作为双边市场的核心主体，需要对双边市场以及因此形成的整个生态系统承担管理重责。

所谓平台管理指平台对平台生态系统实施的规范、管制、给付、调节、协助等方面的活动，也是平台行使管理职权、履行管理职责的行为。管理对象是

---

❶ 在现实生活中，网络平台进行管理的事实完全是网民们用脚投票的结果，是在政府职能无法跟上网络快速发展，甚至迄今为止政府监管尚无觉察的情况下，自然形成的既成事实。网络平台既无法将现有超越私营企业职责之外的管理工作"交还"给政府，也不可能因为"多劳多得"而得到额外的政府补贴。参见方兴东、严峰：《浅析超级网络平台的演进及其治理困境与相关政策建议——如何破解网络时代第一治理难题》，载《汕头大学学报（哲学社会科学版）》2017年第7期。

❷ 陈应龙：《双边市场中平台企业的商业模式研究》，浙江大学出版社2016年版，第108页。

平台利益相关者，旨在设计一套特定制度安排，决定谁可以参与生态系统，如何分配价值，如何解决冲突。❶ 与平台经营行为相比较，平台管理行为的直接目的不是盈利，主要是着眼于平台生态系统的健康运行。❷

一、平台管理的几个维度

（1）平台内部管理。平台吸引海量用户，达成海量的交易，汇集海量的信息，平台须具有完善的制度、强大的技术能力、及时的服务、有效率的组织，才能够维护平台生态系统健康，防止出现系统性风险。所以，平台须强化内部管理。但本书中的管理行为仅仅是指平台的外部管理行为，不同于任何企业都具有的内部管理行为。对于平台内部管理的规制，部分内容间接体现在上一章所述的平台组织设立的各项硬性要求中。

（2）平台自己管理。即平台自己制定、执行规则，裁决纠纷，提供交易设施、工具和服务，调节平台内部经济秩序，协助维权，配合监管，等等。

（3）公共治理。指平台充分发挥更加具有公信力和独立性的非盈利的社会第三方机构和力量的独特作用。比如，新浪微博平台成立了微博社区委员会，通过外聘的方式招募专家委员和普通委员参与到对微博平台不良信息的治理中，形成更加公开、透明的治理机制。对于平台而言，从自身管理到公共治理，这也是一个必然的发展趋势。

（4）协同治理。在涉及政治需要、国家安全等方面内容时，政府监管应当发挥主导作用，承担主要责任，平台作为参与主体，应积极配合，优化技术手段和运行模式，构建政府部门参与，企业配合执行和实施的新型治理模式。

（5）全球治理。少数超级平台的用户跨越国别。比如，扎克伯格计划到2030年，脸书平台的月活跃用户达到50亿，相当于全球人口的2/3。这种超级平台治理也将超越国界，超出主权国家的范围，需要协调各国在国家政

---

❶ 王勇、冯骅：《平台经济的双重监管：私人监管与公共监管》，载《经济学家》2017年第11期。

❷ 当然，平台管理的终极目标是创造财富，并且将财富公平地分配给所有为平台创造价值的人。参见［美］杰奥夫雷·G. 帕克·马歇尔·W. 范·埃尔斯泰恩、桑基特·保罗·邱达利：《平台革命》，志鹏译，机械工业出版社2017年版，第161页。

治、法律法规、风俗人文、语言文字等方面的差异。超级网络平台与传统国家主权的内在矛盾也在不断激化，平台全球治理在规则制定、执行、纠纷处理等方面面临重大的挑战。

以上是平台管理的几个主要维度，本书主要论述平台自己管理部分，这是平台治理的主体部分。

【延伸阅读】 平台管理还是平台治理？首先来看看公司治理和公司管理两个概念。公司治理是公司法领域知名度最高的词汇之一。❶ 根源于现代公司中所有权与经营权的分离及由此导致的委托—代理问题，公司治理的关键在于明确而合理地配置公司股东、董事会、经理人员和其他利益相关者之间的权力、责任和利益，从而形成有效的制衡关系。可以看出公司治理侧重于公司运作的制度构架，而公司管理是在这种基本的构架和安排下，通过计划、组织、控制、指挥、协调和评价等功能的具体实施来实现公司的目标。从上述区分的角度上看，平台治理更类似于对平台、用户之间权力、责任、利益关系的一种静态配置，而平台管理则是实现平台目标的动态的过程。❷ 也有观点认为平台治理侧重于协调，而管理则存在层级性的权力因素。❸ 本书没有区分平台治理和平台管理两个概念，在同一意义上使用，既包括静态的架构，也意指动态的过程。平台对生态系统中的其他用户、系统支持者，既有着各种促进协调机制，也有着层级性的权力行使。

二、政府监管与平台管理比较

行政机关、司法机关属于公权力主体，其权力来自法律授予。由于平台不

---

❶ 刘俊海：《现代公司法》，法律出版社 2008 年版，第 573 页。
❷ 在我国台湾地区，也有学者将公司治理（corporate governance）译为"公司管理"或"公司控制"，其所指的意思是：公司所有与经营分离之后，设计法律上的制衡监控机制，防止经营者执行公司业务时发生滥权行为。参见刘连煜：《公司治理与公司社会责任》，中国政法大学出版社 2001 年版，第 11-13 页。
❸ 穆胜：《释放潜能——平台型组织的进化路线图》，人民邮电出版社 2018 年版，第 68-69 页。

属于国家机关,不具有行政权力,平台实施管理时缺乏权力基础。在遇到对社会危害较大的行为,其处罚能力就较为有限。[1]且平台监管公信力相对较小,可能会对一些商家的行为放松监管或对竞争对手实施不公平待遇等。

政府监管具有以下优势:处罚力度大,政府可实施额外经济惩罚、行业禁入等;公信力大,相对公开、公平和公正。但政府监管具有明显的局限性:一是监管力量不足,政府监管力量有限,难以覆盖海量用户;二是监管滞后,政府无法实时掌握平台动态,事后监管不及时;三是监管成本较高,政府监管属于间接管理,运作成本高。[2]

与政府监管相比,平台管理具有以下优势。首先,平台的管理能力比政府强,能实时掌握海量用户的情况。其次,平台的管理属于直接管理,管理手段具有多样性,除了扣除保证金、关闭账号等强制措施外,平台采用的主要管理手段包括价格结构、信用机制、支付机制、大数据技术、算法模型等,成本较小。再次,平台具有承担管理角色的主观能动性。平台致力于通过管理实现平台持续良性运作。良好的市场交易秩序有助于增加市场的活力并提高平台的交易额,这使得平台在主观上有意愿去监管平台中所存在的机会主义行为。最后,平台在事后处置方面及时,可以在发现问题时立即采取相应措施,避免造成更大的损失。

三、平台管理的目标是保障生态系统健康

1. 平台生态系统

平台生态圈是一个系统,里面有一整套机制和规范,吸引着不同的群体加入,激励他们在这里互动、创新,实现自我价值的同时达成平台的价值追求。以腾讯为例,腾讯业务几乎触及互联网各行各业,拥有一个腾讯账号几乎在互

---

[1] 王勇、冯骅:《平台经济的双重监管:私人监管与公共监管》,载《经济学家》2017年第11期。

[2] 越来越多的证据表明,在一个国家创造财富的能力中,治理能力是一项关键的重要因素,其重要程度超过其他价值非常明显的资产要素,比如自然资源、同行水道和良好的农业条件。参见 [美] 杰奥夫雷·G. 帕克、马歇尔·W. 范·埃尔斯泰恩、桑基特·保罗·邱达利:《平台革命》,志鹏译,机械工业出版社2017年版,第162页。

联网世界畅行无阻：想玩社交，可以用腾讯账号登录微信、QQ；想听流行歌曲，用腾讯账号登录QQ音乐；想看电影，腾讯视频可以满足；想购物，京东的最大股东就是腾讯，可以用腾讯账号登录京东；想点外卖，美团的大股东也包括腾讯，可以登录美团点外卖。除了这些，搜狗、滴滴、特斯拉、唯品会等都有腾讯的股份。❶ 腾讯还有一个撒手锏，就是微信，微信本身也是一个巨大的生态圈，微信不单单是一个社交工具，更是一个互联网开放式的平台。除了社交之外，微信还可以用来支付、购物、买火车票、订酒店、打车、理财等；微信小程序的存在，让很多App可以直接下线，只要开放一个入口，从微信直接接入即可。

生态系统是平台的竞争优势和商业价值之所在，平台只有拥有良好的生态系统，才能维护用户的黏性。黏性是指用户对某一网站或者某一网络产品和服务的重复使用度、依赖度和忠诚度，❷ 通常用网站或者网络产品吸引与保留访问者，并延长其停留时间的能力来描述。❸ 利用用户基础产生交叉网络效应，各个平台建立容纳海量参与者的开放生态系统，进而创造价值。最终平台通过对庞大的用户群体推出增值产品和服务获得利润，在市场竞争中获得竞争优势。

2. 平台生态系统健康

平台的商业模式决定了其具备企业与市场的双重属性。平台是交易场所的主体化，平台创建了一个双边市场，双边市场同样会失灵。市场失灵的主要原因包括以下三点。一是信息不对称。如果一方比另一方了解更多的事实并以此牟利，将产生信息不对称。二是外部效应。在一个生态系统中，当一个供应商对某种公共所求的产品拥有足够大的供应权，并利用此权利提高价格或者捞取其他好处时，垄断势力就产生了。三是风险。风险是事务在本质上会产生不可

---

❶ 此外，对于其他软件、平台，微信或QQ账号有的可以提供授权登录服务，并不限于腾讯产品。

❷ 张洁、王建飞、王妍：《互联网场景下增强信用卡客户黏性研究》，载《中国信用卡》2017年第12期。

❸ 刘蓓、郑欣：《基于网站属性与访问者行为的网站粘性研究》，载《中国商界（下半月）》2010年第6期。

预测的，可能会导致往坏的方向发展的，有可能会使好的交互变成坏的交互的一种可能性。❶

平台为了防止市场失灵，增加平台竞争力以及使平台生态健康发展，就需要承担管理者的律他角色，同时强化自律，防止自己的行为造成市场失灵。那些占据信息优势越多、用户规模越大、公共产品属性越强的平台，在防止市场失灵中能够发挥更大的作用，自律性和律他性应当更强。

3. 生态健康原则具体表现为安全、效率和公平

第一，安全。安全是平台生态系统健康的最低标准，这里的安全是多方面的：首先，在用户层面上，包括平台用户的人身、财产、信息安全；其次，在技术层面上，包括平台自身的技术安全、系统稳定，避免发生系统性风险；再次，在权利层面上，核心系统的产权比较稳定，不存在影响核心系统运行的法律风险；最后，平台中不存在影响社会稳定、国家安全的风险。

第二，效率。❷ 效率集中体现在平台能否促进创新、鼓励交易。涉及交易流程、机制是否流畅、服务是否及时、工具是否可靠、技术是否先进、调控是否到位。效率低下有多种表现：首先，当平台不能制定合理的规则，损害生态系统的多样性时，将竞争焦点引向价格战而非创新，进而使客户的多样化需求无法得到有效满足；其次，如果规则制定不当，缺少有效的质量和信誉评价认证机制，导致双边客户互不信任，影响平台的成长；最后，当平台缺少创新动力与能力，或者平台的资源为少数参与者垄断或控制，平台参与者的结构或地位固化，无论如何创新都无法改善竞争地位时，这样的平台就无法促进创新、鼓励交易，整个生态系统的成长能力受到严重制约。

第三，公平。公平包括两个方面：一是律他，在平台用户之间，防止一方对他人施加不合理的交易条件；二是自律，在运营中，平台应当公平对待用户，不得以不正当手段拓展交易主体，包括不得搭便车，不得歧视用户，不损

---

❶ ［美］杰奥夫雷·G. 帕克、马歇尔·W. 范·埃尔斯泰恩、桑基特·保罗·邱达利：《平台革命》，志鹏译，机械工业出版社 2017 年版，第 165-166 页。

❷ 管理就是设计并保持一种良好环境，使人在群体里高效率地完成既定目标的过程，管理关系到生产率，意指效益和效率。参见 ［美］哈罗德·孔茨、海因茨·韦里克：《管理学》，经济科学出版社 2000 年版，第 2-3 页。

害用户隐私，没有滥用平台的垄断地位损害用户利益，不从事掠夺性、控制性行为。相关的教训包括：淘宝违背最初的承诺，向中小电商变相收费的行为；京东投诉阿里滥用垄断地位，限制电商参与其他平台的促销活动的行为；百度利用信息展示方式的控制权，通过竞价排名谋取利益，损害客户利益的行为等。这些行为不仅损害公平，而且削弱了双（多）边客户对平台的凝聚力或黏性。❶

【案例解读】2019年8月8日，杭州铁路运输法院对原告深圳市腾讯计算机系统有限公司、腾讯科技（深圳）有限公司诉被告杭州某有限公司、杭州某某科技有限公司不正当竞争纠纷一案进行了在线宣判。两原告为微信服务运营商，两被告注册运营内容、界面相似的微信公众号和小程序从事网络贷款信息中介等业务，存在伪造贷款资质获得微信认证、公众号内对其产品作虚假商业宣传、仿造微信"投诉"界面设置"投诉"模版三项不正当竞争行为，两原告认为，两被告的行为损害微信中其他合法经营者的竞争利益和微信用户作为消费者的合法权益，降低其他经营者和微信用户对微信产品的信赖，破坏微信公众账号、小程序正常的注册和运营秩序，削弱微信产品的市场竞争力，应承担共同侵权责任。

法院裁判要点主要包含以下两方面。

（1）当下网络平台经济模式渐为普及，网络商业生态系统逐渐形成，区别于传统经济模式的线性过程，新模式更注重生态节点的交互活动和生态环境的整体价值，选择反不正当竞争进行平台管理，有利于保护平台其他经营者和

---

❶ "如果将传统组织形态比喻为野战军，那么平台生态系统则是和谐的交响乐曲，平台所有者就像是乐队指挥，应用程序开发者像音乐家，每个音乐家都为整体贡献出一个独特的乐谱部分。乐队指挥则帮助各个音乐家同时作出贡献，以确保其集体业绩的一致性。乐队指挥并非直接控制，而是协调各个音乐家。音乐家跟随着乐队指挥的领导，乐队指挥则最大程度地发挥每一个音乐家的专业音乐才能。更好的表演源于每个音乐家都能够独立发挥作用完成自己演奏的部分，同时又能与其他人的表演协调一致。就像交响乐一样，协调（而不是控制）应该成为平台生态系统治理的重点。"参见［美］阿姆瑞特·蒂瓦纳：《平台生态系统》，侯赟慧、赵驰译，北京大学出版社2018年版，第118-119页。

消费者权益，规范网络生态系统的健康运行。

（2）微信生态系统的经营模式产生的商业利益和竞争优势受反不正当竞争法的保护。经营模式本身并未明确规定为知识产权保护对象，但正当经营模式带来的商业利益受到法律保护，本案两被告即以不正当方式损害两原告基于微信生态系统获得的商业利益和竞争优势，系反不正当竞争法调整范围。

第二节 平台管理权

一、平台管理权的性质

1. 权力概念与基本分类

任何组织要想达到自己的目标，产生一定的效率，都必须设计出合理的组织结构，并具有某种形式的权力。在法学理论中，权利和权力是一组相对的概念。在英美法学家的著作中，二者有时是通用的。在大陆法系中，基于公法、私法的区分，权力和权利截然不同。其中，权利主要是指自然人、法人和其他组织依法享有的各种自由和利益，"权利"强调公平性、平等性，且同义务相对应。包括其在公法上的权利，称为"公权利"，其在私法上的权利，称为"私权利"。权力则是国家机关具有和行使的强制性力量，具有强制性、服从性，权力与职责相对应。根据国家机关的不同，可以分为立法权、行政执法权、司法权等。

在我国法学界，郭道晖教授最早提出了建立三种权利（力）的观念，即除了国家权力和私人权利之外，要建立公共权力、社会权力。社会权力是公法和私法融合的产物，是公权和私权融合的产物。社会权力的立足点是市民社会，其行使领域，应是社会公共事务和社会公共利益。例如，在教育、科研、卫生、文化、体育等社会事项领域，应由社会权力来发挥其作用，削弱政府过于强大的公权力，从而化解国家与公民过于激烈的矛盾。社会本身是依据其自治

第四章 平台管理

来运作的,因此社会权力可以认为是私权公法化的一种产物或是公权私法化的产物。❶

2. 平台所拥有的管理权是一种私权力

首先,平台对其所建构的平台生态系统进行管理,客观上是在行使一种权力。❷ 平台的各种管制行为,比如定价、授信等,都可以理解为一种平台权力的行使,是平台方对平台内部进行控制的力量展现,也是对平台上利益相关者的行为进行治理和控制。鉴于平台不是国家机关,其实际享有和行使的公权力只能称为"私权力","是一种有限的和以私法自治为基础的权利"❸,仅仅类似于公权力。❹

其次,在现代社会中,经济力量作为资源,是一种重要的权力基础,控制经济资源就可以行使权力。因此,在法学理论和法治实践中,私法意义上的公司有时应被视为"权力"主体,甚至被视为"私人政府"。❺ 平台是一种特殊的公司,是以现代信息技术为基础的,创造连接,以双边或多边市场为管理对象的公司,管理着数以亿计的用户,是现代经济生活的中心,掌控着整个平台

---

❶ 刁胜先、刘仲秋、李文豹:《在公权力与私权利之间:论我国公立高校管理权的法律定位——以私权力(社会权力)为核心》,载《重庆文理学院学报(社会科学版)》2008年第6期。以此而论,平台所掌握的权力也是一种社会权力、私权力。

❷ 普通法人或合伙也具有内部管理权,这种管理权属于合伙或法人机关所有,主要处理公司或合伙的特定事务;而机关代表权主要是对外以合伙或公司的名义进行活动并与第三人缔结契约的能力。参见[德]罗伯特·霍恩、海因·科茨、汉斯·G. 莱塞:《德国民商法导论》,楚建译,中国大百科全书出版社1996年版。显然,平台的管理权不同于普通公司或合伙的内部管理权,主要是针对双边市场进行管理。

❸ [德]卡尔·拉伦茨:《德国民法通论》,王晓晔等译,法律出版社2004年版,第231页。拉伦茨此处提及的是社团权力,平台也是一个社团,平台权力也是社团权力的一种。

❹ 公权力原本是强调国家、社团、国际组织等人类社会共同体,在生产、分配和提供安全、秩序、公交、通信等"公共物品"时对共同体成员进行的组织和指挥的治理权,是对共同体事务进行决策、立法、执行的一种权力。

❺ 在公司法上,公司权力是同公司社会责任联系在一起的,公司对其利益相关者行使权力,构成了公司的超越营利性目的,担负社会责任。参见蔡立东:《公司自治论》,北京大学出版社2006年版,第110-111页,第113页。

· 97 ·

生态系统，甚至超越国界，自然也享有比一般公司更多的、更大的私权力。❶

3. 平台私权力的几种模式

根据平台容量、平台自身性质和开放性特征，平台私权力可划分为无权模式、弱权模式、强权模式三种类型。一般而言，平台容量越大，平台方掌握的权力就越大。从平台开放度方面分析，开放程度越高的平台，平台方的私权力就越大；反之，平台方的私权力则越小。

另外，实体性平台的私权力小于虚拟性平台。如地区性的小型购物广场等实体性平台，它们除了对商家和消费者双边客户管制之外，其所产生的社会公众影响仅仅局限在狭小的所在地域范围，这种影响力相对于无线通信技术、互联网技术基础上实体性和虚拟性商业平台而言，显然是微不足道的。

过于封闭的平台一般属于无私权力模式平台。封闭性平台大都会对多边客户设置身份性和歧视性的障碍，现有成员可能会阻止新成员的加盟。这样，平台方管制权力的运用只能限定在平台内部进行，而对平台外部的社会公众将难以产生丝毫的外部性作用。

随着平台虚拟化程度和开放程度的提高，平台私权力逐渐呈现为一种强权模式。强权模式的平台一般拥有极其广泛的客户规模，平台方的任何管制措施，都有可能对用户产生巨大的额外影响。比如，2020 年 4 月 30 日，丰巢宣布对非会员用户实行超时收费，快件免费存放 12 小时后，每 12 小时收取 0.5 元超时"保管费"，3 元封顶。用户反映强烈，后修改为：用户免费保管时长由原来的 12 小时延长至 18 小时，超时后每 12 小时收费 0.5 元，3 元封顶。当前，绝大部分平台属于强权模式。

二、平台管理权的源泉

第一，网络架构的优势地位。平台拥有信息基础设施等优势资源，主导着网络平台的技术架构和网络服务的提供形式，实际上打破了私主体之间抽象的

---

❶ 也有学者使用了公司权力概念，但此种公司权力的范围包括转投资、担保、贷款等。参见施天涛：《公司法论》，法律出版社 2018 年版，第 137-145 页。实际上，此处的公司权力并非真正的公司权力，是指公司的权力能力和行为能力。

平等关系，用户处于被支配性地位。

第二，平台管理用户活动空间与数据。平台设置的用户注册政策已转变为以实名制为主，大多数网络服务都需要用户提供手机号甚至银行卡，有的还要求提供身份证号码。这样做一方面是建立用户个人信用的需要，另一方面也可以更准确地定位用户，从而进行商业或其他活动。普通用户的地理位置、手机号码、设备型号、上网痕迹、软件或应用安装情况、IP 地址、行为数据大多被社交媒体中介掌握，而其他类型平台还掌握着用户的活动轨迹、健康数据等。

第三，平台对用户活动进行控制。表面上看，用户拥有自己的社交媒体账号、云存储空间、电子书等"财产"，然而这些账号或信息财产被平台而非用户控制。除了要求用户随时更新或提供更多信息以认证，平台还可能随时中断服务，或以自己设置的规则乃至法律原因删除相关内容。平台关闭用户账号或删除内容在国内外都非常普遍，涉及用户包括新闻机构、政府部门和其他用户，就连美国总统特朗普和腾讯公司这样的超级用户也不能例外，苹果公司要求腾讯取消苹果手机中微信公众号的赞赏功能，就是一个平台对另一个超级中介行使管理权的生动案例。

第四，平台对国家边界的突破。在网络空间中，平台的用户往往分布于世界多个国家。一国即使宣布自己能够对境外的网络用户行使"主权"，但事实上并无管理境外用户的可能，只能阻断连接。但平台不受国境线的限制，只要是其用户，平台就可以对其行使管理权。无论是内容管理，还是基于保护本国公民权利需要，一国政府只能借助平台对境外用户实施影响。各国政府基于各种原因需要删除部分网络内容时，只能向跨国平台申请而不能直接施以强制措施，由平台在审核后决定是否删除或阻断相关内容。

第五，平台是网络公共领域的直接管理者。网络用户公开发布的内容及其传播轨迹还存储于平台的服务器，这些内容成为平台管理的数据。在对这些内容的管理和利用上，平台并不"消极"，他们会根据法律或执法者的要求，甚至用户投诉对内容进行过滤、删除或其他操作。平台还会对这些内容进行二次利用产生传播效果，平台的算法也影响用户对内容的获取。因此，平台事实上

成为网络公共领域的直接管理者,是网络空间信息流的把关人。❶

总之,在"技术为王"的时代,网络平台已远远超越传统纯粹的服务提供者、媒介联络者等被动性、中立性角色,而是具备充分的能力并且已经积极参与到对平台内信息流动的控制中,成为网络空间中那只"看不见的手"。

三、平台管理权的法源

(1) 自治规则。网络平台对网络用户行使管理、处罚和纠纷裁决等权力,这种权力往往以平台规则为其法源。在实践中,这些规则被称为"条款""规则""协议""规范""政策""须知""规定""声明"等。从形式上看,是用户通过点击等方式接受平台事先拟定的格式合同,形成契约关系,平台基于用户条款获得的是一种契约"权利",但实际上赋予的是平台管理用户的"权力",是平台私权力的直接来源。

(2) 法定义务。例如,《全国人民代表大会常务委员会关于加强网络信息保护的决定》第 5 条规定:"网络服务提供者应当加强对其用户发布的信息的管理,发现法律、法规禁止发布或者传输的信息的,应当立即停止传输该信息,采取消除等处置措施,保存有关记录,并向有关主管部门报告。"此类"第三方义务"常见于我国的法律文件,其共通之处在于责任主体与违法行为者发生分离,实际上是由私人主体在替政府实施执行的任务。从国家、平台和用户的三维视角来看,信息审查等法定义务是由国家和政府强制施加的,而该义务的背后隐藏着私权力的授予。❷ 网络平台在履行法定义务的同时实质上行使着法律和行政机关授予的私权力。

(3) 少部分源于平台与行政机关之间的合作。一些传统的社会治理职能由政府委托给私营企业,也是越来越普遍的做法。政府和平台进行比较广泛的

---

❶ 载 https://www.douban.com/group/topic/129561322/? type = rec,访问时间:2020年5月23日。

❷ "不用说,私人相互间的关系在原则上是私法关系。但当私人赋有国家的公权时,其站于公权主体的地位而对其他私人的关系,除单纯经济的内容之关系和对等的私人相互间所能发生的关系外,就都是属于公法关系的。"参见[日]美浓部达吉:《公法与私法》,黄冯明译,中国政法大学出版社 2003 年版,第 60 页。

合作，平台为政府提供技术支持和数据支持；另外，大量行政事务通过平台实施，例如，缴纳行政罚款、缴费、报名等，实际上也包括政府对平台行使权力的委托与它们之间的合作。

需要注意的是，社会中介组织是国家与市民之间的中间层次，承担部分公共管理职能，包括社区组织、行业组织、职业协会、农业合作社、技术性监督机构、公证和仲裁机构，其具有自治事务管理权。这种自治事务管理权是一种公权力，❶ 并非私权力。显然，社会中介组织之自治管理权同平台所具有的管理权具有本质的区别。

四、平台管理权设定的考量要素

（1）满足平台生态系统综合性需求。其既包括制定规则、实施处罚、裁决纠纷等类似公权力施政的需求，也包括提供交易机制、工具等公共设施。平台需要像国家一样，能够提供全方位的公共产品，即能够创造、维持交易秩序，也能够提供各种基础设施。这些不仅是平台的管理职权，更是平台的管理职责。

（2）三层管理格局需求。平台类似国家，但毕竟不是国家，平台之上，还有更高层级的国家政府机构，承担终极的监管职责。通常情况下，政府监管平台，平台管理用户。凡是市场和网络平台自身能够解决的问题，政府机构不宜强行介入。例外的情形是，对于个别平台用户特殊的违法行为，或者某一类型的违法行为，国家直接介入，平台提供相应的协助。

（3）技术发展。技术是平台服务构架的基础，任何平台职权职责的设定，都应当考虑以下几个方面问题：第一，具有技术可行性，凡是在技术上不可行的，或者可能造成技术安全瑕疵的，都不应当设定为平台的管理权；第二，平台所采取的技术措施应当接受有关执法部门的监管，技术措施的选择与应用以不突破法律强制性规定为底线；第三，就技术治理与市场机制的关系而言，一方面，应当禁止网络平台以技术治理的名义从事不正当竞争；另一方面，也应当防止具有市场支配地位的企业滥用其市场优势阻碍技术的革新。

---

❶ 应松年、薛刚凌：《行政组织法研究》，法律出版社2002年版，第230-256页。

（4）不同商业模式的需求。平台服务处于市场竞争环境中，是市场中的经营主体之一，对平台管理权的设定符合不同类型平台商业模式的要求。比如社交平台、电商平台对于平台管理的要求比较高，平台管理权相对较大；而一些内容平台，比如视听平台，平台管理权相对较小一些。

【延伸阅读】平台管理权的寻租。2017年1月3日，港股公司博雅互动（00434）公告称，公司的个别雇员涉嫌利用公司网游平台进行违法活动，承德市中级人民法院作出一审判决，雇员涉嫌的罪名成立，并追缴人民币9.43亿元上缴国库。2018年12月19日，京东发布《反腐内部公告》称，查处了10起内部腐败案，涉及收受供应商贿赂、职务侵占、索要礼品、接受宴请等，对涉及的员工或辞退，或移交公安机关。2019年7月，小米公司通报称，公司市场部两位雇员利用职务便利将公司业务交由其近亲属公司承揽，向供应商索要好处费等，公司辞退了涉事人员并移送公安机关。2019年12月26日，腾讯发布通报称，公司反舞弊调查部查处违反"高压线"案件40余起，其中60余人因此被辞退，10余人被移送公安机关，雇员涉嫌的行为主要集中在侵占公司资产、收受贿赂等方面。淘宝小二是阿里巴巴内部及淘宝商家对淘宝系工作人员的统称。随着淘宝系交易量的逐年攀升，淘宝小二们手中的权力也被逐步放大，这些平均年龄只有27岁左右的年轻人，掌握着800多万商家从开店到提高业务量的生杀大权，有媒体报道，淘宝小二的腐败现象也较为严重。❶

上述这些平台公司都是互联网行业的巨头，为何民营互联网公司屡屡爆出内部员工贪腐？其实不只是平台，对于任何一个组织，只要它拥有某种资源，相对于希望获得这种资源的人而言，分配这些资源的员工就拥有了"权力"，

---

❶ 载 http://www.linkshop.com.cn/web/archives/2014/295382.shtml?from=rss&utm_source=tuicool. 访问时间：2020年2月14日。据了解，2012年、2014年，广东IT时代周刊社在其公开发行的刊物《IT时代周刊》上先后刊登了《淘宝腐败黑幕调查》《让诚信透支者成为首富也许是一场灾难》两篇文章，且同时登载于《IT时代周刊》的下属网站上。文章一经刊登，就引起了强烈的社会反响。浙江淘宝网络有限公司认为上述两篇文章以诽谤、侮辱方式侵害了淘宝公司、马云的名誉权，因此诉至杭州市余杭区人民法院，要求IT时代周刊社停止侵权行为、赔礼道歉，并赔偿2021万元。后续情况不明。

就存在寻租的可能性。各平台握有巨大的网络市场资源，员工正是通过此流量资源向市场寻租。❶

第三节 平台管理行为

一、平台管理行为的性质

法律行为一般分为单方法律行为、双方法律行为、共同行为和决议行为。对于单方法律行为、双方法律行为大多局限于民事领域，共同行为特别是决议行为属于传统商事法范畴。❷ 共同法律行为"隐匿在民法的角落里"，目前也有学者进行研究。❸ 至于决议行为，随着公司法理论研究的深入，将民法基本理论与公司法具体制度相结合的研究取得了不小的进步。各国公司法理论普遍有将法律行为效力理论适用于公司会议决议的效力认定的趋势，我国 2005 年《公司法》第 22 条也首次将公司会议决议效力分为可撤销和不可撤销、有效和无效这两种类型，理论上称"二分法"。❹

不过，上述法律行为的分类似乎均不适用于平台管理行为。比如，决议行为属于社团自治的一种形式。决议是人合组织、合伙、法人或法人之由若干人组成的机构（如社团的董事会）通过语言形式表达出来的意思形成的结果（语言表达方式）。决议可以全票一致通过的方式作出，也可以多数票通过的方式作出。决议主要调整该组织内部的关系，如为组织的成员制定行为准则，给根据章程规定执行决议的人颁布指示等。决议并不调整参与制定决议的人们

---

❶ 载 https://zhuanlan.zhihu.com/p/101010350，访问时间：2020 年 1 月 17 日。

❷ 许中缘：《论意思表示瑕疵的共同法律行为——以社团决议撤销为研究视角》，载《中国法学》2013 年第 6 期。

❸ 韩长印：《共同法律行为理论的初步构建——以公司设立为分析对象》，载《中国法学》2009 年第 3 期。

❹ 张旭荣：《法律行为视角下公司会议决议效力形态分析》，载《比较法研究》2013 年第 6 期；王雷：《论民法中的决议行为——从农民集体决议、业主管理规约到公司决议》，载《中外法学》2015 年第 1 期。

个人之间的关系，不调整团体（全体成员）或法人与第三人之间的关系，而是旨在构筑他们共同的权利领域或者他们所代表的法人的权利领域。要调整这种关系，必须以全体成员的名义或以法人本身的名义，同第三人订立法律行为。❶ 显然，平台管理行为同决议行为之间有着根本的区别。那么，平台管理行为是什么？这是一个需要在民法上回答的重大理论问题。

对于平台管理行为的性质，本书认为可以从以下三个方面进行界定。

第一，平台管理行为是一种民事行为，既包括法律行为，也包括事实行为和准法律行为。其原因在于：平台作为一个民事主体，只能从事民事行为，产生一定的法律后果。从这个意义上讲，平台管理行为不同于不具有法律意义的行为，比如道德行为、情谊行为等，这些行为不能够产生法律后果。

第二，平台管理行为是基于平台管理职权、职责产生的，平台并非国家公权力机关，平台管理行为并非公权力行为。❷ 值得注意的是：在平台上，有时候会存在行政委托，即行政机关在其职权职责范围内依法将其行政职权或行政事项委托给平台，平台以委托机关的名义实施管理行为和行使职权，并由委托机关承担法律责任。行政委托由于不发生职权职责、法律后果及行政主体资格的转移，实际上，这种行为并非平台管理行为，仍然是一种公权力行为。

第三，平台管理行为并非商事行为。商事行为是一种商主体所为的、以营

---

❶ ［德］卡尔·拉伦茨：《德国民法通论》，王晓晔等译，法律出版社2004年版，第433页。

❷ 德国民法在处理社团自治权力限度时，主要是基于两个方面因素的考量：一是法律制度可以在多大范围内赋予社团以组织权力；二是从保护个人的意义出发，在多大程度上对之予以控制或限制。所以，法律一方面承认社团自治，另一方面又注意不能让社团成为类似国家的主权组织，从而使个人自由得不到国家保护。对于社团处罚，将其仅仅定位为纪律处罚，与国家处罚毫不相干，同时，对纪律处罚可以进行司法审查。参见［德］迪特尔·施瓦布：《民法导论》，郑冲译，法律出版社2006年版，第115-117页。

利为目的的经营性行为，商事行为是大陆法系国家商法中的特定概念。❶ 据此，平台管理行为是商主体所为，也是一种重复性、经常性的活动，但并非以营利为目的，所以并非商事行为。如果形式上为管理行为，实质上仍然以营利为直接目的，则可以界定为商事行为。

二、平台管理行为的分类

1. 管理法律行为、准管理法律行为、管理事实行为

民事行为分为三类。

其一为法律行为，指民事主体通过意思表示调整自身利益的具有规范性质的行为。法律行为可以是有效的法律行为，也可以是无效的法律行为，或者是效力待定的行为，可撤销、可变更的行为。与之相对应，平台自治规则制定、实施处罚、纠纷裁决、经济秩序调节等都属于法律行为。

有学者认为，法律行为就其本质而言，是私人依据意思自治原则，自主形成调整其相互之间利益关系的法律规范行为。❷ "在私法领域，从原则上说，存在着两重结构：法律规范对法律行为进行的是'有效性'的判断；对当事人具体行为的'合法性'判断的依据是当事人通过法律行为所设立的规则，这时，'合法性'的判断标准是个人的行为是否符合体现了设立相关规范的当事人的意志和价值判断。"❸ 因而，作为私人意思自治的法律行为同样是一种"法"，本质上是为个人创设规范，更多地属于规范世界，民事主体在私人之间的利益关系层面上享有"立法权"，尽管其所创造的是一种"次要规范"。❹

---

❶ 大陆法系国家对商事行为的认定有不同标准。以法国商法为代表的商事行为主义认为，应根据客观行为的内容和形式来判定是否属于商事行为；以德国商法为代表的商主体主义则认为，判断商事行为应根据行为主体的身份，即主体中是否双方或一方是商人；以日本商法为代表的折中主义综合前二者的主张，认为判定商事行为既应根据行为的内容和形式，也应结合考虑行为人的身份。参见张保红：《商法总论》，北京大学出版社2019年版，第211-212页。

❷ 薛军：《批判民法学的理论建构》，北京大学出版社2012年版，第117页。

❸ 薛军：《批判民法学的理论建构》，北京大学出版社2012年版，第115页。

❹ [奥]凯尔森：《法与国家的一般理论》，沈宗灵译，中国大百科全书出版社1996年版，第156页。

从这个角度上看，显然，管理法律行为是为他人"立法"的行为，这一点不同于普通民事法律行为为自己立法。

其二为准法律行为，是指行为人将一定的内心意思表示于外，从而根据法律规定引起一定法律效果的行为，主要包括意思通知行为、观念通知行为和感情表示行为。平台协助维权中的各种转通知行为属于准法律行为。

其三为事实行为，指行为人不具有设立、变更或消灭民事法律关系的意图，但依照法律的规定能引起民事法律后果的行为。事实行为完全不以意思表示为其必备要素，不要求行为人具有相应的民事行为能力。在平台管理中，交易工具、机制、服务提供行为等属于事实行为。

2. 抽象管理行为、具体管理行为

抽象管理行为主要是指那些效力及于平台上不特定用户的行为，例如，制定平台自治规则的行为，也包括对经济秩序的调节行为。

具体管理行为指仅对特定用户产生法律效力的行为，例如，实施处罚、纠纷裁决、身份管理等。

3. 依法管理行为、依规管理行为

此种分法主要涉及管理的依据和管理行为的正当性问题。如果是依据国家法律，则为依法管理行为，此处的法律为广义的，包括法规规章，甚至政策。需要注意的是，尽管依据法律管理，但平台并非行政主体，并不因此成为公权力主体。特别是在涉及平台处罚的情况下，平台不能直接依法对平台用户进行处罚，除非相关法律对平台予以直接授权。

依规管理行为指平台依据自治规则进行管理。有时候，自治规则和国家相关法律存在重叠现象。

4. 负担管理行为、给付管理行为

这是参照行政行为的相关分类。在行政法上，行政机关侵入公民权利领域或者限制其自由和财产，或者给公民施加义务或者负担的，构成侵害行政。行政机关为公民提供给付或者其他利益的，构成给付行政。[1]

---

[1] ［德］哈特穆特·毛雷尔：《行政法学总论》，高家伟译，法律出版社2000年版，第9页。

据此，负担管理行为是平台为用户施加义务或负担，限制其自由或财产的行为。给付管理行为是平台为用户提供给付或其他利益的行为。

三、平台管理行为的特点

第一，以准公益为目标。普通民事行为不以公益为目标，只是为了行为人的私益，当然，其前提是不得损害公益。而平台管理行为的目标是维护平台生态系统的健康。

第二，平台管理行为是平台单方面行使私权力的过程。私法中也存在不同于"权利"的"权力"，后者是指法律授予的以自主行为改变本人或他人权利、义务、责任或其他法律关系的能力。❶ 平台主体单方实施的行为，就能够导致法律关系产生、变更和消灭，和平台用户之间往往并不存在平等的协商沟通。其在这个过程中可能会听取用户的意见，但终究是平台单方面行使管理权力的结果，不考虑相对人的意思，近似于行政行为。❷ 也正因如此，平台管理行为不同于一般的民事行为，其决策自由受到一定的限制。❸

第三，平台管理行为既是平台管理职权行使行为，也是其管理职责，还是其应当履行的公法义务。权力必须行使，不得放弃；必须适当行使，不得滥用。如果平台未行使管理职权，或行使不当，不仅可能承担平台管理责任，而

---

❶ 蔡立东：《公司自治论》，北京大学出版社2006年版，第111页。

❷ 在行政法上，行政行为一般也不以相对人的合意为基础，行政行为的法律效果并不考虑行为人的意思，而是由法律予以规定，将行政行为与一定的法律效果相结合。这种法律效果在法治社会中实际上反映的是法律规范对行政主体的规治。因而，与法律行为不同的是，行政行为的权力性与相对人的意思无关，这种行政法律关系的变动只由行政主体一方决定。参见李军：《法律行为理论研究——以私法为根据》，山东大学2005年博士学位论文，第52页。

❸ 在私法上，除存在权利滥用情形外，不需要说明法律行为的动机；而在公法上，需要说明动机，决策自由受到限制。参见［德］迪特尔·梅迪库斯：《德国债法总论》，杜景林、卢谌译，法律出版社2004年版，第8-9页。

且可能承担行政责任，受到行政处罚，这通常是其他民事行为所没有的现象。❶

第四，同普通民事行为不同的是：平台管理行为产生的法律后果既可能针对特定的主体，也可能针对不特定的主体。普通民事行为产生的权利义务主体往往是确定的，至少一方是确定的，也可能双方或多方主体都是确定的。比如，在合同关系中，双方权利义务主体是确定的。在所有权法律关系中，权利主体是确定的，义务主体是不确定的第三人。但对于平台管理行为而言，其法律后果的权利义务主体可能都是不确定的，比如，制定自治规则行为，可能对平台用户都能够产生法律效力，但没有像普通民事行为那样产生具体的权利义务关系。当然，也可能是针对特定主体的，比如在实施处罚、裁决过程中产生的法律后果，其涉及主体就是确定的。

第五，平台管理行为的法律效力具有公定力。也就是说，平台管理行为一经作出，就推定为有法律效力，除非被有权机关确认无效或撤销。而在私法关系中，当事者双方的意思具有彼此对等的效力；当两造的意思不能一致时，任何一方的意思，都没有不顾对方的意思而决定何者为合法的力量。例如，在私法的租地契约的关系上，地主与租地人发生争执，地主说契约业已满期，要求租地人还地；但租地人主张契约尚未满期，而指地主的还地要求为违法时，在这种场合，租地人可以不管地主的意志继续占有其地。地主除提起民事诉讼请求法院判断外，别无强制租地人还地之途。❷

美国法学家博登海默希望建立由两个制度组成的理想法律帝国，通过一个行之有效的私法制度，它可以界定出私人或私人群体的行动领域，以防止或反对相互侵犯的行为，避免或阻止严重妨碍他人的自由或所有权的行为和社会冲

---

❶ "私法之公法化的最后型态，是在于同一内容的法同时为私法而又为公法的场合；即系同一内容的义务，一面为个人相互间的义务，同时又为个人直接对国家所负的义务的场合。这种形态，可称为公法与私法的结合。"参见［日］美浓部达吉：《公法与私法》，黄冯明译，中国政法大学出版社2003年版，第248页。显然，法律上对平台管理职权、职责的规定即属于此。公法、私法的混同、混合、转化在平台法上得到最大程度的体现。

❷ ［日］美浓部达吉：《公法与私法》，黄冯明译，中国政法大学出版社2003年版，第113页。

突；通过一个行之有效的公法制度，它可以努力限定和约束政府官员的权力，以防止或救济这种权利对确实需要保障的私人权益领域的不恰当侵害，以预防任意的暴政统治。❶ 显然，在平台领域，由于平台管理行为的存在，公法、私法这两种制度不可避免地混同在一起，再也难有一个截然分明的界限。

四、总结

平台管理行为包括规则制定、执行以及纠纷裁决，提供各种交易设施、工具、服务，进行身份管理，甚至包括交易秩序的调节，无一不类似于国家的公权力行为，平台与用户之间也不是处于平等地位的。从这个角度思考，平台管理行为迥异于现存的各种民事行为，甚至是现行民事行为理论难以解释的。其中主要原因在于：传统的民事行为理论主要侧重于平等主体之间的外部法律关系，例如，合同关系、所有权关系、人格权关系等。所以，强调平等、意思自治以及法律效果的确定性，对民事主体内部的自治行为、管理行为的定性关注不足。例如，社团对成员的处罚行为即所谓社团罚，其行为性质到底是什么？是否为民事法律行为？产生纠纷是否使用民事诉讼程序解决？均未予以充分论述。❷ 在实际生活中，有的是按照行政法律关系进行处理的，例如，高校对学生学籍、学位的管理等。也有些按照民事法律关系进行处理，例如，我国台湾地区著名民法学家王泽鉴先生认为，政党属于社团法人，政党对其成员的惩

---

❶ ［美］E. 博登海默：《法理学——法律哲学与法律方法》，邓正来译，中国政法大学出版社 2004 年版，第 246 页。

❷ 根据笔者目前掌握的资料，国内民法学者在民法教科书中很少对社团罚问题进行论述，王泽鉴先生对社团罚问题作了极为简要的叙述，认为这是基于法律所赋予的社团自治权限，社员因入社，依其法律行为上的同意而受其拘束。社团罚系基于社员同意，相当于违约金。参见王泽鉴：《民法总则》，中国政法大学出版社 2001 年版，第 155 页、第 192-193 页。另外，梅迪库斯对社团罚的论述同王泽鉴先生的论述基本是一致的。参见［德］迪特尔·梅迪库斯：《德国民法总论》，邵建东译，法律出版社 2000 年版，第 836-841 页。可以看出，王泽鉴先生、梅迪库斯先生从社团自治权限以及契约理论两个方面来构建社团罚的正当性基础，但社团罚本身是什么行为，未作论述。史尚宽先生在《民法总论》中对社团罚问题未作阐释，龙卫球教授在《民法总论》中也未对社团罚问题作论述。目前，对社团罚研究较多的行政法学界，认为社团规章具有法源性质，社团罚是一种行政行为，但此处的社团仅是非营利性的组织，包括各种行业协会等，不包括公司。

罚，由此产生的纠纷按照民事纠纷进行处理。❶ 对管理行为的充分研究，只有在平台成为社会经济生活的中心，形成一个以平台为核心的生态系统，积聚了数以亿万计的平台用户，管理成为平台的第一要务后，才能够充分展开。

本书认为，由于平台本身是民事主体、商事主体，所以平台管理行为只能是民事行为，不可能是国家公权力行为，这是平台管理行为的本质。但平台管理行为的具体内容又类似于国家立法行为、行政行为、司法行为，又体现了平台管理行为作为民事行为的特殊之处。而把平台管理行为视为一种特殊的民事行为，势必对传统的民事行为，特别是民事法律行为理论带来极大的冲击，❷ 也模糊了公法、私法划分的界限，甚至需要重新进行必要的理论建构。

【延伸阅读】 日本著名法学家美浓部达吉提出区分公法和私法关系的一些元素。

第一，双方利益共通性。公法关系不外是团体与其构成分子间的关系，所以双方的利益是共通的。但在典型的私法关系——对等的私人相互关系中，权利者和义务者是有互相反对的利害关系的，因而其权利义务完全相反。所以，公权是存在于国家或公共团体（处于准私人的地位者除外）和个人间的权利，而私权则为存在于私人相互间的权利，这是公权和私权的区别。

第二，国家具有意思上的优越力。从公法上的关系来说，国家的意思具有优越的效力，可以不顾对方的意思去单独决定何者为合法；而对方不得否认其效力。这就是所谓国家行为的公定力，也就是说，在公法关系上，国家的意思行为有决定该关系的权力；而这种行为，至被有正当权限的机关取消或确认其无效时为止，是受"合法"推定的，人民不得否认其效力。

第三，国家公权具有强制力。对于公法上的违反义务，国家或公共团体能

---

❶ 王泽鉴：《民法总则》，中国政法大学出版社2001年版，第155页、第192-193页。

❷ 传统的民事法律行为分类，例如负担行为、处分行为；有因行为、无因行为；单方法律行为、双方法律行为、多方法律行为、决议行为。[德] 迪特尔·梅迪库斯：《德国民法总论》，邵建东译，法律出版社2000年版，第165-172页。这些划分似乎对平台管理行为统统不适用。

够以自己的强制力去强制制裁；反之，对于私法上的违反义务，权利者就没有那种强制力，只有依请求国家保护的手段才能科违反义务者以强制制裁。这就是公法和私法在违反义务上的差异。

第四，国家公权行使具有义务性。凡是属于国家的权力，结局都无非是为着一般人民的利益而行。所以，这种权力的行使都带有须为社会公共的利益而合法地正当地去行使的拘束，所以同时是含有义务性质的，既不能放弃，也不能移转或者对移转加以限制。私法上的权利原则上可以放弃，也可以移转。❶

从以上几个方面来看，平台管理权更类似于国家公权，平台管理行为更近似于公权力行为，体现团体和成员关系，具有意思上的优越性，具有单方面的强制性，具有义务性，等等。只是由于平台本身是个纯粹的民事主体，同各种公共团体（如学校、行业协会、地方自治组织等）之间的差异也很大，所以平台管理权不可能成为一种公权，平台管理行为也只能是一种民事行为。

第四节 自治规则制定

自治规章是平台的灵魂。除了法律、法规、规章以及行业自治条例以外，非常重要的规则就是各平台的自治规章。规则体系的建立有助于平台机制的自我运作，规避平台的风险，提升平台运作的效率。以电子商务为例，电子商务中的人与人之间关系变得复杂，包括买卖双方之间的买卖关系、代理关系、产品质量责任、信息披露义务、消费者权益保护等，包括平台与用户的隐私保护、知识产权保护、数据储存、信用记录等，也包括用户和外部环境之间纳税义务、物流配送等关系。这些不再是传统的一手交钱一手交货，新的关系产生新的矛盾，规则的制定就是为了协调关系，解决矛盾。

一、平台自治规则的特点

（1）自治规则由平台单方面制定，用户只能选择是否接受管辖。用户要

---

❶ ［日］美浓部达吉：《公法与私法》，黄冯明译，中国政法大学出版社2003年版，第106页、第109-110页、第114页、第117页、第158页。

么拒绝协议而不使用平台的应用或服务，要么点击接受，因此，凡是使用平台服务的用户被推定为接受了这一协议，这也得到包括我国在内的大多数国家法院判决的认可。少数情况下，甚至只能接受管辖，连拒绝的机会都没有。例如，购买苹果手机，只能接受 App store，接受其中的大量软件，无法进行删除，当然，也包括接受 App store 的大量规则。用户面对平台，如同面对一个主权国家，只要你选择进入其区域，就得接受该国法律的管辖，而无从对其法律置喙。另外，自治规则由平台单方面修改，修改时不需要经过用户同意，用户也无从表达反对意见，最多退出该平台。❶

（2）自治规则明确赋予平台管理权。平台用户条款主要内容一般包括：规范用户注册和使用行为、规范用户生产内容行为（不得违法和侵权）、获得用户知识产权或数据等使用权、网络安全责任、保护自身商业利益、申诉机制、免除中介责任等，还有一些针对广告主等特殊用户平台可随时中断服务的特殊规定。例如，新浪《微博服务使用协议》中直接写明："微梦公司有权对用户使用微博服务的行为及信息进行审查、监督及处理。"

（3）主要通过技术手段保障实施。法律以行政或司法强制力为强制手段，而自治规则的实施手段和强制手段主要是平台掌握的技术。《腾讯服务协议》中则明示："如果腾讯发现或收到他人举报您发布的信息违反本条约定，腾讯有权进行独立判断并采取技术手段予以删除、屏蔽或断开链接。同时，腾讯有权视用户的行为性质，采取包括但不限于暂停或终止服务，限制、冻结或终止QQ号码使用，追究法律责任等措施。"

（4）自治规则涉及面非常广，实际上可获得与立法相同的调节效果。平台特别是那些超级平台的用户是以亿或者十亿计的，平台的用户条款涉及每一个使用相关服务的用户。这就使得用户条款的影响力获得与法律相同的效果，

---

❶ "（社团）章程对设立人及所有未来的社员均有拘束力，惟并不具有法律规范性，其对未来社员所以有拘束力，乃基于其自愿地加入社团而发生。"参见王泽鉴：《民法总则》，中国政法大学出版社2001年版，第183页。

用户条款已经事实上成为规范网络传播的软法。❶

（5）平台可以单方更新自治规则，更好地服务平台用户并维护平台秩序，这也是平台并非格式合同条款的有力证明。❷ 2020 年 2 月 12 日，商务部条约法律司、电子商务司根据《中华人民共和国电子商务法》等法律法规，起草了《电子商务信息公示管理办法（征求意见稿）》，向社会公开征求意见。其中第 16 条规定了"修改平台服务协议和交易规则"，即："电子商务平台经营者修改平台服务协议和交易规则的草案，应当在其首页显著位置公开征求意见，并采取合理措施确保有关各方能够及时充分表达意见。修改后的内容应当至少在实施前七日予以公示。"第 17 条规定了"服务协议、交易规则的修改后的说明义务"，即："电子商务平台经营者修改平台服务协议和交易规则的，应当保存和公示修改前的版本，并以'旧版本'字样加上修改时间标明，以备核查。电子商务平台经营者对服务协议、交易规则的修改，应当在公示期间作出简要说明，并提示修改的内容。"从上述两个条文来看，无疑明确了平台对自治规则单方面的修改权。

以上几个特点说明：平台自治规则根本不同于传统的格式合同。在平台崛起之前，在很多大企业控制的领域，如金融、保险业起作用的主要是格式合同。但平台与传统大企业所不同的是，其用户涉及面更广，且用户和平台之间

---

❶ 在行政法学界，也有很多学者认为，社团自治规章具有行政法法源性质，当然，此处的社团不包括企业法人。对法源、行政法渊源观点的梳理可以参见何海波：《行政法的渊源》，载应松年：《当代中国行政法》，中国方正出版社 2005 年版，第 14-69 页；杨海坤、章志远：《中国行政法基本理论研究》，北京大学出版社 2004 年版，第 123-132 页。转引自方洁：《社团处罚研究》，中国政法大学 2006 年博士学位论文，第 49 页。

❷ "社团本身的建立基于一种'共同价值'，它担负特定范围内特定内容的社会责任，为实现该种责任而由该组织的执行机构组织局部性公务，以达成该范围内的公益。社团组织体相对于公务相对人而言既是服务主体，亦是高权主体，与公务相对人之间形成上下服从关系。根据权利让渡，经合意、同意或认可形成的自治规则是适用于某一组织的所有成员或相关人员的，基于公共利益、公务组织而形成的公务关系所适应的调整规则便具有了更多的公法性特质。""德国行业组织的自治规章作为行政法的渊源之一，直接具有法定强制性。"参见方洁：《社团处罚研究》，中国政法大学 2006 年博士学位论文，第 55-56 页。也就是说，依此观点，社团自治规则本身就属于公法的发源。但此处的社团属于公务机构以外的其他公法人，如行业组织、农田水利会等，并非公司等私法人。

的地位更加不平等。协议由平台精心拟定，少的几千字，多的上万字，一些拥有多种产品和服务的超级中介的用户条款可能更为复杂。用户一般对自治规则知之甚少，基本不会阅读、理解这些协议，即使阅读也因为缺乏法律知识而不可能理解协议的意义。用户点击同意条款，仅仅表明其同意接受平台的管辖，而非同意条款的具体内容。

【案例解读1】在徐书某诉深圳市腾讯计算机公司、腾讯科技公司滥用市场支配地位纠纷案[（2016）粤民终1938号、（2017）最高法民申4955号]中，二审法院认为，腾讯计算机公司和腾讯科技公司经营的微信表情开放平台接受表情包投稿，系两公司向公众提供的互联网服务之一，两公司完全有自主权制定公众享受该免费服务的准入条件。而且，该准入条件在徐书某投稿之前，已经向公众开放并已实施多时，腾讯计算机公司和腾讯科技公司依据该准入标准审核徐书某的投稿是否符合其标准，属行使其企业经营自主权行为。正如徐书某称其投稿表情包有推广的商业目的，腾讯计算机公司和腾讯科技公司审核表情包投稿并决定是否准入，亦有其商业目的，两者在关于表情包的问题上地位是平等的，两者在投稿和审稿的过程中发生分歧以致最终无法达成合意，完全系自由竞争市场中的正常表现。

再审法院认为，对于任何平台经营者而言，合理规制平台使用者的行为，防止个别使用者的对平台整体具有负外部性的不当行为发生和蔓延，有利于提升平台经营者的利益和平台用户的长远利益。因此，平台经营者有权设定合理的凭他管理和惩戒规则，以实现良好的平台管理。腾讯计算机公司和腾讯科技公司设定关于微信表情不得包含与表情内容不相关的其他信息及任何形式的推广信息等投稿要求，其目的显然在于保证微信投稿表情纯粹用于增加用户在微信聊天中的乐趣，防止微信表情开放投稿平台被用于商业推广的微信表情所充斥，进而影响用户的聊天体验。

从上述可知，二审法院是从管理与合同两个角度理解用户和平台之间的关系的，而再审法院更多地是从平台管理角度考虑的。

【案例解读2】在义乌失切记刀业有限公司、深圳市腾讯计算机系统有限公司服务合同纠纷案［（2018）粤03民终10835号］中，二审法院认为，腾讯计算机公司作为微信公众号平台的经营者和管理者，在提供长期服务的过程中，为适应不断变化的互联网发展需求，对服务协议的条款进行适时的修改和完善，确属有需要。由于微信公众号平台服务对象数量巨大，且不受地域限制，如对用户逐个通知并逐个协商变更合同条款，显然不具有现实可操作性，因此，腾讯计算机公司通过与用户事先约定的方式变更协议相关条款及规范，具有必要性和合理性。另外，腾讯计算机公司有权对相应条款及规范进行修改并不意味着可以利用自己平台经营者及管理者的优势地位随意变更协议，腾讯计算机公司应当履行变更通知义务及给予用户是否接受变更后的条款以相应选择权。

显然，在该案中，法院一方面认定了服务协议的合同性质，另一方面也认可了腾讯公司可以单方面变更协议，只是要履行一个通知义务和是否接受的选择权。问题在于，这种可以单方变更的协议还是协议吗？

二、自治规则属于一种软法

典型意义的法首先表现为强制性规则，由正式的立法机关制定或认可，有刑罚和赔偿等法律责任保障实施，由法院裁决实施过程中产生的纠纷等。而对于非典型意义的软法来说，则不具有上述特征。尽管软法（非典型意义的法）与硬法（典型意义的法）同属于法，但软法与硬法的区别仍然很明显。

首先，软法的制定主体一般不是国家正式立法机关，而是非国家的人类共同体（超国家的和次国家的共同体）。一般学者研究的软法，有时虽然也包括国家正式立法机关制定的，没有法律责任条款的，从而不以国家强制力保障实施的法律规范，但通常是指非国家的人类共同体（超国家的和次国家的共同体），如联合国（UN）、安理会（SC）、世贸组织（WTO）、国际劳工组织（ILO）、世界知识产权组织（WIPO）、欧盟（EU）、东盟（ASEAN）等超国家共同体，以及国家律师协会、医师协会、注册会计师协会、高等学校、村民委员会、居民委员会等次国家共同体制定的规则或达成的协议。主体不同是软法与硬法区别的重要标志：硬法通常是国家法，软法则通常是超国家法或次国家法。

其次，软法不具有国家强制力，不由国家强制力保障实施，而是由人们的承诺、诚信、舆论或纪律保障实施。软法之所以称"软"法，重要的原因就是其不具有国家强制力，不是由国家强制力保障实施的。软法不具有国家强制力的原因有三，其一，它的制定主体一般不是国家，即不能由国家强制实施；其二，软法一般是共同体内所有成员自愿达成的契约、协议，每个成员通常都会自觉遵守，无须强制；其三，软法不具有国家强制力并不等于其没有约束力，软法一经形成，相应共同体成员必须遵守。如果违反，便会遭到舆论的谴责、纪律的制裁，甚至被共同体开除，不得不被迫离开相应共同体。

最后，软法的争议一般不是由法院裁决的，而是由民间调解、仲裁机构处理或争议当事人自行协商解决的。虽然软法争议不绝对排除法院裁决，在软法本身与硬法冲突，当事人人身权、财产权因此受到侵犯的情况下，其当然可以请求国家司法救济。但是，在一般情况下，当事人因软法实施发生的争议，主要是由民间调解、仲裁机构处理或争议当事人自行协商解决，而不是诉诸法院解决。

软法为非典型意义的法，它不一定要由国家立法机关制定，不一定要由国家强制力保障实施，不一定由法院裁决其实施中的纠纷。[1] 但在形式上几乎与硬法无异，在内容上也同样具有法的拘束力。今天，软法在人们的生活中无疑具有越来越重要的影响，规范着我们社会生活的方方面面。

【延伸阅读】德国法上社团章程的法律本质，[2] 主要有以下三种理论观点。

（1）原始的规范理论。原始规范理论的代表人物认为，社团自治是建立在一个不受国家干预的基本的社团力上的，而这种社团力之于社团来说正如主权之于国家一样。社团自治作为"独立的和自主的法律来源"授予了社团自主设置法律的权限，因此章程具有客观的法律规范的特性。

---

[1] 姜明安：《软法的兴起与软法之治》，载《中国法学》2006年第2期。
[2] 宁昭：《论德国法上的社团罚——兼论现行中国法上的社团罚》，中国政法大学2009年硕士学位论文，第11-12页。

（2）修正的规范理论。在设立社团时把章程视为一种合同形式。从社团设立时起，章程就完全脱离设立者而自行存在。当社团成立后，其章程不再作为合同而是作为社团的宪法。从这一刻开始，社团设立者的意志和利益将不再重要，他们也不能再影响章程的组成。

（3）合同理论。根据合同理论，社团章程被视为组织合同和债务合同。首先，章程是一个组织性合同，因为它涉及社团内部组织结构的规定，例如，社团机构的利益、任务、组成、职权以及成员资格的获得、失去和结束。其次，章程是一个债法上的合同。通过这个合同，社团与其成员相互间的权利和义务被建立起来，例如，成员交纳会费的义务和他们因此而享有的使用社团内部的设施的权利。

由此可见，对于私法领域的社团章程，人们也很早就看出其具有法律规范的特性，而不仅仅是一种特殊类型的合同。这样也有助于对平台自治规则的理解。

三、平台自治规则的司法审查

有学者认为，网规司法审查重点在于，用户是否同意或事实上已经同意该网规，或者网规是否已经成为普遍的行为规则。❶ 实际上，这一点根本没有必要，平台自治规则司法审查的重点在于其内容，至于用户是否接受了平台自治规则，在成为平台用户的时候，就意味着接受平台的管辖，不管其是否知悉平台的各项规则，一律对其适用。

1. 司法审查的必要性

（1）自治规则制定过程并无严格的程序。法律经过严格的立法程序，而自治规则由平台的律师或法律团队拟定，并无程序性要求。

（2）自治规则制定目标往往在于商业价值最大化。法律以社会利益最大化为主要目标，自治规则往往以平台利益为主要目标。

（3）公众参与度与透明度不同。法律的制定有一个公众参与或者公众代

---

❶ 高富平：《自治规范视野下的网规——网络法治的必由之路》，载 http：//www.chinaeclaw.com/show.php?contentid=17595，访问时间：2019年12月18日。

表参与的渠道，平台自治规则制定过程一般缺少公众参与。

（4）用户对自治规则内容往往不关注。平台自治规则往往比较复杂，少则几千字，多则上万字，一般人往往无从阅读、理解平台规则。

（5）执行的统一性不同。法律由法律职业共同体执行，较容易达成共识，因而法律的执行更为统一。而不同平台商业策略不同，用户条款及其执行模式都不相同。❶

2. 平台自治规则的司法审查要点

（1）有无突破法律保留原则。

在立法上，有法律保留原则，即宪法关于人民基本权利限制等专属立法事项，必须由立法机关通过法律规定，行政机关不得代为规定，行政机关实施任何行政行为皆必须有法律授权，否则，其合法性将受到质疑。对于平台自治规则而言，自然不能对用户的基本权利进行限制，严重损害用户的合法权益，凡是进行限制、损害用户合法权益的，均为无效。

除了基本权利保留以外，还存在其他法律保留事项。《立法法》第8条明确列举了11项属于法律保留的事项。❷ 在这些保留事项中，平台自治规则可能涉及第六项税收基本制度、第七项征收征用、第十项仲裁制度，分述如下。

第一，平台对用户按比例收取的费用，类似于国家税收，也是管理行为之组成部分，但这种准征税为平台实施管理之必需，在本章最后一节有论述。

第二，平台对用户财产，特别是一些虚拟财产可能存在剥夺，实际上为一种变相的征收、征用。

第三，平台对纠纷进行处理，可以进行裁决，实际上设立了一种新的仲裁

---

❶ 张小强：《互联网的网络化治理：用户权利的契约化与网络中介私权力依赖》，载《新闻与传播研究》2018年第7期。

❷ 《立法法》第8条规定："下列事项只能制定法律：（一）国家主权的事项；（二）各级人民代表大会、人民政府、人民法院和人民检察院的产生、组织和职权；（三）民族区域自治制度、特别行政区制度、基层群众自治制度；（四）犯罪和刑罚；（五）对公民政治权利的剥夺、限制人身自由的强制措施和处罚；（六）税种的设立、税率的确定和税收征收管理等税收基本制度；（七）对非国有财产的征收、征用；（八）民事基本制度；（九）基本经济制度以及财政、海关、金融和外贸的基本制度；（十）诉讼和仲裁制度；（十一）必须由全国人民代表大会及其常务委员会制定法律的其他事项。"

制度。

至少在以上三个方面，平台由于实际行使了准立法权（规则制定）、准行政权（内部管理）和准司法权（纠纷裁决），有可能合理突破法律保留原则。

（2）有无违反法律、行政法规的强制性规定。

根据《合同法》第 52 条的规定，违反法律行政法规强制性规定的合同行为无效。在具体适用过程中，将该条规定又具体区分为效力性规定和禁止性规定。只有在违反前者情况下，方为无效。如果违反后者，只是该行为受到行政处罚，但不影响该合同行为的法律效力。本书认为，对于平台自治规则而言，不管违反的是效力性规定，还是禁止性规定，都是法律所否定的，本身自然属于无效。

（3）有无违反社会公序良俗，损害公共利益。

公序良俗是法国、日本、意大利等大陆法系国家民法典中使用的概念。在德国民法中，与公序良俗相当的概念是善良风俗。在英美法中，与此类似的概念是公共政策。我国《民法总则》多次提及公序良俗，如第 8 条规定，民事主体从事民事活动，不得违反法律，不得违背公序良俗；第 10 条规定，处理民事纠纷，应当依照法律，法律没有规定的，可以适用习惯，但是不得违背公序良俗；第 153 条规定，违背公序良俗的民事法律行为无效。显然，如果自治规则违反公序良俗，应当被视为无效。

3. 平台自治规则均应推定为有效

平台还可以基于其自身设定的产品运营模式，禁止用户合法但不符合其商业目标的行为。比如，一直以来，微信明确禁止利用微信产品功能进行诱导分享的行为。相关规则包括《微信外部链接内容管理规范》《微信公众平台服务协议》《公众平台运营规范》《微信开放平台开发者服务协议》和《微信个人账号使用规范》等相关协议及专项规则。根据《微信外部链接内容管理规范》，诱导行为包括发布"诱导分享类内容"和"诱导关注类内容"两种。

（1）诱导分享类内容。

①要求用户分享，分享后方可进行下一步操作，分享后方可知道答案等。

②含有明示或暗示用户分享的文案、图片、按钮、弹层、弹窗等的，如分

享给好友、邀请好友一起完成任务等。

③通过利益诱惑，诱导用户分享、传播外链内容或者微信公众账号文章的，包括但不限于：现金奖励、实物奖品、虚拟奖品（红包、优惠券、代金券、积分、话费、流量、信息等）、集赞、拼团、分享可增加抽奖机会、中奖概率，以积分或金钱利益诱导用户分享、点击、点赞微信公众账号文章等。

④用夸张言语来胁迫、引诱用户分享的，包括但不限于："不转不是中国人""请好心人转发一下""转发后一生平安""转疯了""必转""转到你的朋友圈朋友都会感激你"等。

（2）诱导关注类内容。

强制或诱导用户关注公众账号的，包括但不限于关注后查看答案、领取红包、关注后方可参与活动等。对于这种内容，《微信外部链接内容管理规范》明确，腾讯有权停止链接内容在微信继续传播、停止对相关域名或 IP 地址进行的访问，短期封禁相关开放平台账号或应用的分享接口；对于情节恶劣的情况，永久封禁账号、域名、IP 地址或分享接口。微信认为，诱导分享为非正常营销行为，严重破坏正常的朋友圈体验，故应当予以规制。

4. 平台自治规则司法审查的程序

（1）主动请求确认无效。平台用户对于自治规则，应可以提出确认无效诉讼，请求司法确认。

（2）诉讼过程中确认无效。即用户和用户、用户与平台之间，在诉讼过程中涉及平台规则的效力，可以在个案中请求人民法院予以确认。

四、平台自治规则的法律适用

平台自治规则作为一种软法，其法律地位是什么？或者说，平台自治规则是否可以在诉讼过程中直接适用？本书认为，平台自治规则本身不属于法律，不能作为法律适用的依据。即使平台规则中包含了法律规定，也是认为适用法律，而不是平台规则本身。但平台规则对于平台用户而言具有约束力，在诉讼中应当具有一定的法律效力，其关键在于以下两点。

第一，用户加入平台，即视为接受平台规则的约束，不管其有无阅读、理解平台规则，也不管平台规则事后有无修正。

第二，平台规则可以视为一种商事惯例，❶ 推定为平台生态健康所必需。比如，上文提及的微信禁止诱导分享规则。

以国际商事惯例为例，国际商事惯例是在长期的商业或贸易实践基础上发展起来的用于解决国际商事问题的实体法性质的国际惯例。❷ 国家认可国际商事惯例的法律效力一般有间接和直接两种途径：间接途径是指国际商事惯例通过当事人的协议选择而间接取得法律拘束力，它是国际商事惯例取得法律效力的最主要途径；直接途径不以当事人协议为条件，而是直接通过国内立法或国际条约赋予国际商事惯例以法律约束力。比如，《日本商法典》第1条规定："关于商事，本法无规定者，适用商习惯法，无商习惯法，适用民法。"《瑞士民法典》第1条规定："本法无相应规定时，法官应依据惯例。"我国《民法总则》第10条规定："处理民事纠纷，应当依照法律；法律没有规定的，可以适用习惯，但是不得违背公序良俗。"此外，《美国统一商法典》明确规定采用国际贸易中普遍承认的原则和惯例。1964年《国际货物买卖统一法公约》第9条第2款撇开当事人的协议，直接认可惯例的约束力："当事人还须受一般人在同样情况下认为应适用于契约的惯例的约束。"1980年《联合国国际货物销售合同公约》第8条第3款规定："在确定一方当事人的意旨或一个通情达理的人应有的理解时，应适当地考虑……当事人之间确立的任何习惯做法、惯例和当事人其后的任何行为。"

平台规则作为一种成文的规定，只有在商业惯例层面上，经过司法选择后才能够成为法律参照适用的依据，在处理平台与用户之间以及用户与用户之间的法律关系时适用。当然，对于非用户和平台之间以及非用户和用户之间不能

---

❶ 从法理上讲，一项商事惯例的产生基本上取决于三个前提条件：普遍性的，即基本没有例外被遵守的事实运行，适当的时间段和有关交易领域的自愿承认。参见［德］卡纳里斯：《德国商法》，杨继译，法律出版社2006年版，第548页。以此而论，自治规则只是在适用上参照商事惯例，本身不是商事惯例，同商事惯例之间存在巨大的差异。

❷ 各种商业协会、行业协会的规则往往成为商业惯例的重要渊源。比如，独立担保合同如明确约定适用国际商会URDG规则，URDG属于任意性规则，属于国际惯例性质，一经选择适用，URDG将成为合同内容和裁判依据。

直接适用，除非非用户明确同意。其隐含的意思就是：平台不能为用户之外的人立法。比如，权利人对于电子商务平台上侵犯知识产权的行为，可以直接提起诉讼，在这种情况下，平台规则就不能在权利人与平台、被控侵权人（平台用户）之间适用，但在衡量平台或者被控侵权人主观过错等方面具有一定的作用。如果权利人向电子商务平台投诉，则应适用平台规则，视为同意平台规则，接受平台规则的管辖。

【延伸阅读1】"淘宝"自治规则主要分为五大类，分别为规则、规范、标准、公告以及实施细则。其中规则主要包括《淘宝规则》和《天猫规则》两部分，它们支撑起了整个"淘宝"自治规则的体系。《淘宝规则》分为总则与附则，其中总则分为六章，涵盖对各类电子商务专有名词的定义，买卖双方的注册经营的条件、流程与限制，买卖双方的评价系统（信誉机制），卖家经营过程中的义务与管理措施，对一般违规行为和严重违规行为的区别规定，不同的处理措施及其执行以及对专营项目的规定。在《淘宝规则》和《天猫规则》的实施过程中，各类规范、公告、标准、实施细则与之相辅相成，相互补充，如《淘宝禁售商品管理规范》《虚假交易专项整治公告》等。目前共有规则5部、规范16部、标准2部、公告六条以及实施细则9部。这些不同种类的规范使得整个"淘宝"自治规则形成一个严密的体系，相对于法律规则而言，具有更强的可操作性。

"淘宝"自治规则根植于电子商务市场的土壤中，具有天生的自然优势，它更注重追求效率，符合商法基本原则中的效率优先原则，侧重于保护盈利、保护交易简便、保护交易迅捷、尊重商业规则。例如，《淘宝超时说明》规定自买家拍下商品之时起三天内，买家未付款的，交易关闭。自卖家操作"发货"之时起，买家未在以下时限内确认收货且未申请退款的，默认买家已收到货且货物质量符合交易双方的约定，交易成功。

（1）快递、EMS及不需要物流的商品十天内。

（2）平邮商品三十天内。

这些超时规定缩短了交易中止、结束、完成的时间，避免交易一直处于不确定之中，大大提高了交易的速度。另外，《淘宝规则》第 37 条规定了违规处理的措施，包括信息屏蔽、限制发货、发布商品、关闭店铺、公共警示等。这些处罚措施简便易行，更加具有时效性。

【延伸阅读2】推特的字数规则。推特规定内容要保持在 140 个字之内，之所以如此，是因为这样会促使作者专注于表达核心内容。从作者的角度考虑，如何把一件事、一个想法表达清楚，其实不需要长篇大论，限定字数会让作者的表达更专注于核心内容，能用一句话交代清楚的内容，绝不拖沓。人类的头脑有认知局限，每次只能处理一定量的信息，德国的一位数学家计算出的这个数字是 160 个英文字母，他把这一数字作为手机短信息的标准。

推特已经决定解除对字数的限制，这样做能够给予用户更多的选择，为用户提供更加完善的服务。2016 年，推特产品经理确认，以后发推特，包括图片、GIF、视频、投票、转发和回复等内容将不计入 140 个字符限制。2017 年 11 月 9 日，推特发布了一条更新消息，将推文的字符限制从 140 个增加到 280 个。其好处如下：当推文的字符限制从 140 个增加到 280 个的时候，用户使用"请"这个词的频率增加 54%，使用"谢谢你"的频率增加 22%，因为现在有了更多的空间来使用这些词。而且，推特称，拓宽推文的字符限制也大大改善了语法。像"gr8"这样的缩略词使用的频率减少 36%，"b4"使用的频率减少 13%，"sry"使用的频率减少 5%。越来越多的用户现在更倾向于输入完整的字词，因为他们现在不用太担心字符限制了。此外，推特还发现，现在越来越多的推文开始使用问号，这激起了人们的更多讨论，而且让这些推文获得了更多的回复。尽管如此，推特称现在大多数推文仍然很简洁，只有 1% 的推文达到 280 个字符的上限。

【案例解读】2016 年 4 月 29 日，原告成都希言自然贸易有限公司网签平台协议，入驻被告拼多多平台。上海寻梦信息技术有限公司运营的拼多多平台开设网店自主经营，协议约定商家售假需承担"假一赔十"责任，平台有权直接自商家账户扣款。2016 年 11 月 29 日，被告基于平台日常抽检需要，在原告网店下单购买系争睫毛膏并送往商标权利人（品牌方）鉴定。2016 年 12 月 26 日，品牌方出具《鉴定报告》确认送检睫毛膏为假货，上述过程均全程录像。2016 年 12 月 27 日，被告冻结原告账户，并通知原告限期提供商品合格证明。因原告未按期提供合格证明，被告自原告账户扣划 83 771 元并全额赔付给购买到涉假商品的消费者。原告不服向法院起诉，要求返还扣款。

上海市长宁区人民法院经审理后认为，平台协议合法有效，商品抽检鉴定过程合法有据，商家售假给平台造成了消费者赔付金+抽检及打假管理成本+商誉损失，被告按约对原告售假行为作出处理于法不悖，遂依法驳回原告全部诉请。一审宣判后，原告未提起上诉，一审判决生效。

对于平台协议约定的"假一赔十"标准是否合适？需要考虑几个因素：一是平台管理成本，即网络销售数量庞大、无时空边界等特点，平台不论是根据消费者投诉还是主动抽检，在购买样品、与品牌方沟通、获取鉴定报告及走诉讼程序的过程中都须耗费大量的人力及经济成本；二是平台商誉损失，商家利用平台售假或虚假交易，必然损害平台的商誉。因此，法院承认平台"假一赔十"规则的效力，肯定了平台的自律管理。

第五节 用户身份管理

一、用户身份管理的必要性

聊天轮盘平台的创始人是安德烈·特诺夫斯基，他出生于 1992 年。他创立聊天轮盘平台时还是一个在莫斯科上学的高中生，他创立这个平台起初没有任何的商业打算，只是由于他喜欢跟朋友们通过 Skype 和摄像头聊天。为了能够和更多不一样的人进行联系，他下定决心创立一个随机视频聊天网站。

登录聊天轮盘不需要进行注册，可以完全是匿名的，当用户登录到 Chatroulette 网站以后，就会看到一个栅格状的白色窗口，上面有两个影像框：一个显示的是用户自己，通过用户的摄像头采集而来；另外一个则是网站为用户呼叫的一个"伙伴"，但具体身份不详。当伙伴出现时，用户可以停在这里，并且通过语音或者键盘开始聊天，或者也可以直接点击"下一个"，来寻找新的伙伴。关键在于，如何向一个永远不会再次见面的人介绍自己，对方可能是韩国的舞女、满身豹纹的猫人甚至是来自荷兰格但斯克的裸男。

截至 2010 年 2 月末，Chatroulette 网站在全球拥有 400 万用户，其中接近 100 万来自美国。在它最巅峰的时刻，数以万计的用户同时在线，简直就是爆炸性成功。但仅仅几个月后，流量枯竭，差不多被废弃。主要原因就是用户的质量大大降低，个别用户在网站上很下流地展示自己，结果吓跑了大多数用户。❶ 从上述事例可以看出，用户身份管理非常重要，其重要性体现在以下几个方面。

第一，用户在平台上主要进行各种交流交易行为，完全有必要了解自己是在和谁进行交易、交流。

第二，网络是一个虚拟空间，未进行有效的身份管理，容易引发各种欺诈行为，甚至引发危害公共安全的事件。

第三，用户身份管理也是进行维权的必要条件。在发生侵权的时候，明确侵权者的身份是诉讼的必要前提，这就需要进行身份管理。

第四，身份验证也是系统安全的必备要件。信息系统安全的三个经典原则为：机密性、完整性、审核。所谓机密性原则就是保证信息不能被未授权访问。在计算机系统中，实现信息的机密性有四方面技术：加密，通过密码对敏感信息进行加密保护，保证只有拥有密码的用户才能访问此信息；权限，指定某一用户对某一信息资源的权限，如允许/拒绝读取、修改、删除该信息资源；权利，指定某一用户在计算机系统中能执行哪些操作，是否可以访问存放信息资源的数据容器；身份验证，验证某一用户的身份（用户是谁），从而才可以控制此用户的权利和权限。完整性原则指保证信息不能被未授权修改，散列算法和数字签名技术可以确保信息的完整性，通过散列算法可以计算出信息的 HASH 值，此 HASH 值具有唯一性，通过比对前后计算的 HASH 值便可以得知是否是原来的信息。同时通过数字签名对 HASH 值进行加密，保证 HASH 值不能被篡改。另外，审核原值指记录信息的访问历史，用于检查信息是否是通过适当的方式被适当的用户访问。

---

❶ ［美］亚历克斯·莫塞德、尼古拉斯·L. 约翰逊：《平台垄断》，杨菲译，机械工业出版社 2018 年版，第 172-173 页。

二、用户身份管理的审查标准

（1）差别审查。所谓差别审查是指：不同类型的平台、不同的行为、不同的用户，在用户管理方面，可以适用不同的标准。首先，对于观众平台，如网易新闻、凤凰新闻，用户身份管理的要求最为宽松，甚至不要求进行注册，用户仅仅浏览新闻，一般不会造成负面的影响。对于电子商务平台，用户管理方面则最为严格，用户需要了解对方的真实身份信息。其次，对平台内经营者的要求也最为严格，要求提供各种资质证书，方可以开设相应的店铺；而对普通消费者用户则最为宽松，甚至不直接要求提供身份信息，而是通过微信号码、银行卡号、手机号等间接方式确认身份。最后，不同行为适用不同的标准。比如，浏览新闻网页可以不要求注册，但要对新闻内容进行评论则需要进行注册。爱奇艺等视频网站，一般用户在没有注册情况下，仍然形成了双边市场，观众往往以观看广告为代价获得免费欣赏的机会。当然，要成为会员，享受更多的权利和服务，必须进行注册。同样，在电商网站上浏览商品不需要注册，选择商品进入购物车或进行购买时则需要身份注册。

（2）形式审查。用户身份管理，要求用户提供真实身份信息，对于当事人相关资质作出必要的审核。对于经营者而言，首先要审查企业是否具备开展相应业务的资质，是否需要额外申请证照，如办理营业范围增项、获得行政机关许可等。除了申请资质，是否可以借用关联企业的资质或者其他办法来解决资质问题。

上述主体身份登记及核验可以通俗地理解为"验明正身"，验明正身包括验明身份、地址、联系方式以及行政许可等信息，验明不只是收取、登记信息而已，而是要对收取的信息进行核验，所谓"核验"，包括核实和验证，即"核实有无+验明真伪"，不仅包括收集、登记相关信息，更为重要的是要验证信息的真实性。

以电子商务平台为例，电子商务平台在掌握平台内经营者信息方面，相对于消费者和监管部门，具有得天独厚的优势，通过目前的技术手段，在取得相关政府部门信息支持的前提下，平台可以通过信息比对核实经营者的真实身份、市场主体登记信息等；可以依规通过追踪常用 IP 地址对实际经营地和联系方式进行核实确认；可以依据法律、法规对需要行政许可的经营事项进行梳理，向有关部门获取许可目录和许可信息，对行政许可的真实性进行核验，并定期持续跟踪，确保许可的有效性。❶

尽管如此，平台所承担的仍然是形式审查义务，而不是实质审查义务。这里可以同行政机关所承担的审查义务进行对比。依据《行政许可法》，行政许可由具有行政许可权的行政机关在其法定职权范围内实施。如需对申请材料的实质内容进行核实，行政机关应当指派两名以上工作人员进行核查，甚至针对特定事项还须举行听证程序。所有这一切就是要保证线上线下的身份信息相一致，因此，行政机关承担的是实质的审查义务。

对于平台而言，不可能进行任何线下的实质性查验，只是根据用户上传的电子材料，包括输入的手机号码、企业机构代码、身份证电子版、银行卡号等，运用搜索技术手段，访问相应的数据库，或是采用验证码、人脸识别等方式进行核验。无疑，这种核验仍然属于形式审查范畴，其特点在于不进行人工审查，只是技术审查，不进行线下比对。

例如，淘宝开发生物实人认证技术，广泛应用于阿里系平台的商家入驻审核、密码修改、高风险行为触发认证等环节，对用户真实身份进行识别。结合权威数据源和实人可信模型，确保商家身份真实可靠。其中一个典型案例就是周某伪造身份开店 8 次均被拒绝。2017 年年初，周某因店铺售假被淘宝关店处罚。不久后，周某利用伪造的身份证尝试在平台上申请开店，被阿里巴巴利用"同人模型"进行拦截。在随后一年时间内，周某反复使用 PS 的假冒身份证，多次申请开店，均被"同人模型"识别出来。在周某伪造的 9 张身份证中，除了姓名、照片一致外，其出生日期反复被改为 1974 年、1983 年、1987 年、1997 年……住址也从山东省到福建省几经变化。

【延伸阅读】滴滴平台应当依法合规审查司机和乘客的具体信息。在郑州

---

❶ 刘红亮：《正确认识平台经营者协助监管责任》，载《中国市场监管报》2019 年 4 月 9 日。

· 127 ·

空姐滴滴打车遇害案件中，该接单账号归属于嫌疑人父亲，且正常通过了"滴滴"顺风车注册时的三证验真、犯罪背景筛查和接首单前须进行人脸识别等安全措施。嫌疑人系违规借用其父顺风车账号接单。滴滴平台亦主动发表声明称，"滴滴"原有的夜间安全保障机制不合理，导致在该订单中针对夜间的人脸识别机制没有被触发。此外，嫌疑人在案发前，曾有一起言语性骚扰投诉记录，客服5次通话联系不上嫌疑人，由于判责规则不合理，后续未对投诉作妥善处理。

第六节 内容审查及隐私保护

因为互联网平台管理具有现实难度，各国都倾向于将平台信息的审查义务和执行权力交由平台承担。从国家、平台和用户的三层关系来看，平台在国家介入后对用户的审查已经具有了强烈的公权力性质。❶ 这种权力的让渡使得超级网络平台集私有性与公权力于一体，平台逐渐成为事实上的"二政府"。

一、内容审查

1. 内容审查的范围

（1）合法性审查。主要是对商品服务，包括各种信息、合法性等进行审查。

（2）侵权审查。对网络平台上侵犯他人知识产权、人格权等民事权利的商品服务、信息进行审查。

2. 内容审查的标准

（1）常规形式审查。不管是合法性审查，还是侵权审查，对于平台而言，所采取的是形式审查标准，即借助技术手段，包括关键词检索等，对侵权的内容进行排查。比如，淘宝建立了"假货模型"系统，对平台内经营者的违法行为进行主动监控。因淘宝网的卖家数量和商品数量特别巨大，仅通过人工排

---

❶ 李洪雷：《平台管理和平台责任对行政法原理的挑战》，载《中国法律评论》2016年6月7日。

查，无法及时有效地对售假行为进行打击。基于平台大数据技术，淘宝网研发了"假货模型"系统，该系统可从账号、商品、交易、物流等多个维度，对涉嫌售假的商品和账号等进行排查。对于"假货模型"系统排查出的涉嫌出售假冒、盗版商品的数据，淘宝网会进行进一步核实和判定。其中，系统会在概率理论基础上，依据预先设定的逻辑，作出是否属于出售假冒、盗版商品的判定。

（2）投诉时的实质审查。在针对具体的商品、服务或者信息进行投诉的时候，需要进行实质性审查，看是否存在合法性问题或者侵权问题。另外，在形式审查"误杀"的情况下，也需要借助投诉机制进行实质性审查，恢复到原来的状态。当然，这个人工实质审查过程仍然可以借助技术手段。比如，对于上述淘宝网依托大数据建立的"商家售假概率模型"，开放至一线服务小二。消费者一旦买到疑似假货，服务小二在接到投诉后即可直接作出判定，卖家也有提交材料和发表意见的申诉机会。在人工介入进行实质性审查的时候，作违法性的判断，判断其是否属于法律与行政法规禁止的范围，是否违反保障人身与财产安全的要求，是否存在其他侵害消费者合法权益的情形以及是否存在侵犯知识产权的情形。当然，这不可避免地会给平台带来巨大的金钱与人力成本。这就是以形式审查为原则，以实质审查为例外的根本原因。

（3）重点关注。指平台对个别侵权人、侵权行为或权利人进行特别关注，以避免侵权行为发生。例如，2017年1月，阿里巴巴大数据打假联盟成立，这是全球首个"大数据打假联盟"，致力于依托大数据和互联网技术，让打假更有力、更高效、更透明。截至2018年1月，已有宝洁、路易威登、玛氏、阿迪达斯、苏泊尔、小米等全球30个知名品牌权利人加入该联盟。显然，平台对上述品牌的权利进行重点关注。另外，对有违法或侵权前科的对象也予以重点关注。

德国联邦最高法院类推适用了《德国民法典》中的第823条、第1004条，明晰了网络服务提供者需承担的主动审查义务："网络服务提供者有义务采取措施制止正在发生的侵权行为；网络服务提供者发现站内发生某项侵权行为或者从其他途径知悉某项侵权事实，即在以后针对同一侵权主体或同一侵权客体或同一侵权内容负有主动审查义务，以防控可能发生的侵权行为。"

【案例解读 1】 在 E. LAND 淘宝商标侵权案［（2011）沪一中民五（知）终字第 40 号］中，依兰德有限公司（E. LANDLTD）是一家韩国公司，其将自己享有第 1545520 号注册商标和第 1326011 号注册商标的独占许可使用权授权给乙公司。被告是淘宝网的经营管理者（以下简称"淘宝公司"），向消费者和经营者提供网络交易平台服务。乙公司认为淘宝网上有大量卖家发布侵权商品信息，遂利用淘宝网提供的搜索功能，通过关键字搜索涉嫌侵权的商品，再对搜索结果进行人工筛查，并通过电子邮件将侵权商品信息的网址发送给淘宝公司，同时向淘宝公司发送书面通知函及相关的商标权属证明材料，要求淘宝公司删除侵权商品信息并提供卖家真实信息。淘宝公司收到乙公司的投诉后，对乙公司提交的商标权属证明进行核实，对乙公司投诉的商品信息逐条进行人工审核，删除其中淘宝公司认为构成侵权的商品信息，并告知乙公司发布侵权商品信息的卖家的身份信息。其中，就包括作为淘宝卖家的被告杜某某。在 2009 年 9 月 29 日至 2009 年 11 月 11 日期间，乙公司发现杜某某通过淘宝网销售侵权商品后，先后 7 次向淘宝公司发送侵权通知函，淘宝公司审核后先后 7 次删除了杜某某发布的商品信息，杜某某对此也未提出异议。

该案中，在淘宝公司多次删除杜某某的商品信息并通知杜某某被删原因后，杜某某并没有回应或提出申辩，又结合杜某某在其网店内的公告"本店所出售的部分是专柜正品，部分是仿原单货，质量可以绝对放心……"显然，杜某某作为直接侵权人，对其侵权行为具有主观上的故意。而淘宝公司在收到权利人乙公司发来的侵权投诉通知时，除对投诉的内容进行审核并删除杜某某发布的商品信息之外，却并未根据其当时有效的用户行为管理规则，同时对杜某某采取限制发布商品信息、扣分、直至冻结账户等处罚措施。当平台用户出现重复侵权行为时，平台的义务将不再仅仅是被动地处理同质侵权行为，而应对其具有注意义务，主动采取措施制止重复侵权行为的继续发生。该案中，在 7 次有效投诉的情况下，淘宝公司应当知道杜某某利用其网络交易平台销售侵权商品，但淘宝公司对此未采取必要措施以制止侵权，杜某某仍可不受限制地发布侵权商品信息，淘宝公司显然违反了其争端解决义务中对于重复侵权行为的注意义务。

【延伸阅读】2017年是阿里巴巴在网络假货治理和知识产权保护上取得历史性突破的一年。数据技术已经转化为打假的巨大推动力：主动删除的疑似侵权链接中，97%一上线即被秒杀。在技术方面，阿里开发出多项打假"黑科技"。

商品大脑：可对平台上近20亿种商品进行识别，通过学习外部信息，发现侵害他人知识产权的行为并进行判断、处理。

假货甄别模型：每日对全平台商品进行扫描，排查假货等问题商品，每完成一次扫描，相当于"征召"5000台虚拟服务器投入工作。

语义识别算法：根据OCR识别出文字，对文字背后的真实语义作分析和判断。

商品知识库：能将分散、庞杂的商品信息进行清洗、提炼，结构化为标准统一可被模型、系统执行的信息流。

实时拦截体系：任何时间发布或编辑的商品都会在毫秒级内完成对商品的风险扫描，识别并拦截问题商品。

生物实人认证：广泛应用于阿里系平台的商家入驻审核、密码修改、高风险行为触发认证等环节。结合权威数据源和实人可信模型，确保商家身份真实可靠。

大数据抽检模型：能智能筛选潜在问题商品，并提交小二发起神秘抽检。

政企数据协同平台：为提升公检法部门执法效率，阿里巴巴专门开发了协查系统，搭建了与工商、质监、食药监、海关等部门的数据桥梁，依法快速处理协查需求，为执法部门提供协助。

【案例解读2】在黄某某与深圳市腾讯计算机系统有限公司网络侵权责任纠纷案［（2015）栖霞民初字第519号、（2018）苏01民终1103号］中，法院认为，首先，腾讯公司事先对案涉广告的广告主秦江公司的真实名称等信息进行了初步审查，事后亦对该广告进行了删除、屏蔽等必要措施，原告无证据证明被告公司明知或者应知秦江公司利用信息传输、发布平台发送、发布违法广告，腾讯公司在提供了广告主的真实名称、地址和有效联系方式后，原告仍坚持要求腾讯公司就其损失进行赔偿，无事实和法律依据。其次，腾讯公司提供的 QQ 作为网络即时通信工具，系为网络用户提供的社交网络平台，该平台既有私密的一对一的个人之间的通信、文件传输等功能，又有相对范围内公开的 QQ 聊天群等多人社交网络平台。面对海量的网络交互信息，被告公司既没有法律赋予的权利，客观上也没有能力对每条信息进行审查。原告在通过该广告链接添加了 QQ 好友李某某后，对李某某发送给原告的链接，被告公司无法对其全部信息和信息内容是否真实有效或违法先行作出判断和筛选，如果要求被告公司对链接承担无限的事先主动审查义务，无疑将会使被告负担过重的义务，同时对于该链接的审查及原告与李某某聊天内容的审查，也势必涉及对公民隐私权等权利的侵害，故原告在查看链接内容及与李某某聊天时，应当自行对其真实性、合法性尽到审查义务。该案一审期间被上诉人也提供了广告主的真实名称、地址和有效联系方式，上诉人的损失可向案涉广告的广告主主张。

二、用户隐私保护

2018 年，全球范围内各领域纷纷曝出大体量数据泄露事件，都是涉及亿级乃至十亿级数据量的信息泄露事件，抢占各大媒体头条。个人信息泄露程度之严重，远远超出公众想象，2018 年已成为个人信息泄露披露元年。全球各地都开始正视个人信息安全问题，个人信息保护的相关立法工作也在加速进行。欧盟《通用数据保护条例》（General Data Protection Regulation, GDPR）于 2018 年 5 月 25 日正式出台，第 4 条第 1 款明确了"个人数据"的概念，个人数据是指已识别到的或可被识别的自然人（"数据主体"）的任何信息。可被识别的自然人是指其能够被直接或间接通过识别要素得以识别的自然人，尤其是通过姓名、身份证号码、位置数据、在线身份等识别数据，或者通过参照该自然人一项以上的身体、生理、遗传、精神、经济、文化或社会身份等要素予以识别。

参照国家互联网信息办公室、工业和信息化部、公安部、市场监管总局联合制定的《App 违法违规收集使用个人信息行为认定方法》规定，平台非法收集、使用、泄露用户个人数据行为包括：未公开收集使用规则；未明示收集使用个人信息的目的、方式和范围；违反必要原则，收集与其提供的服务无关的个人信息；未经同意向他人提供个人信息；未按法律规定提供删除或更正个人信息功能或未公布投诉、举报方式等信息，等等。

隐私政策是平台与用户之间关于如何处理和保护用户个人信息的基本权利和义务的文件，用于告知用户个人信息被收集、使用、共享等情况。隐私条款的制定和实施已成为平台保护公民隐私的主要手段，是维护市场信心和获得用户信任的基石。❶ 腾讯、百度、知乎、阿里巴巴等互联网企业纷纷通过完善隐私政策赋予用户更大的个人信息保护权，使用户在享受互联网服务的同时能更清楚数据收集、处理的规则和行权路径，能对自身产生的数据有更大的掌控权。❷

【延伸阅读】用户的数据权利。❸ 根据学者的研究，用户的数据权利至少包括以下几种。

（1）知情权与同意权。知情权是指数据主体有权知道与其数据被处理相关的一切资讯，个人信息权是其他一切权能的前提和基础，同意是知情最重要的目的。即使数据控制者基于法定职权或公共利益而收集或处理用户数据，用户也有知情权，除非控制者能证明，告知将有损目的实现。

（2）访问权与可携带权。访问权是指数据主体有权访问其个人数据，了解数据处理目的、所涉数据类型、数据接收者身份及其类型、存储期、数据画像的逻辑设定、意义及其后续影响等，并有权获得相关副本。可携带权指数

---

❶ 张莉：《数据治理与数据安全》，人民邮电出版社2019年版，第250页。

❷ 在开发平台中，为了更好地保护用户数据安全，可以设定危险权限。比如，安卓希望通过用户控制App获取权限来更好地管理个人信息，维护个人权益。因此，安卓将获取后会"对用户隐私或设备操作造成很大风险"的权限设定为危险权限，包括获取地理位置、读取联系人、访问照相机及录音等。同时，安卓6.0以上版本已强制规定，涉及用户隐私的危险权限，App必须通过系统明确提醒用户，并获得用户的明确授权。参见张莉：《数据治理与数据安全》，人民邮电出版社2019年版，第248页。

❸ 叶名怡：《论个人信息权的基本范畴》，载《清华法学》2018年第5期。

主体有权接收其先前提供给数据控制者的个人数据，也有权将数据迁移给其他数据控制者。

（3）利用收益权。个人信息兼具人格利益和财产利益，其中财产性要素可以许可给他人使用和获取收益。

（4）删除权和被遗忘权。删除权是指在特定条件下，信息主体有权要求信息控制者及时删除其个人信息。被遗忘权是指数据主体对于网络上误导性的、令人难堪的、不相关的或过时的个人数据，有权要求数据控制者予以断链或删除。

（5）信息更正权。信息更正权是指信息主体有权要求信息控制者及时更正其不正确、不准确或不完整的信息。

【案例解读1】使被遗忘权成为欧洲统一的法律概念的事件是1998年西班牙的谷歌诉冈萨雷斯案。1998年，西班牙报纸《先锋报》发表了西班牙将举行财产强制拍卖活动的公告，其中有一件属于马里奥·科斯特加·冈萨雷斯的财产也在强制拍卖名单中。2009年11月，谷歌搜索引擎收录了公告中登出的信息，为此冈萨雷斯与该报纸取得联系，他希望能够在网上删除这些与他有关的信息，并且称该强制拍卖活动在几年前就已经结束，而且这些数据信息也已经失效，如果任由这些信息继续存在，则会对其声誉造成持续的伤害。《先锋报》回复称，有关冈萨雷斯的个人数据无法删除，原因是该公告的授权方是西班牙劳动与社会事务部。2010年2月，冈萨雷斯与谷歌西班牙分公司取得联系，请求他们删除该公告的链接，谷歌西班牙分公司将该请求转交给美国加利福尼亚的谷歌总部。之后冈萨雷斯也向西班牙数据保护局（AEPD）提交投诉，要求《先锋报》必须按其要求删除拍卖数据信息，谷歌公司则必须按要求删除数据链接。

2010年7月30日，西班牙数据保护局驳回冈萨雷斯针对《先锋报》提交的诉求，但支持他要求谷歌公司删除链接的诉求，要求谷歌公司删除链接并保证通过搜索引擎无法打开该信息。谷歌西班牙分部和谷歌公司随后分别向西班牙国立高等法院提出单独诉讼。西班牙国立高等法院在将两个诉讼合并后，将该案提交给欧盟法院。欧盟法院最终裁决谷歌西班牙分部、谷歌公司败诉，判决谷歌西班牙分部、谷歌公司按冈萨雷斯的请求对相关链接进行删除。自此，通过欧盟法院的这一判决和这期间的一系列立法文件，欧盟确立了被遗忘权这一概念。

在传统媒体中，公众本身具有集体遗忘的特点，一些信息如果很长时间内不被人所提及就会被社会遗忘。而在互联网时代，信息的传播和存储能力非纸媒所能比拟，有些信息的长久存在容易给人们的生活带来困扰，因而有必要赋予信息主体以"被遗忘权"。

【案例解读 2】 我国涉及被遗忘权诉求的第一案是任某某诉百度公司侵犯名誉权案。任某某于 2014 年 7 月 1 日起在无锡陶氏生物科技有限公司从事过相关的教育工作，2014 年 11 月 26 日由该公司向其发出了《自动离职通知书》解除劳动关系。2015 年 4 月 8 日，任某某进入百度公司搜索页面，键入"任某某"后在"相关搜索"处显示有"陶氏教育任某某""国际超能教育任某某""美国潜能教育任某某""香港跨世纪教育任某某"；另外，在搜索框内键入"陶氏教育"，在"相关搜索"处显示有"无锡陶氏教育""陶氏教育骗局""陶氏远航教育是骗局吗"，键入"任某某"，页面中"相关搜索"处显示有"陶氏教育任某某""国际超能教育任某某"。任某某认为，目前陶氏公司与其已经没有关系，不排除一些客户利用百度搜索后，直接误解其还在陶氏工作，误导合作伙伴，误导学生。因此任某某认为，网络公司的行为侵犯了他的名誉权、姓名权及作为一般人格权的"被遗忘权"，要求网络公司断开涉案关键词的搜索链接，赔礼道歉，赔偿经济损失。

法院以技术中立的理由驳回了任某某诉百度侮辱诽谤和侵犯姓名权的主张。关于任某某主张的被遗忘权，法院认为"任某某在本案中主张的应'被遗忘'信息的利益与任某某具有直接的利益相关性"，并且其"对这部分网络上个人信息的利益指向并不能归入我国现有类型化的人格权保护范畴，只能从一般人格权的角度寻求保护，但是由于任某某主张的该利益不具有正当性和受法律保护的必要性，不应成为侵权保护的正当法益"，否认了任某某主张的被遗忘权。

第七节　交易机制、工具及服务提供

一、交易机制

不同类型的平台，其交易机制往往是不一样的。比如，制造平台和销售平台，其交易机制就明显不一样。对于销售平台而言，最重要的是搜索产品、配对、交流、付款、物流、收货、退货、退款等环节，交易机制就是对这些环节的具体时间、方式进行细化。制造平台则设立了不同的交易机制。比如，创建于2006年的猪八戒网，主要为企业、公共机构和个人提供定制化的解决方案，将创意、智慧、技能转化为商业价值和社会价值。服务交易品类涵盖创意设计、网站建设、网络营销、文案策划、生活服务等多种行业。猪八戒网的交易模式包括以下五种。

（1）比赛·先交稿模式，指买家在发布需求时，先将赏金完全托管到猪八戒网，再从服务商交稿中选出中标稿件的交易模式。猪八戒网收取赏金的20%作为平台服务费。

（2）计件模式，指买家按一个合格需求支付一份服务商酬金的方式进行选稿，选稿数量视买家需求而定，稿件合格将立即支付服务商报酬的交易模式。

（3）一对一·先报价模式，指买家在发布需求时未托管赏金至猪八戒网，根据服务商报价选择一位服务商完成工作的交易模式。

（4）一对一·服务模式，指买卖双方直接通过猪八戒网的托管服务进行交易的交易模式。

（5）一对一·先抢标模式，指买家发布需求时，先将诚意金托管到猪八戒网，再由众多服务商进行抢标，最终买家确认一位服务商来完成需求的交易模式。

二、平台工具

平台必须为其核心交易提供工具。工具表现为各种软件，工具都是自助和分散的，任何人都可以使用工具，不需要平台的持续参与和帮助。工具一般指各种软件产品，它们将帮助用户创造价值并联系其他用户，包括视频展示工具、沟通工具、查询工具、信用评价工具、营销推广工具、数据统计分析工具等。❶ 比如 YouTube 的上传视频软件 instagram 用来编辑照片的滤镜，爱彼迎给房主提供的日程安排工具，以及优步给司机提供的导航软件。大多数工具都是"即插即用"的，便利了消费者和生产者之间的交易。

阿里旺旺是淘宝和阿里巴巴为平台用户量身定做的免费网上商务沟通软件、聊天工具，可以帮助用户轻松找客户，发布、管理商业信息，及时把握商机，随时洽谈做生意，简洁方便。阿里旺旺提供了四个买卖沟通方式：（1）即时文字交流，直接发送即时消息，就能立刻得到对方回答，了解买卖交易细节；（2）语音聊天，阿里旺旺有免费语音聊天功能；（3）视频聊天，想亲眼看看要买的宝贝，只需拥有一个摄像头；（4）离线消息，即使不在线，也不会错过任何消息，只要一上线，就能收到离线消息，确保询问"有问有答"。阿里旺旺在中国大受欢迎，适合中国人的交易习惯，阿里旺旺的使用是淘宝在中国打败 eBay 的重要因素之一。

三、平台服务

服务的特点是集中化，并且需要平台的持续参与。服务有助于提高成交率、给用户带来更好的体验，增强平台对用户的黏性，塑造平台良好形象，是影响消费者满意度的重要因素。一旦在交易过程中发生差错，平台提供的服务会给用户提供一个缓冲区，帮助用户解决实际问题。

例如，电子商务客服是承载客户投诉、订单业务受理（新增、补单、调换货、撤单等）、通过各种沟通渠道获取参与客户调查、与客户直接联系的一线业务受理人员。作为承上启下的信息传递者，客服还肩负着及时将客户的建议传递给其他部门的重任，如来自客户对产品的建议、线上下单操作修改反馈等。解决客人的疑问（关于商品、快递、售后、价格、网站活动、支付方式等的疑问），处理交易中的纠纷、售后服务以及订单出现异常或者无货等情况

---

❶ 叶秀敏：《平台经济理论与实践》，中国社会科学出版社 2018 年版，第 143 页。

时与客户进行沟通协调。根据目前淘宝上网络客服的工作分类，可以分为售前客服、售中服务、售后服务、销售客服、技术客服及中评差评客服等。客服的工作内容多样，但主要包括引导客户购物、解答客户问题、提供技术支持、消除客户不满情绪等。

第八节 平台处罚

一、平台处罚概述

平台处罚主要是针对违反平台规则的行为单方实施的技术惩罚措施，是平台自治的有机组成部分，主要有以下几个特点。

第一，依据的是平台规则，而不是相关立法。立法上往往赋予平台一定的义务和职责，要求平台对违法行为进行处理。平台处罚既是平台的义务、职责，也是平台的权利和职权，平台所履行的是一种公法上的义务，否则就构成一种不作为。但平台并不因此就成为行政执法主体，但处理的依据依然是平台规则。也就是说，平台不能直接拥有、行使公权力，不能直接成为执法主体，平台对规则的执行依然属于平台自治的范畴。

第二，平台处罚采取的必要措施限于私法手段，往往是技术措施。现有的法律规范规定的必要措施大多限于删除、断开链接与终止交易等，甚至笼统地规定"必要的处置措施"，主要是技术措施。平台也可以根据平台规则，采取措施，包括降低信用评价等级，给予差评，纳入灰色名单、黑名单等。平台如果因此遭受损失，除了根据平台规则没收用户在平台上的资产，其他所能做的限于提起民事诉讼、向用户进行索赔，而无法直接采取划拨等强制执行措施。例如，对于诱导分享行为，一经发现，微信团队将进行如下处理：包括但不限于停止链接内容在朋友圈继续传播，停止对相关域名或 IP 地址进行访问，封禁相关开放平台账号或应用的分享接口；对重复多次违规及对抗行为的违规主体，将采取阶梯式处理机制，包括但不限于下调每日分享限额，限制使用微信登录功能接口，永久封禁账号、域名、IP 地址或分享接口；对涉嫌使用微信外挂并通过微信群实施诱导用户分享的个人账号，将根据违规严重程度对该微信账号进行阶梯式处罚。

第三，采取必要措施时不受公法程序的约束，但需要受到平台规则的制约。一般来说，国家公权力的运用须遵循调查、立案、告知、听取陈述与申辩甚至听证等程序，但平台在采取必要措施之时无须受到特定程序的约束。例如，2018年1月10日，微信公众平台发布公告称，坚决打击涉嫌淫秽、色情及低俗类等信息。公告称，自2015年发布关于低俗内容整顿公告以来，仍存在公众号继续发布低俗、虚假标题和内容的行为，并采取技术手段恶意对抗。对于仍在发送低俗、虚假标题和内容的公众号，文章进行删除并实施相应的能力处罚，多次违规处理后仍继续发送违规内容的，或是故意利用各种手段恶意对抗的，将进行永久封号处理。

第四，处罚成本无任何补偿。平台处罚须投入技术研发成本，购买相应的设备并设立专门的审查机构与人员，但现有的法律对此未规定相应的经济补偿，这些应当属于平台自身管理费用的组成部分，是管理平台所必须支付的对价，这也是平台处罚不属于行政执法的体现之一。

总之，平台处罚既不是代替国家行政机关对违法行为进行处罚，也不影响其他民事主体对侵权行为的追偿，更不会阻止国家司法机关对犯罪行为进行追究，甚至也不能排除平台对相关主体提起民事诉讼，并不会涉及一事不再罚、重复起诉等方面的问题。说到底，平台处罚并非行政执法行为，也不是司法审判行为，只是一种有限的平台自治措施，其目的在于维护平台生态系统的健康，在性质上是一种社团内部的"纪律罚"❶。

二、平台处罚对象

平台处罚主要针对各种违法、侵权行为，也包括其他平台认为维护其生态健康所必须禁止的行为。

（1）侵犯人格权。人格权包括身体权、生命权、健康权、自由权、隐私

---

❶ ［德］卡尔·拉伦茨：《德国民法通论》，王晓晔等译，法律出版社2004年版，第230页。

权、姓名权及名称权、肖像权、名誉权和荣誉权。网络空间是一个虚拟空间，但它并不是虚幻的，而是依赖于现实社会的客观存在，网络中依然存在侵犯人格权的违法行为，包括侵犯名誉权、肖像权、姓名权、隐私权等。

（2）侵犯知识产权。随着网络的广泛应用，网上侵犯知识产权的行为层出不穷，如许多网站未经著作权人同意擅自将其作品上传到网络；未与新闻单位签订许可使用合同，擅自转载新闻单位发布的新闻；擅自销售他人享有商标权、专利权的商品；等等。

（3）数据造假。比如，微信公众平台生态造就了一大批内容创业者，他们通过运营公众号、传播有价值的内容获得广告商的赞助，以此获取利润。广告商看重的是一个公众号的影响力和传播力，在公众号中体现为粉丝数、阅读量和点赞量。一个拥有几百万甚至更多粉丝的账号，在激烈的竞争状态下，有时为了获取大量粉丝的关注，除了贡献优质的内容，还会采取刷粉等数据造假行为，利用第三方工具通过外挂增加僵尸粉、通过二维码推广增加曝光等。业内甚至形成一条刷粉"灰色产业链"，不法分子专门从事刷粉获取非法利润。据说，"业内"标价 1 个赞数元、1 万阅读量数百元、"10 万+"阅读量的文章售价数万元。

（4）散布致害信息。致害信息大致可分为三种：直接致害信息，指信息的传播本身就对受害人利益造成损害的信息；间接致害信息，指受害人接收到后，依据其行事而使自己受到损害的信息；致第三方损害信息，指行为人接收到后，依据其行事而致第三方损害的信息。虚假陈述信息和错误信息属于间接致害信息。我国《侵权责任法》第 36 条有关网络侵权责任的规定涉及的主要是直接致害信息，如诽谤性信息、有关个人隐私等。另外，有的直播 App 肆意传播淫秽表演和色情影视制品，以获取巨额打赏；有的交友 App 贩卖色情文字、图片、影像；有的视频 App 宣扬血腥暴力，用"惊悚残暴"博取眼球；有的学习类 App 向第三方泄露学生及家庭隐私信息，或向学生提供性暗示、性诱惑等内容。

（5）游戏玩家使用私服、外挂等程序。网络游戏领域的侵权形态在早期只是简单的代码复制问题，后来逐步发展出外挂和私服两种新的形态。外挂是利用电脑技术针对一个或多个网络游戏，通过改变软件的部分程序制作而成的作弊程序；私服是未经版权拥有者授权，非法获得服务器端安装程序之后设立的网络服务器，本质上属于网络盗版。

（6）网络电商不正当竞争行为。

①好评返现现象。好评返现是指某些网络电商抓住当下消费者网购视评价而购买的心理，从而推出给好评价返还1~5元不等的金额的行为。此种现象目前极为猖獗，大多数消费者为了获取1~5元的"赏金"，很可能盲目给予评价，从而误导其他消费者，形成恶性循环圈。电商的好评返现行为不但损害了消费者选购心仪商品的权利，而且对于同业之间更是形成不正当竞争。

②恶意刷单。恶意刷单是指某些网络商家通过寻找专业的"刷单手"，通过非真实的买卖发货而将销售量提上去，同时"刷单手"还将给予商家好评，商家就此提高销量，提升好评率。相关数据显示，刷单手每单收入4~5元，大部分刷客为大学生和家庭妇女。

③虚假宣传。虚假宣传是在商品宣传阶段，商家往往通过一些手段去描述与商品实际不一致的功能或作用，误导消费者购买。此类不正当竞争行为具有很明显的特征，即多数出现在保健品、健身器械上，往往夸大其效用，低廉成本卖出高昂的价格，损害消费者权益，破坏市场公平竞争秩序。

④价格陷阱、虚位优惠。此类现象主要出现在电商节，如"双11""双12"。一些商家"给出"大力优惠，实则是抬高平时价格，在电商节中再予以优惠形式抵扣，使得消费者产生一种自己获得了很大利益的虚假感。这不仅误导消费者，而且对于其他真实优惠的电商，也构成不正当竞争行为。

（7）其他违反平台规则的行为。比如，微信安全中心发布的《关于利诱分享朋友圈打卡的处理公告》称，某些公众号、App软件等主体通过返学费、送实物等方式，利诱微信用户分享其链接（包括二维码图片等）到朋友圈打卡，违反了《微信外部链接内容管理规范》。

三、平台处罚机制

不同类型的平台，其处罚机制也不一样。淘宝的处罚机制主要包括对交易行为进行监控,实施奖惩。比如,所有淘宝账户,只要违反了规则,淘宝都有对账户进行相应处罚的权力。这些处罚包括店铺屏蔽、屏蔽评论内容、删除评价、限制评价、限制发布商品、限制发送站内信、限制社区功能、限制买家行为、限制发货、限制使用阿里旺旺、限制网站登录、关闭店铺、公示警告,直到查封账户,永久禁止会员使用违规账户登录淘宝、使用阿里旺旺等工具。

微信的处罚机制包括以下几种。

1. 审查、举报与处罚机制

2014 年 12 月 30 日,微信发布清理诱导行为样本提到,因诱导行为增多,平台系统通过内容审查一旦发现相关违规内容,将作出处理:首次违规处以封号 30 天、关闭流量主等功能,多次违规将永久封号。2018 年 1 月 18 日,微信在规范涉及党史国史等信息发布行为的公告中,公布对公众号发布歪曲党史国史、违反网络安全法的行为进行处理,对违规文章予以删除并进行相应处罚,多次处罚后仍继续违规的,将采取更重的处理措施直至永久封号。

2. 微信公众平台审查、举报与违规处罚机制

微信公众平台对于违规内容,采用的是"平台审查+用户举报"发现机制,辅以阶梯性惩罚的处理机制。公众平台不定期利用技术手段对平台内容进行比对、审查,同时鼓励用户投诉举报违规内容,并建立了完整的电子化投诉举报通道,受理用户的投诉和申诉。一旦发现核实违规内容,对其进行阶梯性处罚。阶梯性处罚是指平台对违规者视情况严重性,采取由轻到重阶梯式的处罚方式。

3. 辟谣机制

微信谣言主要以微信公众号为载体进行传播,为此,公众平台建立了以"辟谣中心"为核心的辟谣机制。公众平台于 2015 年 7 月 8 日推出的"辟谣中心"(样本"公众平台推出运营中心"),2017 年 6 月上线的"辟谣小程序"(样本"微信辟谣小程序上线了,从此不再怕谣言"),还有"谣言过滤器""辟谣小助手""安全中心"等公众号共同构成微信公众平台辟谣机制。

四、平台处罚行为的法律效力

平台对违规成员的处罚权是自治权的应有之义。平台自治规范约束力主要

来源于成员的同意或加入，因而从效力上仅能约束其已经同意或承认该规范或加入该平台的成员。比如，当用户在平台上注册后，就意味着接受该平台的自治规则，接受平台依据该自治规则可能实施的处罚。在民法上，基于团体协议，团体组织享有一种自治性质的惩罚机制。据此，对于违反自治规则的用户或成员，平台可以采取信用评级降级、屏蔽、除名等惩罚措施。这样的措施，属于私法自治的合理范畴。❶

五、平台处罚行为的司法审查

平台对违法违规用户进行处罚，属于平台自治的权限范围。❷ 对于这些处罚的结果，本书认为，可以请求人民法院进行审查。❸ 审查重点在于：处罚决定的程序、适用规范有没有违反法律和平台规则，事实认定是否存在重大错误。如果存在上述问题，本书认为，人民法院可以撤销处罚结果。当然，如果在平台自由裁量范围之内，应当尽可能地尊重平台的处理结果。❹

这方面，可以参考德国社团罚司法审查。❺ 在德国 2006 年的司法判例中，主要是看社团罚是否在章程或相关法律中存在足够的根据；相关当事人是否处

---

❶ 高富平：《自治规范视野下的网规——网络法治的必由之路》，载 http：//www.chinaeclaw.com/show.php?contentid=17595，访问时间：2019 年 12 月 18 日。

❷ 《意大利民法典》第 24 条规定了社团成员的开除及救济程序，规定只有基于重大事由经过社团大会才能开除社团成员，社团成员可以自接到社团大会通知之日起 6 个月内向司法机构提起诉讼。这说明，社团罚纠纷仍然是作为民事纠纷进行处理的。参见《意大利民法典》，费安玲等译，中国政法大学出版社 2004 年版，第 15 页。

❸ 拉伦茨先生认为，法院对社团内部事务的干预，是法治国家一种必不可少的、使个人免受团体专制权力损害的保护。对社团罚的审查范围不仅包括程序，也包括是否符合章程的规定。参见［德］卡尔·拉伦茨：《德国民法通论》，王晓晔等译，法律出版社 2004 年版，第 232-233 页。

❹ 在涉及社团罚的情况下，王泽鉴先生认为，法院对社团罚的审查包括事实认定及法律适用，为维护社团自主原则，应适当尊重社团的裁量及判断余地。社团罚过高的，得依比例及衡平原则进行调整，类似于合同中约定违约金过高。参见王泽鉴：《民法总则》，中国政法大学出版社 2001 年版。

❺ 宁昭：《论德国法上的社团罚——兼论现行中国法上的社团罚》，中国政法大学 2009 年硕士学位论文，第 11-12 页。

于社团罚力的效力下；是否遵守在章程中规定的或是应该符合一般的程序规则的社团罚程序；是否查明社团罚所依据的事实情况；对章程或相关规定的适用以及社团罚的裁量是否涉及违反法律或风俗，或是否存在任意妄为或因重大过失产生的不公平。另外，对于占有垄断地位的社团或者具有绝对的经济或社会实力地位的社团进行范围更广的监督。[1]

第九节 纠纷裁决

平台系统内部各成员都有各自不同的利益目标，为争夺有限的资源展开激烈竞争，容易产生各种纠纷。在纠纷解决过程中，平台扮演一个中立的"裁判者"角色，并非"当事人"的角色，其目的在于维护平台生态系统秩序。

一、平台纠纷裁决机制状况

在平台模式下，商家和用户都是平台所需要的资源，为了更好地吸引商家入驻或者用户光临，因此有必要发展一套公正的纠纷解决机制来判定商家和用户之间的纠纷。目前，内部争议处理机制广泛应用于电子商务领域，并且有不少已经形成法律规定。比如，《韩国电子商务基本法》第 32 条规定：电子交易人和网上商厦经营者等应建立并运行一个合适的机构来接受消费者的合理批评意见和索赔，并提供由电子商务纠纷引起的损害赔偿。又如经济合作与发展组织《关于电子商务中消费者保护指南的建议》附件第二部分中关于争议解决和救济的第 2 款规定："企业和消费者代表应该在不会给消费者带来不合理费用及负担的条件下，继续建立公平、有效及透明的内部机制，以公平和及时的方法对消费者的申诉和困境作出反应并加以消除。"

在我国，主要电商平台发展出一套争议解决机制。2012 年 12 月 18 日，阿里巴巴推出大众评审机制，率先将陪审团模式运用至网络交易纠纷的解决中。以鉴定山寨商品为例，证明山寨品牌使用的商标与知名品牌商标近似并且构成商标侵权，关键要看有没有对公众造成"混淆干扰"。在阿里巴巴平台，涉嫌

---

[1] ［德］迪特尔·施瓦布：《民法导论》，郑冲译，法律出版社 2006 年版，第 117 页。

山寨的商品被大数据模型筛选出来后，会被传送给至少500名大众评审员进行判断。如果评审员判断疑似山寨的品牌会令人产生混淆，电商品牌库的审核就会主动加入模型进行前置判断拦截。阿里巴巴平台通过大众评审已对"潮流耐克""阿迪达斯酷动"等数百个被认定为山寨的品牌进行了摘牌处理。阿里首创的大众评审机制，6年解决1亿次纠纷，成为互联网全行业通用规则。❶

速卖通平台处理纠纷的原则是交易双方自主沟通解决，在双方无法继续协商的情况下，平台才会介入帮助交易双方协商解决。速卖通平台处理纠纷的流程如下：自买家第一次提起退款申请开始第4~15天，若买卖双方无法协商一致，买家均可以提交至平台进行裁决；自买家第一次提起退款申请开始截至第16天，卖家未能与买家达成退款协议，买家未取消退款申请也未提交至平台进行裁决的，系统会自动提交至平台；纠纷裁决产生的2个工作日内速卖通会介入处理，判责第一步需要卖家在3个自然日内提供邮局妥投证明，如果卖家不能提供，将启动第二个判责期，在第二个判责期，平台将给予3天时间。这些时间节点非常重要。

二、平台裁决的性质与制度架构

平台裁决具有双重性质：第一，平台裁决是一种平台管理行为，属于平台自治范畴；第二，裁决也应当是一种仲裁行为，是双方当事人协议将争议提交（具有公认地位的）第三者，由该第三者对争议的是非曲直进行评判并作出裁决的一种解决争议的方式。

依据上述定性，平台仲裁规则的基本架构如下。

（1）确定电子商务平台解决纠纷的义务、职责。电子商务平台涉及大量的商品服务买卖，最容易发生纠纷，应建立纠纷解决制度，并在平台提供在线纠纷解决服务。当事人在平台内发生交易纠纷而向平台投诉的，平台应当介入。其他类型平台，比如内容平台，往往不容易发生纠纷，故鼓励其他类型平台建立纠纷裁决机制，而不作强制性要求。

（2）平台解决纠纷的管辖。诉讼是国家司法机关行使强制管辖权，而仲

---

❶ 载http://www.sohu.com/a/279806352_118792，访问时间：2020年1月26日。

裁和调解是双方当事人出于自愿而授予仲裁者或调解者的协议管辖权。平台的管辖权也来源于平台用户加入平台时的自愿选择，超越了商家的售后服务范畴，属于平台的一种自治行为、管理行为。

（3）平台裁决的受理。当事人通过平台进行交易，平台可以根据一方或双方的请求，就争议作出处理决定。进入平台裁决程序的，不得提起诉讼。

（4）平台裁决的程序。由平台来解决纠纷，没有既定的程序可以遵循，程序由平台制定。

（5）平台裁决的实体依据。本书认为，至少包括以下几种：一是平台规则，这是当然选择；二是国家相关立法；三是行业规则或商业惯例；四是双方选定的准据法。一方或双方当事人如具有外国国籍，经协商一致，可以自己选择准据法。

（6）平台裁决结果的执行。对于平台的裁决结果，应当可以申请法院执行。

（7）平台裁决的司法审查。如果裁决程序违反平台规则，或者严重违法的，或者实体规则违反法律法规的强制性规定的，可以向人民法院申请撤销裁决。

（8）平台可以通过建立信用评价体系、信用披露制度，加强当事人自律，促使交易双方当事人遵守和履行经平台的裁决结果。

三、平台裁决的几个重要问题

（1）裁判者的素质。纠纷解决者需要具备一定要求。诉讼程序中，纠纷解决者是国家按照严格的法律程序任命的法官，仲裁员一般都是经贸领域或法律领域的专家。在中国，仲裁员的聘任有非常严格的"两高三八"标准。而调解者一般是双方当事人信任的、认可其有能力妥善化解纠纷的人。平台是一个企业法人，纠纷裁决人员应当具有裁断交易纠纷的专业水准。

（2）裁决效力。目前，没有任何外在或内在的约束力可以保障交易平台提供商作出的纠纷解决方案得到执行，但可以通过两种途径解决：一是申请法院执行，类似于仲裁裁决；二是自己执行，主要限于采取一定的技术措施。

（3）程序正当性问题。纠纷解决者对争议有自己的独立决断权，也就是说第三方应该是独立于争议之外的。在平台争议解决程序中，平台和各方当事人均有联系，有时候不可避免地卷入其中。如果丧失这种独立性，则裁决效力就具有瑕疵，可以申请法院予以撤销。但并不代表说，平台无法成为交易纠纷的解决者。其实，裁决者中立性问题在司法、仲裁以及调解程序中均普遍存在。

第十节 经济秩序调节

一、平台不是"守夜人"

政府开始仅仅扮演"守夜人"（night watchmen）的角色，也就是说，在一家工厂里，晚上也需要有一些人巡逻，目的只是保证一切都照常进行。这是商品经济发展早期的政府职能，对经济生活尽可能少地进行干预。但在现代市场经济中，为实现宏观总量平衡，保证经济持续、稳定、协调增长，一国政府通过它所掌握的某些经济变量（如财政支出、货币供给等）来影响市场经济中的各种变量的取值，引导市场中的各行为主体自动按政府意图行事，履行对经济的深层次宏观调控职能。对于当今的平台而言，其扮演的也不仅是一个"守夜人"角色，也需要调节经济秩序，活跃平台生态系统，扩大平台交易量。为此，平台需要采取包括定价、补贴、优惠在内的系列措施。

二、各种类型平台调节经济秩序的具体措施

1. 电商和开发平台的定价措施

平台管理面临的一个问题就是平台如何平衡两边用户的需求以保证交易量最大，这其实是一个平台定价问题。双边市场理论取得的一个主要共识是：平台对一边用户的定价不仅取决于用户需求及其边际成本，也取决于这边用户给另一边用户所带来的外部收益，也就是间接网络外部性的大小。这种外部收益一般为正，但有时也为负。正因如此，很多平台在召集客户，特别是消费者客

户时，采用的是免费方式，免费注册，也永久不收取费用。对于首次注册使用的消费者用户，还给予折扣优惠或其他方式的优惠。

开发平台为了吸引用户，在价格方面也进行重大干预，往往采用免费+差别定价方式。比如，在 App Store 价格分布方面，免费应用占 66.81%，99 美分应用占 15.26%，随着价格的增长，应用所占比例依次下降，定价超过 5 美元的应用所占比例不超过 3%，而且应用程序限价最高为 999 美元，App Store 定价 499.99 美元以上的应用占比几乎可以忽视。另外，在免费应用中，游戏所占的比例只有 20%，而且整体应用中的游戏数量占比也不高。

【延伸阅读】 平台在选择收费对象时的考量因素有以下几方面。

一是用户跨边网络外部性的性质。在双边市场中，网络外部性的产生和影响是相互的。一般来说，对另一组产生较大的或正的外部性的那组用户会受到优待，而产生较小的或负的外部性的那组用户则会成为平台收费的主要对象。例如，几乎所有的媒体平台都向受众免费提供内容，而向广告客户收取高昂的平台使用费，因为后者对前者产生了负的网络外部性（假设受众厌恶广告）。

二是用户交易/互动的可观测性。进行高可观察性交易/互动的用户可能是平台的收费对象，而进行低可观察性交易/互动的用户可能是平台的优惠对象。例如，由于无法观测，报纸或电视节目的经营者无法对非订阅用户收取费用，所以一个家庭一般只需要订阅一份即可。所以说，交易/互动的可观测性影响收费的难度。

三是用户的服务成本。如果对某一边的用户提供服务的成本微乎其微，那么平台就可能对该边用户进行补贴，以便获得该边用户的临界规模。这样的话，即使该边用户规模庞大了，也不会给平台造成较大的财务负担。例如，许多门户网站或导航网站对边际成本较低的浏览者进行补贴或免费，而对入驻的其他网站或广告客户进行收费。

四是用户对价格的敏感性。即对市场中价格敏感性更高的那一边进行补贴或免费，更加强劲地增加其需求，以向增长的那一方收取费用。比如，Adobe 公司对其 Acrobat 软件的定价，就是对价格敏感的读者免费分发该软件，而对价格不太敏感的作者收取费用。又如，263电子邮箱在收费之前，用户规模在国内互联网公司中名列前茅；收费之后，用户大量流失，263公司几乎在网民中消失。

五是用户对质量的敏感性。对质量高度敏感的那一边也是需要补贴的。这种定价方式看起来好像违反直觉：不对质量需求强烈的那一边收费，而对必须提供高质量的那一边收费。事实上，这种定价策略在基于游戏机平台的视频游戏产业中是相当普遍的：看重游戏质量的玩家得到补贴，向游戏开发者收费以确保提供高质量的游戏软件。

六是用户的品牌效应。对于平台来说，并非所有用户都同样重要。有些品牌用户加入平台一般能够吸引大量的另一边用户，但邀请它们加入自己的平台是要付出代价的——对它们进行补偿。

可以看出，平台对收费对象的选择在很大程度上取决于平台用户的特性。由于收费对象的选择具有策略意义，当平台用户的本质特性随着双边市场的演变而变化时，平台对收费对象的选择也可能调整：以前的补贴方可能变为赚钱方，而以前的赚钱方可能成为补贴方。也就是说，收费对象的选取具有动态性。❶

2. 内容平台的原创作者激励机制

以微信为例，微信原创激励机制至少包括以下几种。

（1）公众号文章原创保护。公众号原创作者可以为原创文章勾选"原创声明"，系统对"原创声明"的文章进行审核。如果该文章通过原创审核，则会自动将其"原创"纳入原创库，并添加标识。当其他用户转发分享该文章时，平台系统会自动为其添加出处。原创者可以设置不允许转载，来禁止其他人直接转载文章，保护原创者著作权。对于滥用原创功能的运营者，平台将限制其使用原创声明，且进行阶梯性封号惩罚。

（2）公众号多媒体内容原创保护。公众号原创内容不仅包括文字，还有

---

❶ 陈应龙：《双边市场中平台企业的商业模式研究》，浙江大学出版社2016年版，第131-132页。

图片、音频、视频等多媒体内容。原创作者可以对图片、音频和视频添加原创声明，并且可以对原创多媒体内容进行管理，如查看被引用情况、快速举报抄袭者等。如果其他公众号引用其原创内容，系统会自动为其添加出处，并通知作者，保护作者的著作权。

（3）原创激励。在受众反馈渠道上，推出"赞赏"功能。"赞赏"功能在2018年6月升级为"喜欢作者"，为了鼓励优质原创内容，受众可以自愿通过公众号的"喜欢作者"通道为文章作者赠予款项作为鼓励。文章原创作者可以根据需要开通"允许转载"模式，所有转载该原创文章的账号，都会在文末附上原创作者的赞赏账户并显示转载来源，获得的收益归原创作者所有。

（4）其他原创保护举措。微信公众号平台还有其他保护原创的辅助举措，如"公众平台新增推广功能（公测）"的公告中推出广告主和流量主功能，优质原创账号可以获得更多的广告资源倾斜。2015年2月3日，平台公告样本关于抄袭的处罚公示中鼓励用户举报抄袭行为，并提供举报抄袭者的投诉渠道。

3. 电商平台的促销机制

电商平台促销活动多种多样，从促销活动的范围来看，分为单品促销活动、多商品促销活动、店铺促销活动、平台促销活动。

特价/秒杀活动：特价/秒杀活动都是基于单品的价格做的活动，通常情况是为一些热门产品设置特价/秒杀，达到为订单引流的作用。

买降活动：主要应用于批发的场景，对于批发行业来说，一次性购买得更多的客户更有可能享受到更低的价格。从这方面来说，客户为了节约成本，需要一次性购买更多商品。

买送活动：买送即买原品送原品，这种情况比较少，主要应用于小单价的批发中。

满减活动：满减活动应用场景比较广泛，对于大单价商品来说，可以做单品满减促进该商品的转化率；对于小单价的商品来说，主要是促进店铺的整体转化率并提升客单价。

满赠活动：满赠活动和满减活动一样，可以设置单品满赠或店铺满赠，玩法与各自的业务场景有关。

店铺券：店铺发送优惠券，折扣的方式分为满减或满折，更多的是起到提升店铺转化率和客单价的作用。

平台券：平台发送的平台券，主要起到为平台引流，提升平台下单成功率的作用，最好的效果是客户最后在使用平台券的时候带动多个店铺的销量。

4. 特殊时期电商平台的价格调控

新型冠状病毒肺炎疫情发生后，为应对消费者对口罩等预防类物资激增的需求，多家电商平台采取应急举措。在确保与防疫相关的医疗卫生用品不涨价的同时，对消费者进行补贴。

其中，淘宝官方微博在2020年1月21日发布消息称，淘宝天猫已对平台上所有销售口罩的商家发出通知，不允许涨价销售。同时，淘宝方面还表示，已对聚划算百亿补贴的口罩商品进行了专项官方补贴，以确保消费者能买到价格实惠的正品口罩。

京东在保障自营商品价格稳定的同时，对平台商品也进行了严格的管控，禁止销售口罩的第三方商家出现涨价行为，一旦确认第三方商家的商品价格异常上涨，会第一时间下架违规商品并对违规商家进行相应处理。❶

第十一节　协助维权

平台在用户维权中发挥重要作用，当然，不同类型的平台，不同的用户角色，其在平台中的地位不一样，协助维权的作用也不一样。

一、接受用户投诉，处理侵权行为

根据平台的投诉举报机制规定的程序和要求，用户公开投诉、举报，平台及时受理并处理投诉、举报。当然，平台规则对于权利人投诉路径的规定不应过于烦琐，否则可能丧失将其作为免责的抗辩事由。

---

❶ 《卡车排队拉货、工厂紧急复工、平台出资补贴 电商物流打响口罩"保供"战》，载 https://finance.ifeng.com/c/7tSrdM9u4SX，访问时间：2020年1月23日。

在阿里云计算有限公司与北京乐动卓越科技有限公司侵害游戏作品信息网络传播权纠纷案〔（2017）京73民终1194号〕中，二审法院认为，将有效的投诉通知材料转达被投诉人并通知被投诉人申辩当属天猫公司应当采取的必要措施之一，否则投诉人的投诉行为将失去任何意义，权利人的维权行为也将难以实现。网络服务平台提供者应该保证有效投诉信息传递的顺畅，而不应成为投诉信息的黑洞。

在中国控制吸烟协会与深圳市腾讯计算机系统有限公司名誉权纠纷案〔（2013）朝民初字第40172号〕中，一审法院认为，由被告腾讯公司提供的公证书可以发现，被告面向公众的举报、投诉渠道过于烦琐、复杂，原告查询不到准确的投诉渠道也是事出有因。虽然该案中被告的侵权责任不能成立，但被告应当加强网站建设、完善投诉渠道，采取有力措施避免类似情况再次出现。

二、协助提供相关信息

面对平台上发生的侵权行为，平台具有信息优势，掌握大量用户身份信息、侵权信息，包括侵权行为发生的持续时间、频率、造成损失、获益等方面的信息。这些信息对于被侵权人来说，往往难以取得。即使能够取得，也往往要经过公证等方式，成本较高。因此，平台根据被侵权人提供的资料，首先提供案涉用户的基本信息，在司法立案后，再提供进一步的详细信息。

三、协助中止或停止侵权行为

协助中止或停止侵权行为，包括采取删除、屏蔽、断开链接、终止交易和服务等必要措施，也包括协助在平台内部发布赔礼道歉、消除影响等信息。

四、电商平台通过大数据技术协助快速维权

例如，淘宝依托大数据建立的"商家售假概率模型"，可以通过账号、商品、交易、物流等多个维度的算法，得出店铺假货风险评测结果，并以分值代表风险高低；当达到一定分值时，即便消费者无法提供品牌鉴定报告，淘宝一

线服务小二也能结合模型测评分对该笔投诉作出判定。消费者一旦买到疑似假货，服务小二在接到投诉后即可直接作出判定、先行退款。大数据辅助排查售假，让消费维权更高效、更顺畅。

第十二节　配合监管

平台活动有双层监管机制：以国家监管平台，平台管理用户，实现平台自治为常态；以政府直接对平台活动进行监管，平台协助监管为例外。❶ 之所以存在例外情形是因为：一方面，尽管在平台自治规则中可能包含大量的制定法内容，尽管制定法也规定了平台有义务对违法、侵权行为进行处理，但说到底，平台本身不是执法主体，不能行使行政权力，只能协助监管，不能直接执法；另一方面，网络在放大交易量的同时，违法行为、侵权行为的数量也呈级数增长，而政府监管的资源和能力有限。平台作为管理者，与用户接触最为频繁，掌握着海量的技术、信息，不仅有助于惩处已经发生的违法侵权行为，而且通过大数据分析，也能够预测未来的趋势，有助于尽早采取预防措施。平台的配合监管义务根据平台类型的不同，存在众多区别。配合监管义务示例如下。

一、提示平台内经营者依法办理登记

对于未办理市场主体登记的平台内经营者，平台除应当向市场监管部门报送身份信息外，还需根据其掌握的数据信息，特别是相关经营者的经营信息数据，识别出经营者业务类型，并且有义务提示经营者依法办理登记。如果不履

---

❶ 平台经济存在两个监管主体，一个是政府，另一个是平台，形成了一种新的双重监管体系。由于政府借助公共权力进行监管，因此政府的监管称为公共监管（Public Regulation）；而平台经营者借助其制定的平台交易和治理规则来进行管理，因此称为私人监管（Private Regulation）。参见王勇、冯骅：《平台经济的双重监管：私人监管与公共监管》，载《经济学家》2017年第11期。

行相应的提示义务，那么在性质上属于隐瞒相关事实，需要承担相应的法律责任。❶

二、向国家相关部门报送相关信息数据

（1）常规性信息报送。如《电子商务法》第28条规定的关于身份信息的报送义务。可通过电子商务平台，经营者与监管部门加强信息化方面的合作，使共同搭建信息共享平台等形式实现。

（2）应有关主管部门要求提供相关信息。行政机关行使法律、行政法规规定的职责时，可要求电商平台提供依法履职需要的数据信息。这些信息包括经营者身份信息、经营者资质信息、商品或者服务信息、交易记录、消费者个人信息等。例如，平台应当积极协助市场监管部门查处网上违法经营行为，提供在其平台内涉嫌违法经营的经营者的登记信息、交易数据等资料。❷

三、对违法现象采取必要处置措施并向主管部门报告

平台发现经营者未依法取得行政许可从事经营活动，提供的商品或服务不符合保障人身、财产安全和环境保护要求，从事法律、行政法规禁止的交易行为等违法行为的，应当依法采取必要的处置措施，并向有关部门报告。

四、制定实施网络安全事件应急预案

例如，2019年10月，公安部刑事侦查局官方微博发布通告，针对中缅边境地区电信网络诈骗犯罪活动猖獗、严重侵害人民群众财产安全的情况，国务院打击治理电信网络新型违法犯罪工作部际联席会议办公室正在组织开展专项打击行动，决定自2019年10月14日起，对缅北部分电信网络诈骗活动严重区域的QQ、微信、支付宝、POS机等社交和支付账户采取封停措施。从这个通告中可以看出：第一，平台上大面积的诈骗活动不仅涉及用户的财产安全，也影响社会稳定，触犯刑律，需要进行规制；第二，涉及刑事犯罪时，平台有

---

❶❷ 刘红亮：《正确认识平台经营者协助监管责任》，载《中国市场监管报》2019年4月9日。

责任协助国家相关机关进行监管，对相关用户、账号采取封停措施。

【延伸阅读】社交网络平台的国家监管。鉴于社交网络平台通过虚拟世界对现实世界产生的重大影响，美国国土安全部设立"社交网络监控中心"，专门监控脸书、推特等社交媒体信息。欧盟委员会于2011年和2018年分别发布了《欧盟更安全的社交网络原则》《应对在线不当信息：欧洲的方法》和《不当信息行为准则》，行为准则适用于在线平台、社交网络、广告商和广告企业应对不当信息和虚假信息的在线传播。德国于2018年1月1日实施《社交媒体管理法》，进一步明确了"社交网络平台"的法律界定，将脸书、推特、YouTube等在德国境内运营的，注册用户超过200万人，并以营利为目的，以用户与其他用户或向公众分享任意内容为取向的社交网络平台全部纳入该法案监管范畴，法案规定"社交网络平台必须提交关于打击非法言论情况的季度报告"。

我国国家互联网信息办公室先后发布了《即时通信工具公众信息服务发展管理暂行规定》《互联网用户公众账号信息服务管理规定》《微博客信息服务管理规定》《具有舆论属性或社会动员能力的互联网信息服务安全评估规定》等相关政策法规，要求用户通过真实身份信息认证后注册账号，加强对用户发布信息的管理等。❶

第十三节　管理费用收取

一、管理费用性质

平台创造一个商业生态系统，实施了大量的管理行为，承担了众多的管理义务和管理责任，如同扮演了一个国家的角色。作为国家，要提供公共产品，必须取得财政收入，这种财政收入主要由税收构成。税收是国家为了向社会提

---

❶ 王惠茈：《应加强社交网络平台安全监管》，载http://www.cac.gov.cn/2019-06/14/c_1124625476.htm，访问日期：2019年11月8日。

供公共产品、满足社会共同需要，按照法律的规定参与社会产品的分配，强制、无偿取得财政收入的一种规范形式。

平台作为平台生态系统的管理者，不管是制定规则、执行规则，还是准入和内容审查，都需要成本和支出，需要向平台的用户收取费用，类似于国家的税收收入。

二、平台管理费用通常的收取方式

方式一：收入分成模式。比如，自 App Store 出现以来，苹果和谷歌采取"七三开"的分成比例，开发商得到 70% 的收入，剩余归平台所有者。2016 年，苹果修改了 App Store 的分成规则，用户订阅每款应用后，第一年苹果抽取 30% 的营收，从第二年开始，只抽取 15%，开发者可增加 15% 的收入。2018 年，Google Play 也将分成比例从 7∶3 改为 8.5∶1.5，让利开发者。

2011 年，腾讯开放平台调整分成策略，月收入 10 万以下，腾讯不参与分成，所有收入归开发者。月收入 10 万～100 万元，腾讯获得 30%，开发者获得 70%。月收入 100 万～1000 万元，腾讯和开发者各获得 50%。另外，开心网也调整了分成政策，月收入小于 5 万元及在 5 万～10 万元的中小开发者，开发商获得全部收入，开心网不获得任何分成；而对于月总收入 50 万元以上的大开发商，分成比例也从五五分成提高到六四分成，即大开发商获得 6 成，开心网仅收取 4 成。

方式二：准入费模式。在某些情况下，平台也可以向瞄准用户群的生产商收取费用，一般为一个固定价格。收取准入费的目的是控制进入平台的机会，其中低准入费甚至免收准入费目的在于鼓励用户加入，从而使得双边用户之间的互动成为可能；而收取高准入费目的在于帮助平台筛选合适的用户进入平台。

方式三：免费模式。早在 2003 年阿里巴巴成立淘宝网时，就率先以全面免费的形式向已经进入中国市场的 eBay 发起了用户争夺战。全面免费模式，即无论注册账户、产品发布，还是达成交易，都统统实行免费；而当时的 eBay 则主要通过收取交易佣金盈利。淘宝网对中国用户的策略十分奏效，

eBay 在中国市场的占有率开始急速下滑，2006 年最终宣布退出中国市场。结果淘宝通过免费的方式聚集了大量的卖家，有了卖家自然慢慢也就有了买家。❶ 在这种情况下，平台的管理费用是通过其他经营行为所获得的收入所支撑、补充的。比如，微信虽然免费，且腾讯也要往里投入很多资金，但微信为腾讯凝聚了几亿用户。有这样一个庞大的用户群，微信在上面嫁接电商可以盈利，通过微信用户群赚取游戏收入，比靠通信收费盈利要容易得多。

三、平台管理费用定性上的困境

平台具有经营者、管理者双重身份，既从事管理行为，也从事经营行为，这种情况下，平台管理运作需要一定的成本费用，这是必然的。但平台收取的费用中，哪些是管理费用？哪些是经营收入？本身很难区分。从形式上看，将入门费定位为管理费更合适，对每笔交易收取的基础费用也更似管理费。对于按照比例收费的，也可以视为管理费。但如果此种分成比例过高，平台取得过高的收入，超过管理平台之必需，这种收取过高分成比例的行为就构成了一种经营行为。

为了避免此种困境，只有在法律上明确平台的管理者身份，确定平台的管理职权、职责，规定平台可以基于其管理成本收取适当的管理费用。目前也很难区分出哪些是管理费用，哪些是经营收入。所以，需要平台方面予以明示，应当明示其收取方式和标准，未予以明示的，则视为经营收入。另外，对于平台收取的管理费用，享受税收优惠，具体办法可以由国家税务部门另行制定。

【案例解读】在北京雷禾文化传播有限公司与深圳市腾讯计算机系统有限公司侵害作品信息网络传播权纠纷案［（2016）粤 03 民终 11771－11799 号］中，二审法院认为，腾讯视频系上诉人腾讯公司所经营管理的网站。腾讯公司

---

❶ 当平台上的用户足够多的时候，消费者想要在上面买一个水杯，在上面一搜"杯子"这个关键词，会出来 1 万个结果。对于商家而言，免费开店没问题，但是想要在搜索结果里排到前面，那就需要缴纳费用，这使得淘宝成为如今最盈利的互联网公司之一，因为通过免费的模式创造出了一种新的竞价排名收入模式。

为其网络用户提供了一个供其发布视频资料的平台系统,该系统通过用户上传视频而将大量的视频资料存储于网络空间中,即腾讯公司向其服务对象 QQ 用户提供信息网络存储服务。腾讯公司仅提供信息网络存储空间和技术支持服务,其本身并未直接实施上传或者发布被诉侵权视频的行为。而且,腾讯视频上存有海量的视频信息,不能以腾讯视频上出现他人上传的侵权视频而推定腾讯公司知晓侵权的存在。

腾讯视频在片中插播广告的行为并未针对被诉侵权视频所为,而是针对全站视频投放广告的行为。上诉人所收取的费用也是因其提供网络服务而收取的一般性广告费,而不属于《最高人民法院关于审理侵害信息网络传播权民事纠纷案件适用法律若干问题的规定》第 11 条所规定的"网络服务提供者从网络用户提供的作品、表演、录音录像制品中直接获得经济利益"的情形。据此,上诉人腾讯公司无须承担赔偿责任。

本书认为,涉案视频是由 QQ 用户上传的,腾讯公司并未对视频加以选取、编辑、推荐等,QQ 用户是视频的传播者,腾讯公司收取的是一般管理费。平台并没有直接获得经济利益,所以并非经营者,而是管理者。

第五章 平台经营

经营行为是指从事商品经营或者营利性服务的活动，是一种商事行为。经营行为有两个构成要素：一是行为的内容是提供商品或服务；二是行为的目的是盈利，即提供商品或服务的目的是赚取利润。这两个要件缺一不可。行为人虽然提供了商品或服务，但不是以盈利为目的的，均不构成经营行为。

平台的经营行为包括三大类：第一类，天然的经营行为，比如客户召集、平台自营、广告发送等，这些行为是平台自身必然要从事的营利行为；第二类，牟取非法收益行为，如不正当竞争、垄断、价格歧视，这些行为并非平台经营所必需，是一种非法的经营行为；第三类，视为经营行为，主要是指部分管理行为，平台在实施管理行为过程中，存在主观故意，包括明知和应知两种情形，其行为可以视为经营行为。平台不再承担管理责任，而是承担经营责任。本章主要论述前两种经营行为。

例如，淘宝网站自2003年上线以来以不收取佣金和服务费，吸引大量商家入驻，短短几年便实现了2000亿以上的销售额。其盈利模式主要有以下几种。

（1）广告。主要有：淘宝开店商家竞价排名，如淘宝直通车（CPC），钻石展位（CPM），淘宝客等；淘宝各页面硬广广告位及链接。有数据显示，商家竞价排名占据了淘宝网广告总收入的80%，其中收入主要来源于淘宝直通车。

（2）增值服务。主要有：淘宝开店商家相关插件租金。比如，旺铺租金一个月50元，现在600万卖家中大概有300万会用旺铺，那么一个月就有1.5亿元收入。另外，商家服务里的各种软件工具，很多都需要订购，最常见的如

生意参谋。❶

（3）淘宝还有非常丰富的大数据积累，可以依据这些大数据开发相关的App，通过App来盈利。

（4）淘宝网还可以通过开通直播、线上活动等来提高销量，增加淘宝的收入。

（5）依附淘宝流量产生的子平台收入分成。淘宝是整个阿里大平台的流量池，天猫的流量很多也来自淘宝，天猫商家也需要广告费，而且天猫有不等的扣点费用要交给平台。除此之外，依附淘宝运行的菜鸟、盒马鲜生等软件也是收入来源之一。

第一节 客户召集

一、客户召集行为的意义

平台最主要的特征就是依赖用户参与。当前是用户为王的时代，用户规模是互联网公司的核心竞争力。只有拥有规模不断增长的用户群和流量，才能吸引产业链上下游合作伙伴，丰富平台的产品和应用，提升客户体验，从而形成平台发展的良性循环。同时，加入该平台的买家越多，则卖家加入该平台的潜在收益也越高；同样，加入该平台的卖家越多，则买家加入该平台的潜在收益也越高。

在平台发展初期，用户数量必须达到一定规模才能产生网络效应，这个最小的数量称为平台的临界点、颠覆点或关键规模。一旦平台达到这个临界点，平台的成长就可以自我维持下去。例如，B2B交易需要足够的卖家和买家，每一方都要对对方感兴趣，一旦数量足够，就会有更多的参与者加入；如果数量

---

❶ 当一个平台上的内容数量太过庞大时，消费者可能愿意选择付费获取增强型的内容管理服务。参见［美］杰奥夫雷·G. 帕克、马歇尔·W. 范·埃尔斯泰恩、桑基特·保罗·邱达利：《平台革命》，志鹏译，机械工业出版社2017年版，第116-123页。

不够，已经加入的参与者也会退出。❶ 也就是说，到达临界点后，网络效应就会使平台进入自我强化的正反馈循环。而且，只有当用户达到一定数量之后，才能够实现规模效应。因此，达到临界点是平台所有者面临的最大障碍。❷ 用户规模也是一个结果性指标，腾讯 QQ 注册用户超过 10 亿人，奇虎 360 安全卫士超过 4 亿用户，亚马逊能成为美国最大的电子商务公司，成为超级平台。国外其他用户人数过亿的平台至少有 8 家以上，如图 5-1 所示。平台经营的成败，网络效应的有无，从根本上讲，都是由用户规模决定的。

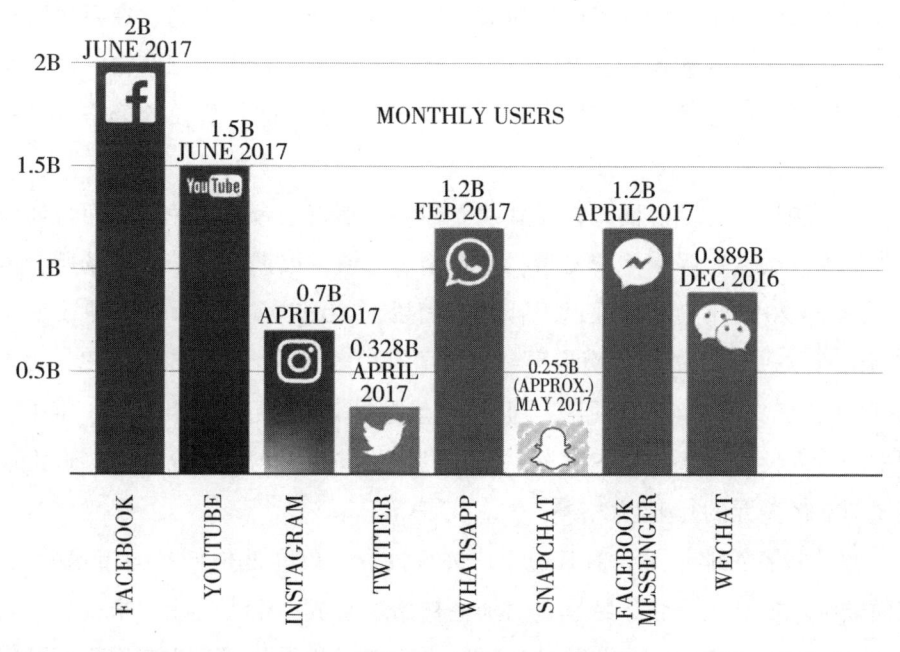

图 5-1　国内外主要社交平台的用户数量（B 为十亿）

---

❶　[美] 戴维·埃文斯、理查德·施马兰奇：《连接：多边平台经济学》，张昕译，中信出版集团 2018 年版，第 236 页。

❷　[美] 阿姆瑞特·蒂瓦纳：《平台生态系统》，侯赟慧、赵驰译，北京大学出版社 2018 年版，第 37 页、第 41 页。

二、客户召集的主要方式

从长远来看，决定用户规模的因素主要有：产品定位、客户体验、生态系统建设、平台开放等。平台初始阶段往往通过以下几种方式吸引客户加入。

（1）免费或者补贴策略。以此吸引一方客户进入平台，只有当客户达到一定规模时，平台才能吸引另一边客户进来，为平台创造收益。现实中，很多平台都采取这一策略，尤其是接受风险投资的电商平台，更倾向于这一策略。采取这一策略的平台，为了确保对买方用户具备强大的吸引力，在召集阶段一般免去双方用户的使用费，某一时限前注册的买方用户还可以获得一定数额代金券。即平台在按照这一速度"烧钱"，因此，平台这一阶段的策略以免费甚至补贴为主。

以滴滴出行为例。滴滴在品牌建立初期，不仅平台接入免费，而且通过补贴等优惠方式快速吸引用户流量，培养用户习惯，以期缩减培育市场所花的时间。2012~2015年，滴滴在返现补贴方面投入80亿元人民币，迅速改变了人们的出行方式。2017年，滴滴平台为全国400多个城市的4.5亿用户，提供了超过74.3亿次的移动出行服务，日订单量超过2000万。这相当于一年中，全国平均每人使用滴滴打过5次车。滴滴也因此成为市场份额高达90%以上、估值超500亿美元的行业巨头。[1]

（2）投资策略。平台对某边用户进行投资，以降低他们参与市场的成本，从而鼓励他们加入平台。特别是对那些初始参与成本很高的用户来说，平台的投资可能大大提高他们参与平台的意愿。例如，微软公司就为应用程序开发者提供开发工具套件或应用程序接口，增加他们基于Windows操作系统开发应用的积极性。[2]

（3）共享战略。即同其他平台共享用户，实现平台之间的互联互通。比如，阿里巴巴入股新浪微博（后者注册用户超5亿人，日活跃用户数达4620

---

[1] 石良平等：《流量经济》，上海交通大学出版社2018年版，第111页。

[2] 陈应龙：《双边市场中平台企业的商业模式研究》，浙江大学出版社2016年版，第102页。

万人)。电商平台当当网入驻天猫(后者有 4 亿多个买家和完善的平台管理模式)。智能打车平台快的打车(现已与滴滴打车进行战略合并)内置于支付宝钱包(后者有近 1 亿名用户),在很大程度上都是为了共享用户网络及其流量。在某种意义上,用户共享策略是召集双边用户的捷径。❶ 拼多多在其招股书中,将微信中的接入点算作 28.52 亿美元的无形资产。拼多多和腾讯的战略合作框架协议的时间为 2018 年 3 月 1 日至 2023 年 2 月 28 日。也就是说,5 年的接入点价值 28.52 亿美元,平均下来一天也要 156.273 万美元。它所代表的是腾讯和微信的支持以及巨大的流量。❷

(4)包抄战略。平台将已有平台的功能与目标市场绑定,撬动共享的客户关系及共用的平台资源,从而进入目标市场,构建一个更强大的生态系统,学术界将这种战略称为平台包抄(Platform Envelopment)❸。包抄是一个军事术语,指绕到敌人侧翼或背后进攻敌人。包抄的本质是生态系统的能量传递,即在特定领域中累积起客户、技术能力、服务体系等价值创造方面的强大势能,向具有关联关系的新领域转移或包抄。❹ 如阿里巴巴首先成功建立了 B2B 平台市场,然后利用其对小企业需求的理解、成熟的平台运营能力及部分小企业客户资源,成功地进入 C2C 平台市场及 B2C 市场,构建了一个强大的生态系统。腾讯构建起高度黏性的 QQ 即时通信平台以后,成功地进入游戏平台市场。❺ 当然,包抄战略并非总能成功,比如,百度曾斥巨资开发 C2C 平台,联合韩国乐天集团开发 B2C 平台,但均无果而终。百度在并购和投资方面也是动作连连,但除了"去哪儿网""糯米网"等项目勉强可以一提外,成功的项

---

❶ 陈应龙:《双边市场中平台企业的商业模式研究》,浙江大学出版社 2016 年版,第 103 页。

❷ 载 https://baijiahao.baidu.com/s?id=1619517980294039925&wfr=spider&for=pc,访问时间:2020 年 2 月 14 日。

❸ Thomas Eisenmann、Geoffrey Parker、Marshall Van Alstyne: Platform Envelopment Strategic Management Journal, 2011, 32 (12): 1270-1285. 转引自刘学:《重构平台与生态》,北京大学出版社 2017 年版,第 9 页。

❹ 刘学:《重构平台与生态》,北京大学出版社 2017 年版,第 33 页。

❺ 刘学:《重构平台与生态》,北京大学出版社 2017 年版,第 9-10 页。

目屈指可数。❶

（5）流量引入。网站流量是指网站的访问量，用来描述访问一个网站的用户数量以及用户所浏览的网页数量等指标。流量的本质是客户时间。抢占流量就相当于抢占用户，流量入口成为企业必争之地。❷ 网站流量统计主要指标包括：独立访问者数量；重复访问者数量；页面浏览数；每个访问者的页面浏览数；某些具体文件/页面的统计指标，如页面显示次数、文件下载次数等。方式主要有以下几种。

①搜索引擎优化：即通过对网站结构、网站内容、网站外链等方面进行优化，使得搜索引擎对网站更加友好，以获得在搜索引擎上的排名优势，为网站引入流量。

②竞价推广：即通过购买搜索结果页上的广告位来实现营销目的，因为广告只出现在相关搜索结果或相关网页中，由此，搜索引擎广告比传统广告更加有效，客户转化率更高。

③软文推广：即通过手写高质量软文，将其投放到新闻、行业、博客、论坛等网站中，获取同行网站的流量。

④信息推广：即通过在高效人气的地方投放信息，达到聚拢流量目的的方法，如百度贴吧等。

⑤网摘推广：即通过向网摘推荐文章，被更多的访客看到，达到提高网站流量的目的。

⑥邮件推广：即通过邮件投放的方式，被更多人看到，提高邮件点击率的同时，给网站带来更多流量。

⑦病毒营销：即通过高效的信息传播，借助 S 操作系统平台，达到广而告之、强行绑定、传播广告的目的。

上述这些大多为正当的推广方式，还有一些其他不正当的经营方式，包括以下几种。

①利用网页病毒，即在个人网站中投放一种隐藏性自动下载的病毒，修改

---

❶ 刘学：《重构平台与生态》，北京大学出版社 2017 年版，第 16 页。
❷ 李宏、孙道军：《平台经济新战略》，中国经济出版社 2018 年版，第 125 页。

网民的 IE 注册表，让网民一打开 IE 浏览器，就直接进入某个网站。

②客户端捆绑。在现在的一些被广泛应用的客户端软件（如 QQ、BT 软件）中嵌入某网站专区或者可连接的网站图标，这样能够非常快速地让大量网民知道这个网站。

③强行注册。强行给所有网民的邮件地址发送已经在某个网站注册的广告，用统一的密码登录，至少 1% 的网民有好奇心进行登录。

④非法外挂嵌入其他平台。比如，微信已经打击过上百万个明确使用外挂的账号。多开微信、一键转发朋友圈、红包外挂、皮肤微信都曾是重点打击的对象。

【案例解读1】搜狗手机浏览器顶部栏不正当竞争纠纷案。原告：北京百度网讯科技有限公司（以下简称"百度网讯公司"）、百度在线网络技术（北京）有限公司（以下简称"百度在线公司"），被告：北京搜狗信息服务有限公司（以下简称"搜狗信息公司"）、北京搜狗科技发展有限公司（以下简称"搜狗科技公司"）。二原告发现，当用户启动"搜狗手机浏览器"软件，将搜索栏的搜索引擎设置为百度搜索并输入关键词时，二被告在下拉提示框显著位置放置多条指向搜狗网的下拉提示词，引导用户使用搜狗网经营的信息服务。同时二被告借助上述信息服务页面提供付费推广信息和广告内容而获取经济利益。法院认为，搜狗手机浏览器在设置显示方式时，采取以下设计：当用户选择百度作为预设搜索引擎而使浏览器顶部栏左侧显示百度图标时，浏览建议中显示的二被告提供的垂直内容和搜索推荐词之间没有明显区分，且在用户点击垂直内容进入搜狗网自营网站的整个过程中，百度图标始终处于顶部栏显著位置。这种手机浏览器的显示方式设计确实会造成一定范围内的用户混淆，构成不正当竞争。一审宣判后，二被告提起上诉，二审经审理后驳回上诉，维持原判。该案的关键还是在于流量劫持，将百度搜索引导到搜狗，以此来召集客户。

【案例解读2】在上海大摩网络科技有限公司与乐视网信息技术（北京）股份有限公司其他不正当竞争纠纷案［（2016）沪73民终75号］中，二审法院认为，涉案软件"逛网站无骚扰""看视频不等待"功能的目标用户包括乐视网公司用户，作为涉案软件的运营提供商大摩公司，明知涉案软件的上述功能会直接损害乐视网公司的商业利益，仍通过宣传涉案软件的上述功能，利用用户存在的既不愿意支付时间成本也不愿意支付金钱成本的消费心理，推销涉案软件，目的在于依托乐视网公司多年经营所取得的用户群，为大摩公司增加市场交易机会，取得市场竞争的优势，其行为本质属于不当利用他人市场成果、损害他人合法权益来谋求自身竞争优势。因此，原审法院认定大摩公司违反诚实信用原则和公认商业道德，构成不正当竞争。

【案例解读3】在广州斗鱼网络科技有限公司与上海耀宇文化传媒股份有限公司著作权权属、侵权纠纷案［(2015)沪知民终字第641号］中，二审法院认为，网络游戏比赛视频转播权需经比赛组织运营者的授权许可，是网络游戏行业中长期以来形成的惯常做法，符合谁投入谁受益的一般商业规则，亦是对比赛组织运营者的正当权益的保护，符合市场竞争中遵循的诚实信用原则。斗鱼公司未对赛事的组织运营进行任何投入，也未取得视频转播权的许可，却免费坐享耀宇公司投入巨资，花费大量人力、物力、精力组织运营的涉案赛事所产生的商业成果，为自己谋取商业利益和竞争优势，这实际上是一种"搭便车"行为，夺取了原本属于耀宇公司的观众数量，导致耀宇公司网站流量严重分流，影响了耀宇公司的广告收益能力，损害耀宇公司的商业机会和竞争优势，弱化耀宇公司网络直播平台的增值力。因此，斗鱼的行为违反了反不正当竞争法中的诚实信用原则，也违背了公认的商业道德，损害被上诉人合法权益，亦破坏了行业内已形成的公认的市场竞争秩序，具有明显的不正当性。

三、用户规模向盈利模式的转换

当平台双边召集成功，进入稳定发展阶段后，卖方和买方都相对稳定在一定的数量，由于网络规模的扩大，正的网络外部性使得用户都可以获得相当的收益，平台也获得了通过收费来获得一定的收益的空间。在实践中，卖方和买方也都希望平台能够长期稳定运行，认同平台收费的合理性。

虽然用户规模十分重要，但光有用户规模，没有盈利模式，企业也未必能成功。Fitfu 是由两个英国人约夫和杰夫于 2009 年 1 月在 App Store 上发布的一款指导人们随时随地锻炼的应用软件，这个应用能够让人们利用工作之余进行锻炼，受到用户的欢迎。经过一年的开发，Fitfu 1.0 版在 App Store 上线了，应用售价为 4.99 美元。在孵化阶段，Fitfu 不断进行产品快速迭代，2012 年 1 月 9 日，Fitfu 2.0 版发布，添加了更多的社交元素和游戏元素。在 2012 年苹果 WWDC 大会上，Fitfu 上了推荐榜，并且在健康类付费应用里长期保持第一名的好成绩。但好的应用并没有给他们带来巨大的回报，他们不断尝试各种商业模式，尝试过产品免费靠广告取得收入，也尝试了按月收费模式，但都没有成功。最后于 2012 年 9 月，Fitfu 从 App Store 撤下，公司也关闭了。Fitfu 的失败告诉人们，移动互联网企业要成功，就必须将"用户模式"和"盈利模式"有效结合起来，没有盈利模式的用户模式也是不可持续的。

【案例解读】在浙江天猫网络有限公司与上海载和网络科技有限公司、载信软件（上海）有限公司不正当竞争纠纷案中，被告通过"帮5淘"购物助手在原告页面中插入相应标识，并以减价标识引导用户至"帮5买"网站购物。法院认为该行为会降低原告网站的用户黏性，违反了诚实信用原则和购物助手这一领域公认的商业道德，从而构成不正当竞争。在他人的网络产品中插入链接、强制跳转的行为，也被认为是典型的流量劫持行为。

第二节　电商平台自营

一、电商平台自营概述

电商平台自营是电商平台自己对经营的产品进行统一生产或采购、产品展示、在线交易，并通过物流配送将产品投放到最终消费群体的行为，典型代表是京东。对于平台而言，自营型的商场内所有产品均在控制范围内，亲自采购、亲自送货、自建客服，能够提供一体化的产品体验，但是品类可能无法做到无限丰富。

用户为什么选择自营？从很多网站的宣传来看，"自营"至少传递了两层含义：第一，平台基于声誉约束会对所采购的物品精挑细选，从而确保商品品质；第二，平台提供可靠的售后服务。对于有些网站来说，自营还意味着提供更为可靠的物流服务，例如，京东就是以一支庞大而高效的物流队伍著称的。❶

除了完全使用自身资源的模式以外，自营模式还有一种变形，即"进货销售"模式，也就是所谓的"渠道模式"。典型的例子是电子商务企业中的亚马逊、京东、当当等渠道电商。这种端口企业先通过向各资源供给企业进货，然后在自己的商城上销售，并提供统一的仓储、物流、整体品牌营销等一站式服务，用户可以在这里一站式采购。在这种模式中，为用户提供什么样的资源完全由端口企业基于自身掌握的数据进行判断。

二、电商平台自营行为的认定

《网络交易管理办法》第29条规定："第三方交易平台经营者在平台上开展商品或者服务自营业务的，应当以显著方式对自营部分和平台内其他经营者经营部分进行区分和标记，避免消费者产生误解。"

对于标注"自营"的网店，无论其是否由电商平台的经营者实际经营，该电商平台均应对此承担更高的注意义务。

对于标注"自营"，但经事后审查难以判定涉及侵权的商品或服务是否确实由电商平台提供，或者确实不由该平台提供，但相关的平台网店存在标注"自营"标识、以平台名义对外发布交易信息等用平台名义开展经营的情形，这种情形在实践中出现较多且争议较大。有观点认为，被控产品虽然标注为电商平台"自营"，但如果平台仅提供商品信息展示的平台服务而未从事商品交易的，应当不认可自营行为。对于该问题，本书持以下观点。

第一，从普通消费者角度而言，按照通常认识和现实中的实际交易情况，

---

❶ 傅蔚冈：《网购平台的"自营"神话》，载 https://www.douban.com/note/696088869/，访问时间：2019年12月10日。

对于标注"自营"标识的网店，考虑到普通消费者未购买商品或服务前无法获取经营者开具的发票，且往往只能通过网店页面获取相关经营信息，则普通消费者一般难以探究该网店究竟由何主体具体开展经营。在此情形下，网店仅披露出的平台自营信息势必成为普通消费者判断该网店经营者的主要因素。

第二，从电商平台角度而言，其平台上的网店标注"自营"即意味着该网店实际以电商平台或电商平台的名义开展相关商品或服务的经营活动，这种活动不仅包括具体交易行为，也应包括发布交易信息等。电商平台作为该平台的管理人，虽然对平台上海量的交易信息难以做到事前审查，但对此类加注"自营"标识，即以其名义对外开展经营活动的行为理应具有较强的辨识度和控制力，即存在对此类行为施加较高注意义务并进行管理和控制的可能性。

因此，只要经营者标明"自营"，足以让普通消费者信其为平台自营的，应当按照平台自营行为进行处理。

2019年12月23日，浙江省高级人民法院民三庭发布《涉电商平台知识产权案件审理指南》，人民法院认定电商平台经营者的涉案行为是提供平台服务还是开展自营业务，应主要考虑以下几个因素：（1）商品页面上标注的销售主体信息或"自营""他营"等标记；（2）商品实物上标注的销售主体信息；（3）发票等交易单据上的销售主体信息。上述三项销售主体信息不一致的，一般可以认定各相关主体共同实施了销售行为，但发票记载的销售主体系依法经税务机关委托代开发票的除外。

三、京东自营问题

中国主打"自营"的电商，以京东最为著名。成立于2004年的京东商城，在短时间内快速崛起，超越亚马逊中国、当当等老牌电商，成为仅次于阿里巴巴的电商巨头。世界四大会计事务所之一的德勤会计师事务所于2019年年初发布的《2018年全球零售报告》（Global Powers of Retailing 2018）中，京东以357.77亿美元的零售额居世界零售商第28位，而在中国零售商中排名第一。

在消费者的印象中，所谓的"京东自营"应该是由京东统一采购、配送并承担售后服务的一整套服务系统。但是2016年发生的一场诉讼,却让人大跌眼镜,原来广大用户心里认为的"自营"和京东所声称的自营并非是一回事。

2016年,有消费者以京东商城自营店出售的真力时手表"宣传构成欺诈"为由,要求京东电子商务公司退还货款、赔偿检测费并索三倍赔偿。但京东方面声称,尽管涉案产品属京东自营,但该公司仅提供网络交易平台,未参与买卖行为。而后法院认定的事实是,京东商城网站(www.jd.com)所有者为京东电子商务公司。该公司曾与天津京东海荣贸易有限公司签订《平台服务协议》,约定:京东海荣公司自愿向京东电子商务公司申请使用网络交易平台,京东电子商务公司仅提供产品信息展示的平台服务,不从事产品交易事宜,不对产品交易事宜负责。

庭审中,京东电子商务公司提交了三张电子发票,发票显示销售方为京东海荣公司。法院审理认为,该用户购买的京东自营商品,销售主体为京东海荣公司,京东电子商务公司仅为网络交易平台的所有者,其已通过电子发票形式对销售者真实名称、地址和有效联系方式进行了公示,购买产品的发票均显示已开具,可以认定其已知悉商品销售者。且无证据证明京东电子商务公司明知或应知销售者利用其平台侵害消费者合法权益,故用户应向京东海荣公司索赔,京东电子商务公司并非适格被告。

在案件审理过程中,京东电子商务公司曾向法庭表示,"自营"为京东集团自营而非京东商城自营,具体的销售主体由京东集团根据订单具体情况确定,即根据消费者所在区域、商品库存量等,由京东集团自行决定开发票主体及发货公司主体。比如用户在上海购买"京东自营"的产品,其发票抬头通常是由一家叫"上海圆迈贸易有限公司"的公司开具。而从工商登记资料看,上海圆迈是北京京东贸易世纪有限公司的全资子公司。而前述案件中的京东海荣公司,也是北京京东贸易世纪有限公司的全资子公司。

尽管朝阳法院驳回了范姓消费者的起诉,但是朝阳法院也审理认为"京东自营"已对消费者构成误导、侵犯消费者知情权,遂发出司法建议函,要求京东改进。具体的司法建议是:建议该公司在网站页面显著位置对"自营"

等专有概念作出明确解释，所有商品销售页面均应披露销售者详细信息，并将销售授权书在明显位置予以公示，从而避免消费者产生误解，误导商品的选择，同时也便于在权利受损时正确选择维权主体。[1]

在媒体报道了"京东自营不是京东商城自营"的新闻后，京东新浪官方微博在2017年1月13日上午以《关于京东的自营是不是京东自营的绕口令》为题作了解释："京东集团旗下具备自营商品销售资质的有十几家子公司，比如北京京东世纪信息技术有限公司、天津京东海荣贸易有限公司、沈阳京东世纪贸易有限公司等。如果每家子公司销售的商品只能说是'某某子公司自营'，而不能一概说是京东自营，这件事情就很荒谬，很没有道理。"对此，京东强调，"京东的自营就是京东集团子公司的自营就是京东自营"。

【案例解读】在株式会社DHC等诉纽海商务公司等侵犯商标权及不正当竞争纠纷上诉案中，株式会社DHC系涉案注册商标的专用权人，其在纽海商务公司运营的"1号店"网站上发现，在标有"1号店自营"字样的网店页面上，显示面膜产品上使用了涉案商标，其发票开具单位为纽海信息公司，制造商为依露美公司，经销商为万豪贸易公司。株式会社DHC遂以前述四家公司构成商标侵权及不正当竞争为由，向一审法院提起诉讼。一审法院经审理认定，四家公司的上述相应行为构成对株式会社DHC相关涉案商标专用权的侵犯。

纽海商务公司上诉认为，其仅提供电子交易平台服务，并非涉案产品销售商，且在知晓侵权可能的情况下，已将涉案商品下架。涉案商品的发票由纽海信息公司出具，其在"1号店"开设自营店铺，系自主经营、自负盈亏的行为，与纽海商务公司无关。

对此，上海市高级人民法院经审理认为，当电商平台上的网店销售的商品或提供的服务构成侵权时，该电商平台的经营者所应承担的注意义务以及相应

---

[1] 杨守玲：《自营不等于自己经营》，载《中国产经新闻报》2017年1月18日，转引自：http://finance.sina.com.cn/2017-01-18/detail-ifxzuswq2570315.d.html，访问时间：2019年12月10日。

的法律责任应以该网店的性质而有所区分。对非自营的第三方网店，根据我国《侵权责任法》的有关规定，电商平台经营者对此应承担合理必要的注意义务。而对电商平台上标注"自营"的网店，无论该网店是否实际由该电商平台的经营者经营，均系以电商平台的名义对外销售商品或提供服务，其对此理应承担更高的注意义务，并因此承担与销售商品或提供服务的网店经营者相同的法律责任。

第三节　其他平台自营

一、观众平台直接从事信息网络传播行为

（1）平台作为著作权人从事网络传播行为。比如，爱奇艺通过自有团队制作、外部工作室合作、影视剧定制、参股或投资影视公司、版权采购等多种方式形成了稳定高效的内容供给系统，构建起了类型多元、层次分明的内容矩阵，包括大剧、短剧、分账剧集、竖短片、互动剧等剧集类型，以及综艺、电影、少儿、动漫等多元内容。

（2）平台作为信息网络传播权人从事网络传播行为。在中国新歌声案中，虽然腾讯公司经过灿星公司的授权享有对《中国新歌声》的信息网络传播权，但其存放在相关网络平台供用户播放的《中国新歌声》视频包含了未经涉案词作品著作权人同意使用的词作品，亦是对涂鸦公司案涉词作品信息网络传播权的侵害。若制作影视作品时未经许可使用他人作品，自身的权利链条存在瑕疵时，作为传播方，腾讯仍构成侵权。根据比例原则及平衡词作品著作权与案涉节目作品著作权人的利益，案涉《中国新歌声》视频可以不予停止播放。腾讯公司在网络播放案涉节目，主观上没有过错，客观上也尽到其相应的审查义务，不应当承担赔偿责任。

（3）平台通过分账模式参与信息网络传播。以爱奇艺为例，2016年5月，爱奇艺率先在电影、剧集、综艺等领域推出付费分账模式，具备优质内容生产能力的公司和团队，能够通过该模式直接获得来自用户的付费激励。在平台付

费会员保持高速增长的趋势下，透明化的分账模式以及 2C 的商业模式，使得中小成本的制作方更聚焦在打造优质内容上，以获得高额的回报，并且爱奇艺加大了在该模式的投入力度，将平台与合作方分账比例由原来的 5∶5 阶段性调整为 3∶7，进一步加大对付费分账网剧的支持。据爱奇艺数据统计，古装玄幻剧《半妖皇帝》投资回报率达 200%，古装偶像剧《医妃难囚》继《等到烟暖雨收》后，再次刷新了 2018 年分账网剧中最快突破千万的新纪录。

【案例解读】在游梅子诉安徽广播电视台、东方风行（北京）传媒文化有限公司、深圳市腾讯计算机系统有限公司著作权权属、侵权纠纷案［（2015）东民（知）初字第 08025 号］中，一审法院认为，被告腾讯公司作为"2012 亚洲偶像盛典颁奖典礼"的网络主办方，在其经营管理的网站上通过信息网络传播了整个晚会的视频，但是该案中的侵权具有隐蔽性，由印度人表演，播放原告演唱的作品及原告创作的歌词，被告腾讯公司无法对此进行控制，其未参与晚会节目制作，因此对未表明原告作为《吉米来吧》中文歌词作者身份以及演唱者的侵权事实不具有明知或者应知的主观过错，对该部分侵权事实不承担连带责任，应当承担停止传播行为。鉴于腾讯公司已经公证证明其删除了含有《吉米来吧》内容的视频，侵权行为已经停止，一审法院对此予以确认。

在该案中，腾讯公司显然是作为经营者身份出现的，因无过错而不用承担赔偿责任。

二、观众平台作为增值服务提供者从事传播行为

根据《2019 付费市场半年报告》显示，❶ 包括在线视频、娱乐直播、网络 K 歌等在内的泛娱乐行业付费市场规模已达千亿级，并预测 2019 年在线视频将以超过 300 亿的市场规模位居泛娱乐行业首位。截至 2019 年 6 月，在线视频用户规模已超过 9 亿，同样居于榜首。庞大的在线视频用户中，付费用户

---

❶ 载 https：//baijiahao.baidu.com/s? id = 1642914330695252439&wfr = spider&for = pc，访问时间：2020 年 2 月 16 日。

当前在总体视频用户中的占比为 18.8%，具备高增长潜力。

付费用户的活跃度和留存率，是衡量会员价值的关键指标。数据显示，2019 年 6 月，爱奇艺、腾讯视频、优酷付费用户活跃率分别为 24%、22.6% 和 19.6%；付费用户 14 日留存率方面，三个平台数据分别为 58.3%、57.5% 和 42.9%。视频平台付费用户留存率方面表现较优，活跃率方面仍有较大提升空间。截至 2019 年 6 月 22 日凌晨 5 点 13 分，爱奇艺会员数量突破 1 亿，中国视频付费市场正式进入"亿级"会员时代。

三、深度链接端口提供者作为传播者从事传播行为

链接，也被称为超级链接，是指从一个网页指向一个目标的连接关系，所指向的目标可以是另一个网页，也可以是相同网页上的不同位置，还可以是图片、电子邮件地址、文件，甚至是应用程序。

从技术角度而言，网络链接可分为"普通链接"和"深层链接"两种类型。深层链接（deep-link），又称内链、深度链接，是指设链网站所提供的链接服务使得用户在未脱离设链网站页面的情况下，即可获得被链接网站上的内容，此时页面地址栏里显示的是设链网站的网址，而非被链接网站的网址。但该内容并非储存于设链网站，而是储存于被链接网站。简而言之，设链者以自己的网页外观形式呈现其他网页所拥有的实质内容，并且对于这些内容，设链者并没有在服务器上储存下来，只是提供指引作用。

深度链接端口提供者有技术、能力审查相关链接内容，因此其对所链接的内容是否侵权负有举证义务。更为重要的是，深度链接实质性地控制和改变了作品的呈现方式，以至于把侵权作品当作网页或客户端的一部分时，就成为信息网络传播行为。据此，深度链接属于信息网络传播行为。

在这种情况下，如果未对链接内容尽审查义务就进行了链接导致被链接的文章传播范围扩大造成不利后果，即使在接到权利人通知后及时关闭链接，也

会由于没有尽到合理的注意义务、主观上存在过错而直接承担侵权责任。❶

【案例解读1】在上海玄霆娱乐信息科技有限公司、广州神马移动信息科技有限公司与广州市动景计算机科技有限公司侵害作品信息网络传播权案[（2016）沪73民终146号]中，二审法院认为，神马公司通过"神马搜索"主动向公众提供涉案作品的阅读及下载服务，该行为构成通过信息网络向用户提供作品的行为。第一，涉案作品在"神马搜索"上的传播是神马公司基于自己的意志主动选择的结果。第二，神马公司的行为使公众可以在自己选定的时间和地点通过信息网络在"神马搜索"上直接获取涉案作品。神马公司编辑、整理了涉案小说的简介、章节目录，作品各章节的内容亦由其从不同网站获得后直接提供给用户。根据现有证据，难以判断神马公司向第三方调取数据后是否存储在自己的服务器上；亦不能排除涉案作品的部分章节存储在其服务器上而部分章节仍直接从第三方调取的可能。但是，无论神马公司向第三方网站调取数据之后，是否在自己的服务器上存储，是全文存储还是部分章节存储，是临时存储还是永久存储，是否存储在缓存区，缓存时间多久，下一个用户访问时是从第三方网站调取数据，还是从神马公司的服务器上调取，亦或是从缓存区调取……这些均可由神马公司通过技术手段来实现。如果仅从涉案作品是否存储在神马公司的服务器上这一技术角度来判断其行为是否构成网络提供行为并仅仅因为无法判定涉案作品是否存储在神马公司的服务器上，就认定其不构成作品提供行为，在硬件水平不断提升、云技术不断发展的今天，将很轻易地被服务商规避。所以，即使难以认定涉案作品存储在"神马搜索"的

---

❶ 互联网的本质是互联互通，链接是实现互联网互联互通的基本手段。借助链接，用户可以跨越时间和空间的物理界限，访问互联网上的信息资源。但设链者在自己控制的界面上实质呈现了著作权人的作品，对被链接网站产生了不同程度的替代效果，模糊了传统"渠道"与"内容"提供服务商的界限，引发了诸多争议。如搜狐、腾讯、优酷土豆、乐视网等指责百度"盗链盗播"；"今日头条"受到腾讯、搜狐、新京报等内容提供方的"口诛笔伐"。深度链接是否属于信息网络传播行为，涉及信息网络传播行为的认定标准。对此，主要存在服务器标准说、社会危害性标准说和实质呈现标准说三种不同观点。本书采用"实质呈现标准说"。

服务器上，二审法院亦可基于上述理由，认定神马公司实施了通过信息网络向公众提供作品的行为。神马公司主张其仅提供搜索、链接及实时转码服务，玄霆公司在起诉前没有向其发送任何侵权通知，神马公司已经尽到了合理的注意义务，即使构成侵权也不应承担赔偿责任。对此，二审法院认为，搜索、链接及转码技术本身都是中立的，但"技术中立"并不意味着只要使用了某个技术就不构成侵权。服务商提供搜索、链接服务免除承担赔偿责任的前提是该搜索、链接行为是服务商根据用户指令，为了查找、定位信息而实施的。神马公司主动、直接地整合不同网站的内容，转码后逐章提供给用户，用户不能自主选择到哪一个网站进行阅读。整个过程并非根据用户指令进行，而是神马公司有目的、有意识地选取作品并提供内容。所谓的搜索、链接及转码只是神马公司向公众提供作品时使用到的技术手段，不能因此免除承担赔偿责任。

【案例解读2】 在中国音乐著作权协会诉深圳市腾讯计算机系统有限公司著作权权属、侵权纠纷案〔（2012）深南法知民初字第600-603、608号〕中，一审法院认为，根据搜索引擎服务的常规情况，搜索引擎的使用是帮助互联网用户在海量信息中迅速查询定位其所需要的信息，向用户提供来源网站的信息索引和网络地址链接方式，引导用户到第三方网站浏览搜索内容，而不是替代第三方网站直接向用户提供内容。被告经营网站的搜索引擎服务提供的搜索结果可以直接向用户提供涉案歌曲歌词的全部内容，点击"查看LRC歌词"，弹出对话框后选择保存歌词，所弹出的对话框注明的发送者地址属于被告服务器，点击进行歌曲试听，在播放时也会滚动全部歌词的内容，该行为属于复制和上载作品的行为，并通过网站进行传播。涉案歌曲的歌词信息最初可能确系来源于第三方网站，但由于被告提供的服务客观上使大多数用户在一般情况下无须再进行选择点击来源网站以获得上述歌曲的歌词，即无论被告是否提供来源网站的信息，用户都可以直接从被告网站页面获得全部歌曲的歌词信息。被告的上述操作方式已实际起到了替代来源网站提供歌词的作用，其所称的搜索已失去提供信息索引和来源的基本特征，客观上起到了让用户直接从其服务器上获取歌词的作用，而未取得歌词作者的有效许可，不属于法定免责的情形，其行为侵犯歌曲的歌词作者对其作品依法享有的复制权及信息网络传播权。

四、技术平台作为传播者从事传播行为

典型的技术平台，如苹果系统的 App Store 和安卓系统的应用商店，国内各大应用商店都是基于安卓系统下普通应用类的应用商店，主要有 Google play、酷安、豌豆荚、小米应用商店等。如果平台提供者无法举证不是应用的直接上传者，应用分发平台提供者就被视为传播者。另外，如果应用分发采用分成模式，且应用分发平台提供者对他人上传的应用大力推广，取得了较高的收成比例，那么平台提供者作为传播者应严格审查应用程序的主体资格和应用的内容是否存在侵权。如果此时推广的应用存在侵权，则应用分发平台提供者就可能承担直接侵权责任。

五、直播平台作为传播者从事传播行为

网络直播平台承担直接侵权责任的情形主要有两种。一种是主播签约模式。主播与平台提供方签订劳动合同，主播的直播是职务行为，平台对主播的直播内容有直接控制权，直播平台是内容的直接提供者，承担直接侵权责任。另一种是合作分成模式。直播平台与主播、主播的经纪公司签订协议，双方按比例分成，根据协议进行深度合作，直播平台对主播内容进行推荐、编排等。直播平台是否为经营者，需具体分析直播平台在该种商业模式下的具体分工进行个案认定，如果平台对直播内容在直播的同时已经实际接触并有控制能力，平台则成为经营者，应承担共同侵权责任。❶

在中国音乐著作权协会（以下简称音著协）诉武汉斗鱼网络科技有限公司著作权权属、侵权纠纷案［（2018）京 0491 民初 935 号］中，网络主播冯某某在被告武汉斗鱼网络科技有限公司经营的斗鱼直播平台进行在线直播，其中播放了歌曲《恋人心》，时长约 1 分 10 秒（歌曲全部时长为 3 分 28 秒）。直播结束后，此次直播音频被主播制作并保存在斗鱼直播平台上，观众可以通过登录斗鱼直播平台随时随地进行播放观看和分享。中国音乐著作权协会通过

---

❶ 马晓明：《网络直播平台承担何种侵权责任》，载 http: //media. people. com. cn/n1/2018/0517/c40606-29996845. html，访问时间：2019 年 11 月 6 日。

与歌曲《恋人心》的词曲作者张超签订合同而享有对该歌曲的著作权，音著协认为斗鱼公司未经许可使用该歌曲，侵害其信息网络传播权，遂向法院提起诉讼。北京互联网法院一审判决斗鱼公司侵权成立。根据法院判决，斗鱼公司运营的斗鱼直播平台上转播的涉案直播回看视频中，存在着未经权利人许可播放其音乐作品的内容，构成对著作权人信息网络传播权的侵犯。尽管播放音乐作品是网络主播在直播过程中做出的行为，但基于主播与斗鱼公司之间约定了网络主播全部直播成果的知识产权、所有权及相关利益均归斗鱼公司所有，斗鱼公司则应当承担与其所享有的权利相匹配的义务，其应当对涉诉侵权行为承担著作权侵权责任。此案中的斗鱼公司是传播者、经营者。

总之，除了电商平台以外，其他平台也有不少自营行为。是否为自营，往往从以下几点进行考量：一是对其传播的作品具有信息网络传播权，作为传播者从事的信息网络传播行为，属于比较典型的自营行为；二是对传播的作品，包括软件或其他类型作品，具有比较强的控制能力；三是具有较高的分成收入或其他形式的收入。

第四节　用户数据的商业性使用

一、平台的数据能力

石油被称为工业革命的血液，数据则是网络时代的能源。"数据就是力量"，这是亚马逊的成功格言。平台享有用户活动的所有数据，类似于一个个庞大的监控系统：搜索平台可以知道每个人在搜索什么，社交平台可以发现大家在关注什么，网购平台可以知道大家在购买什么。它们拥有操作系统、应用商店和云服务等，能够获取它们感兴趣或有价值的各类数据，通过数据分析获知新的技术方向或服务趋势。从营销延伸到产品创新、研发生产，再到商业整体解决方案，大数据的价值体现已经越来越明显。平台是大数据沉淀的基地，对于大数据价值链的开发具有先天的优势。

【延伸阅读】以色列新锐历史学家尤瓦尔·赫拉利写道：如何规范数据的所有权，这可能是这个时代最重要的政治问题。如果我们希望避免所有财富和权力都集中在一小群精英手中，关键在于规范数据的所有权。在古代，土地是世界上最重要的资产，政治斗争是为了控制土地，而且太多的土地集中在少数人手中，社会就分裂成贵族和平民。到了现代，机器和工厂的重要性超过土地，政治斗争便转为争夺这些重要生产工具的控制权。等到太多机器集中在少数人手中时，社会就分裂成资本家和无产阶级。但到21世纪，数据的重要性又会超越土地和机器，于是政治斗争就是要争夺数据流的控制权。等到太多数据集中在少数人手中时，人类就会分裂成不同的物种——如果我们想要阻止一小群精英分子垄断这种神一般的权力，如果我们想要避免人类分裂成不同的物种，关键的问题就是：该由谁拥有数据？[1]

二、平台数据的商业化使用方式——以亚马逊为例

（1）个性化推荐。通过向用户提供建议，亚马逊获得了10%~30%的附加利润。拥有200万个销售商，跨越10个国家，为近20亿名顾客服务，亚马逊利用其超先进的数据驾驭技术向用户提供个性化推荐。亚马逊个性推荐的算法包含多种因素，向用户推荐商品前，要分析购买历史、浏览历史、朋友影响、特定商品趋势、社会媒体上流行产品的广告、购买历史相似的用户所购买的商品等。当然，个性化推荐不仅针对顾客，电商市场上的销售商也能收到来自亚马逊靠谱的建议。平均下来，亚马逊的每位销售商的产品目录列表都会得到100多条建议。亚马逊为销售商提供的最受欢迎的建议之一就是关于库存脱销的建议，推荐算法为特定销售商分析销售量和库存量，以便销售商在亚马逊上及时补充库存。

（2）动态价格优化。动态的价格浮动推动亚马逊的盈利平均增长了25%，而且他们通过每时每刻的监控来保持自己的竞争力。亚马逊的动态定价算法每小时会调整几次每件商品的价格，以此更好地利用人们对价格的觉察心理。另

---

[1] ［以］尤瓦尔·赫拉利：《今日简史》，林俊宏译，中信出版集团2018年版，第72-76页。

外,亚马逊为最好卖的商品提供大幅的折扣,同时在不那么火的商品中攫取更多的利润。分析报告指出,在任何季节里,亚马逊不一定真的是某一样商品卖得最便宜的商家,但它在高人气和畅销商品中一贯的低价让消费者产生了亚马逊上总体商品的价格甚至比沃尔玛还划算的感觉。

(3)供应链优化。尽管亚马逊把它的成功归功于提高用户的购物体验,但事实上,强大的供应链和满足需求的能力让这句话免于沦为空谈。亚马逊与生产商有着实时的联系,根据数据追踪存货需求来为客户提供当日/次日配送的选择。亚马逊运用大数据系统,权衡供应商间的邻近度和客户间的邻近度,从而挑选最合适的数据仓库,最大化降低配送成本。

(4)预测式购物——下单之前就发货。不满足于传统的个性化推荐,亚马逊正在努力将这种个性化推荐提升到另一个层次。亚马逊获得了一项"预测式购物"新专利。通过这项专利,亚马逊将根据消费者的购物偏好,提前将他们可能购买的商品配送到距离最近的快递仓库,一旦购买者下了订单,商品短时间内就能送到家门口。这将大大降低货物运输时间,同时对有竞争关系的实体店同行也是一次重创。

【延伸阅读】大数据"读心术"。[1] 几乎所有的互联网服务都是免费的,但使用者其实付出了代价——我们交出了"数据"。大数据和心理学相结合竟然爆发出如此大的威力。研究人员通过实验发现,通过社交网站的数据可以判断一个人的心理特质,其判断结果甚至比调查访谈这个人的亲朋好友还要准确。也就是说,只要有足够的社交数据,不用任何人为的介入,计算机和算法就可以自动判别一个人的心理特质,甚至仅仅凭借"点赞"数据就可以完成,因为没有无缘无故的爱,每一个"点赞"背后都有原因。如果掌握一个人在脸书上的10个"点赞",算法对他的了解就可能超出他的普通同事;掌握70个就可能超过他的朋友;掌握150个就可能超过其家庭成员;掌握300个就可能超过其最亲密的妻子或丈夫。

---

[1] 载 http://njrb.njdaily.cn/njrb/html/2018-11/19/content_519078.htm?div=-1,访问时间:2020年1月16日。

剑桥分析公司把8700万人的社交数据和美国商业市场上2.2亿人的消费数据进行匹配、组合和串联，找出谁是谁，然后就性别、年龄、兴趣爱好、性格特点、职业专长、政治立场、观点倾向等上百个维度给选民进行心理画像，建立心理档案，再通过这些心理档案开展分析，总结出不同人群的希望点、恐惧点、共鸣点、兴奋点、煽情点以及"心魔"所在。当代大数据"读心术"就此诞生了。掌握了一个人的"心魔"，就可以知道信息该如何包装、如何推送，才能搔到接收者的痒处，潜移默化地影响一个人的选择和判断。

第五节　制作、发布广告

互联网广告，是指通过网站、网页、互联网应用程序等互联网媒介，以文字、图片、音频、视频或者其他形式，直接或者间接地推销商品或者服务的商业广告。对于一些信息平台而言，广告是其主要收入来源。比如，谷歌、脸书几乎完全依赖于广告。2016年第一季度，谷歌收入的89%和脸书收入的96.6%，都是来自广告。❶ 谷歌是公认的拥有最强大广告平台的企业。世界上任何一家企业只要注册为谷歌的广告客户，购买特定的关键词，就可在用户搜索这些关键词的时候，投放广告。❷ 平台自己制作、发布广告的行为构成经营行为，至少包括以下七种方式。

一、搜索平台的竞价排名广告

竞价排名本质是一项广告投放业务，需要明确标记为"广告"。竞价排名的基本特点是按点击付费，推广信息出现在搜索结果中（一般是靠前的位置），如果没有被用户点击，则不收取推广费。在搜索引擎营销中，竞价排名的特点和主要作用如下。

（1）按效果付费，费用相对较低。

---

❶　［加］尼克·斯尔尼塞克：《平台资本主义》，程水英译，广东人民出版社2018年版，第60页。

❷　［韩］赵镛浩：《平台战争》，吴苏梦译，北京大学出版社2012年版，第89页。

（2）出现在搜索结果页面，与用户检索内容高度相关，增加了推广的定位程度。

（3）竞价结果出现在搜索结果靠前的位置，容易引起用户的关注和点击，因而效果比较显著。

（4）搜索引擎自然搜索结果排名的推广效果是有限的，尤其对于自然排名效果不好的网站，采用竞价排名可以很好弥补这种劣势。

（5）企业可以自己控制点击价格和推广费用。

（6）企业可以对用户点击情况进行统计分析。

竞价排名广告的优点在于：①见效快：充值后设置关键词价格后即刻就可以进入；②关键词数量无限制：可以在后台设置无数的关键词进行推广，数量自己控制，没有任何限制；③关键词不分难易程度：不论多么热门的关键词，只要想做，都可以进入前三甚至第一。

例如，百度推广是由百度公司推出，企业在购买该项服务后，通过注册提交一定数量的关键词，其推广信息就会率先出现在网民相应的搜索结果中。如企业主在百度注册提交"BGSEM"这个关键词，当消费者或网民寻找"BGSEM"的信息时，企业就会优先被找到，百度按照实际点击量（潜在客户访问数）收费，每次有效点击收费从几毛钱到几块钱不等。

【案例解读】在百度在线网络技术（北京）有限公司上海软件技术分公司与大众交通（集团）股份有限公司侵犯商标专用权与不正当竞争纠纷案［（2007）沪二中民五（知）初字第147号］中，一审法院认为，百度网站作为搜索引擎，其主要功能在于提供网站链接以帮助公众在网上搜索、查询信息，其根据网民输入的关键词而在搜索结果中显示出的内容，不能被视为是百度网站自己提供的内容，因此，虽然根据两原告输入的关键词，百度网站搜索结果的链接条目中含有"大众"和"上海大众搬场物流有限公司"等字样，但这是百度网站作为搜索引擎实现其主要功能的必要手段，同时百度网站的"竞价排名"服务只起到了影响网页搜索结果中自然排名的作用，也没有证据证明其有为第三方网站实施侵权行为提供便利的主观故意。综上，百度网站不应被认定为直接实施了商标侵权行为。

但与搜索引擎通常采用的自然排名相比,"竞价排名"服务不仅需要收取费用,还要求用户在注册时必须提交选定的关键词,因此,百度网站有义务也有条件审查用户使用该关键词的合法性,在用户提交的关键词明显存在侵犯他人权利的可能性时,百度网站应当进一步审查用户的相关资质,例如,要求用户提交营业执照等证明文件,否则将被推定为主观上存在过错。

在该案中,被告百度在线公司上海分公司作为"竞价排名"服务上海地区业务的负责人应当知道"大众"商标的知名度,许多申请"竞价排名"的用户与两原告毫无关系,却以"上海大众搬场物流有限公司"或者"大众搬场"为关键词申请"竞价排名"服务,致使搜索结果中出现了两个名称完全相同、从事业务相同但其他内容和联系信息完全不同的网站。

综上,百度网站应当知道存在第三方网站侵权的可能性,就此应当进一步审查上述第三方网站的经营资质,但百度网站对于申请"竞价排名"服务的用户网站除进行涉黄涉反等最低限度的技术过滤和筛选以外,没有采取其他的审查措施,未尽合理的注意义务,进而导致了侵犯原告大众交通公司的注册商标的第三方网站在搜索结果中排名靠前或处于显著位置,使网民误以为上述网站系与原告大众交通公司关联的网站,对原告大众交通公司的商誉造成了一定影响。法院认为,三被告未尽合理注意义务,主观上存在过错,客观上帮助了第三方网站实施了商标侵权行为,并造成损害结果,因此与直接侵权的第三方网站构成共同侵权,应当承担连带民事责任。

本书认为,百度公司通过提供有偿的竞价排名服务,使得假"大众搬场"能够排名在真的"大众搬场"之前,显然,这是百度公司对信息传播内容结果技术干预的结果,百度公司通过其搜索引擎提供的竞价排名服务是有偿的广告服务。百度公司从技术服务中直接获利,扮演的是经营者角色,其对关键词的审核,应当事先审核,事后及时删除。

二、网幅广告

网幅广告是最早的互联网广告形式。它是以 GIF、JPG、Flash 等格式创建的图像文件，定位在网页中用来展现广告内容。网幅广告具有诸如通栏、旗帜、按钮、对联、浮动等表现形式。网幅广告分为三类：静态、动态和交互式。

（1）静态：静态网幅是网页上的固定广告图像。它的优点是制作简单；缺点是不够生动，有些沉闷乏味，其点击率和互动广告的点击率很低。

（2）动态：动态网幅广告具有各种动态元素，或移动或闪烁。它通常使用 GIF 动态图像格式或 Flash 动画格式。通过丰富多彩的动态图像，可以向观众提供更多信息，并加深观众的印象，点击率通常高于静态广告，是目前最重要的互联网广告形式。

（3）交互式：交互式广告有多种形式，例如，游戏、插播式、回答问题、下拉菜单、填写表格等。这类广告不再是让用户单纯地看广告，还需要用户参与到广告中，甚至"玩"广告。这种广告比其他广告包含更多的内容，可以让用户在参与的过程中，对企业与产品有更深刻的认识和了解。

三、文本链接广告

文本链接广告是一行文字作为一个广告，点击进入相应的广告页面。这是一种对浏览者干扰最少，但较有效果的互联网广告形式。有时候，最简单的广告形式效果却最好。

四、富媒体广告

在互联网发展初期，由于宽带原因，互联网广告主要以文本和低质量的 GIF 和 JPG 格式图片为主。随着互联网的普及和技术的进步，出现了具有声音、图像和文字的多媒体组合的媒体形式，人们普遍把这些媒介形式的组合叫富媒体，以技术设计的广告被称为富媒体广告。富媒体广告形式多样，内容丰富，影响力强，但通常成本较高。

五、视频广告

视频广告是随着网络视频的发展而新兴的一种广告形式。它的表现手法类似于传统的电视广告,都是在正常的视频节目中插入广告片段。例如,在节目开始之前或节目结束之后播放广告视频。与插播式广告一样,它也是一种迫使用户观看的广告形式,但它比前者更友好。

六、电子邮件广告

电子邮件广告具有针对性强、费用低廉的特点,且广告内容不受限制。它还有针对性强的特点,可以针对具体某一个人发送特定的广告,为其他网上广告方式所不及。

七、商业短信息发送

工信部于2015年公布的《通信短信息服务管理规定》明确指出,未经用户同意或者请求,不得向其发送商业性短信息。只要经用户同意,就可以发送商业性短信息。但是一些电商平台的隐私条款,以默认的方式,允许电商平台发送商业性短信息。比如,淘宝的隐私政策条款包括"淘宝平台会将'与交易有关的必要信息共享给相关商品或服务的提供者'"以及"为向您提供更便捷、更符合您个性化需求的信息展示、搜索及推送服务,我们会根据您的设备信息和服务日志信息,提取您的偏好特征,并基于特征标签产出间接人群画像,用于展示、推送信息和可能的商业广告"。在注册淘宝账户时,用户必须选择同意这些条款才能成功注册。而有不少用户表示,自己在注册各类账户时,都没有仔细阅读条款的习惯,并不知道包含这些内容。淘宝同时在隐私政策中明示:如果不想接受发送的商业广告,可通过短信提示回复退订或其提供的其他方式进行退订或关闭。

【案例解读】直播平台"搭便车"被判不正当竞争。[1] 央视国际诉称,经国际奥委会和中央电视台授权,其在中国境内享有通过信息网络提供中央电视台制作播出的第31届夏季奥运会电视节目实时、延时转播及点播服务的专有

---

[1] 高健:《直播平台"搭便车"被判不正当竞争》,载《北京日报》2019年7月5日。

权利。被告新传在线、盛力世家将"正在全程视频直播奥运会"等作为百度推广的关键词进行宣传，使得用户点击该搜索结果可直接进入二被告运营的涉案网站 zhibo.tv，下载安装涉案"直播浏览器"后，即可观看原告正在网站 cctv.com 直播的奥运会内容。央视国际认为，二被告的上述行为会使用户误以为被告有权进行直播，但实际有权直播的是原告，被告仅以加框链接方式呈现原告网站的直播内容。当用户安装运行涉案浏览器后，虽然最终观看奥运赛事节目直播仍系在原告网站实现，但观看页面会被强行插入不受原告网站控制的主播、用户互动浮框，该浮框位于页面右侧的显著位置，且播放画面上方还显示有网友发送的弹幕内容。

法院经审理认为，二被告使用"正在全程视频直播奥运会"等作为宣传语，但并未如实标明相关情况，容易导致相关公众误认为其经营的网站与奥运赛事存在特定联系，构成虚假宣传的不正当竞争行为。另外，本案中，被告通过主播、用户互动浮框等方式对原告网站进行干扰的行为，使得原告无法按照自己的意愿在网站上展示直播内容，妨碍了其正常经营，也同样构成不正当竞争。

本书认为，被告通过设置百度关键词引导观众直接进入二被告运营的涉案网站 zhibo.tv，下载安装涉案"直播浏览器"，并链接到原告的网站上，涉及众多的不正当竞争行为，包括干扰原告的直播行为、虚假宣传等。其设置关键词的行为也构成经营行为，不过，这些关键词并非驰名商标名称，而是一些普通名词，平台很难通过事先的形式审查发现此种不正当竞争行为。

第六节　价格歧视

一、价格歧视概念

价格歧视通常被定义为商家出售同样的物质产品，对不同的客户索取不同的价格。英国经济学家庇古提出价格歧视的三种等级。

三级价格歧视：根据消费者类型的不同分别定价。假设商家不了解关于消费者的任何信息，商家只能将市场看作一个整体，选择统一定价。当商家了解到市场上存在不同类型的消费者，比如不同的收入、年龄、性别、地区等，商家为了扩大产品销量，可以对不同类型的消费者分别定价，比如景区给学生和老年人的折扣票就属于此类型，这属于三级价格歧视，在日常生活中最为普遍。

二级价格歧视：根据产品质量的微小差异进行区别定价。即使同一类型的消费者，其购买力和购买意愿还是存在差异的。但由于技术或者成本的限制，商家并不能识别每个消费者愿意支付的价格，所以采取一种版本划分的价格歧视策略，让消费者自己暴露自己的信息，即商家提供一系列价格不同的相关产品，让用户自己选择适合的版本，比如火车票、飞机票对座位等级的划分，让消费者自己选择不同价格的座位。不同等级座位的运输和服务成本，虽然存在一定的差异，但远远小于最终价格的差异，这属于二级价格歧视。

一级价格歧视：也被称为完全价格歧视，即个性化定价，商家针对每个消费者定制价格，以确保每个用户都能支付其愿意为商品支付的最高价格，从而获得全部消费者剩余。

在法律上，只有一级价格歧视才被视为真正的价格歧视。一般来说，商家要成功实施一级价格歧视，需要满足三个前提条件：第一，具有一定的市场力量，能够在提价时也不丧失所有消费者；第二，商家能够确切了解消费者的消费能力和消费意愿，从而能够根据消费者对商品的不同意愿价格制定不同的价格策略；第三，没有套利的可能，即商家能够有效地制止消费者的套利行为，使低价购买商品的消费者不可能再高价售出。在传统经济领域，一级价格歧视操作成本高，除了少数如房地产、汽车销售等领域，难以广泛应用。但信息技术的发展和互联网应用的普及，为商家实施一级价格歧视开辟了广阔的空间。

二、平台的价格歧视方式

目前平台实施价格歧视的具体方式有以下三种。

第一种是个性化定价。利用大数据为个人买家定制价格，比如基于每个用户的地理位置、IP 地址、操作系统、cookie、浏览历史以及消费者特征、消费水平、购买历史、网络行为等设定不同价格。

第二种是搜索歧视。在不改变价格的情况下，引导消费者购买特定产品。产品操纵可以通过推荐更多符合用户特性的相关产品，从而提高复购率，或者推荐更合理的产品，让消费者支付其愿意支付的最高价格。比如平台通过推荐系统，向愿意付出高价格的用户优先展示高价格商品，以提高销售利润。

第三种是动态定价。比如，在大数据的帮助下，亚马逊就可以分析用户的各种购买特征、竞争对手的价格、利润率、库存等，这样就可以做到每10分钟就对一些产品进行价格调整。2013年价格调研机构Profitero的数据显示，亚马逊每天会对产品价格调整250万次，而于此形成鲜明对比的是沃尔玛和百思买（Best Buy），这两家机构在2013年11月份分别只调整了约5万次价格。Profitero还指出，在2013年全年，亚马逊将每日价格调整的数量提升了10倍，对于亚马逊来说，这一波波疯狂操作帮自己提高了25%的利润。❶

以上这几种方式属于一级价格歧视，也即所谓完全价格歧视。只有在互联网条件下依赖于大数据分析才可能实现。

三、大数据使完全价格歧视成为可能

第一，平台利用大数据能够以较低的成本，从广泛的来源监测到大量与消费者相关的数据，甚至达到比消费者自己都了解自己的程度，这在前互联网时代是难以想象的。通过了解每个消费者的消费能力和消费意愿，商家对每个消费者直接个性化定价成为可能。❷

第二，在传统上，套利可以对价格歧视产生抑制作用。在互联网环境下，

---

❶ 《利润提升25%：揭秘亚马逊"动态定价体系"》，载 https://baijiahao.baidu.com/s?id=1616624254321211179&wfr=spider&for=pc，访问时间：2020年4月10日。

❷ "公司对大数据分析的巨大力量极好地呼应了《圣经·诗篇》第139篇的开篇语：
耶和华啊，你已经鉴察我、认识我。
我坐下，我起来，你都晓得。你从远处知道我的意念。
我行路，我躺卧，你都细察。你也深知我一切所行的。
也许我们的意志是自由的，但是数据分析让企业变得像上帝一样全能全知。的确，有了大数据分析，有时，企业对我们未来的行为预测得比我们自己还要准确。"参见[美]伊恩·艾瑞斯：《大数据思维与决策》，宫相真译，人民邮电出版社2014年版，第33页。

每个用户在一个交易平台内有单独的账号，商家和平台很容易将商品和服务与特定的消费者绑定，点对点销售，通过绑定用户身份避免了套利。另外，互联网也便于商家实施一人一价和动态定价机制，如果用户不进行特意对比，很难察觉自己看到的价格与别人不同。

第三，互联网平台的锁定效应加强了其市场力量。用户从一个平台转换到另一个平台的时候，通常都要承受一定的转移成本。当转移的成本非常高时，用户就面临被锁定。

平台既可能自己实施价格歧视，比如，在平台自营时，或者在提供有偿或升级服务时，也可能根据商家的价格歧视行为提供技术方面的支持，协助商家进行歧视或诱导商家实施歧视。不管是哪一种行为，均构成价格歧视。

【延伸阅读】算法推荐与信息茧房。平台可以沉淀消费者的行为数据，包括搜索数据、购买数据、选择数据、浏览数据等，平台根据消费者的行为数据，可以分析并预测出消费者可能需要的商品，并向消费者推送。这就是平台满足消费者需求的原因。这种差别性的推送行为并非歧视，而是平台的优势，即能够满足个性化需求。

信息茧房概念是由哈佛大学法学院教授、奥巴马总统的法律顾问凯斯·桑斯坦在其2006年出版的著作《信息乌托邦——众人如何生产知识》中提出的。桑斯坦指出，在信息传播中，因公众自身的信息需求并非全方位的，公众只注意自己选择的东西和使自己愉悦的通信领域，久而久之，会将自身桎梏于像蚕茧一般的"茧房"中。你喜欢看什么算法就只给你推送什么。不过，也有观点认为，算法没有好恶，虽然能判断你的兴趣爱好，却无法判断你的观点和态度。因此会推荐正反两方的文章给你，避免偏听偏信。比起订阅和关注这类高度认同的信息来源，算法少了人工干涉，反而帮助你高效地接受多元化的信息。算法推荐不但不会导致"信息茧房"，反而会有助于人们打破"信息茧房"的基本缘由及其社会逻辑、产业逻辑和市场逻辑。一句话，将算法与

"信息茧房"简单画等号的做法真的可以休矣。❶

第七节 不正当竞争

一、遏制竞争对手

早在 2014 年，新浪微博在其平台上"封杀"微信公众号，凡是在微博上推广公众号的行为都会被封号。2018 年 5 月，微信封杀抖音制作的博物馆"戏精大赛"H5 页面，以"诱导分享"为名作删除处理。在抖音平台上，凡是有账号的文字或视频内容中出现"微信"字眼，都会被限流，减少系统推荐的次数，导致该条抖音视频从茫茫信息流中沉寂。❷ 平台之间矛盾的碰撞直接损害用户选择信息服务提供商的权利，也造成不良社会影响。❸

2017 年 4 月 19 日，微信团队发布公告称，受苹果公司新政影响，iOS 版本微信公众号的赞赏功能关闭。若微信继续支持打赏功能，则需要通过 App 内购买的方式，由苹果平台收取每笔 30% 的费用。苹果不只针对微信，今日头条、微博、知乎等都面临这样的要求，但以微信体量最大。这些矛盾是移动互联网主导权之争在平台之间擦枪走火的表现，苹果需要巩固其包括支付在内的生态，微信也需要拓展自己的系统，超级网络平台相互之间的遏制行为损害了用户权益。

---

❶ 喻国明：《算法与"信息茧房"间不应画等号》，载 http://baijiahao.baidu.com/s?id=1653103384352042253&wfr=spider&for=pc，访问时间：2019 年 12 月 19 日。

❷ 从用户规模看，新浪微博到 2018 年下半年月活跃用户超过 4.46 亿人，头部作者"大 V"数量超过 4.7 万人。今日头条成立于 2012 年 3 月，截至 2018 年 3 月，活跃用户数超过 2.7 亿人，"头条号"活跃账号超过 110 万个。2018 年，抖音短视频月活跃用户数超过 3 亿人，全球下载量超过 4580 万次，是苹果商店下载量最高的应用。从平台类型特点看，同为自媒体平台，微信公众平台、新浪微博、今日头条、抖音的产品存在差异性。新浪微博平台更偏向于社交工具的自媒体，今日头条平台偏向于算法分发的资讯类自媒体，抖音属于算法分发的短视频自媒体平台。

❸ 索煜祺：《基于系统公告的微信公众平台自治规则研究》，浙江传媒学院 2019 年硕士学位论文。

【案例解读】 北京搜狗信息服务有限公司、北京搜狗科技发展有限公司与北京奇虎科技有限公司、奇虎三六零软件（北京）有限公司不正当竞争纠纷案［（2015）陕民三终字第00059号］，搜狗科技公司、搜狗信息公司（下称"搜狗公司"）分别是搜狗浏览器软件的著作权人及运营者。奇虎科技公司、奇虎软件公司（下称"奇虎公司"）是360安全卫士、杀毒软件、安全浏览器软件的著作权人。搜狗公司发现，奇虎公司未经网络用户允许，自动将用户原有的搜狗浏览器的默认设置篡改为360安全浏览器的默认设置；同时搜狗公司在安装360安全卫士软件后，原默认搜狗浏览器变成了360安全浏览器。搜狗公司认为，奇虎公司的行为损害了搜狗公司的利益，故诉至法院，请求判令奇虎公司：立即停止不正当竞争行为；就其不正当竞争行为赔礼道歉，消除影响；赔偿损失4550万元。奇虎公司辩称其行为不属于不正当竞争，请求驳回搜狗公司的诉讼请求。

二审法院认为，奇虎科技公司、奇虎软件公司违背用户意图，在用户设置搜狗浏览器为默认浏览器时，违背用户意愿，强行将360安全浏览器篡改为默认浏览器，其行为明显违反了互联网领域的诚实信用原则和公认的商业道德。

二、不当干扰行为

在腾讯科技（深圳）有限公司与北京搜狗科技发展有限公司、北京搜狗信息服务有限公司不正当竞争纠纷案中，被告的搜狗拼音输入法采用定时和不定时弹出"搜狗输入法管理器—输入法修复"窗口的方式，引导用户在"修复"输入法时删除QQ拼音输入法在语言栏的快捷方式，造成用户无法再行选择使用QQ拼音输入法。这一行为最终被法院认为构成不正当竞争。该项规定针对的是不当干扰其他经营者合法的互联网经营行为。

北京市海淀区人民法院民五庭审结北京奇虎科技有限公司诉北京金山安全软件有限公司不正当竞争纠纷案，判决金山公司在www.360.cn和www.ijinshan.com网站首页刊登声明，为奇虎公司消除影响，并赔偿奇虎公司经济损失10万元等。奇虎公司为360杀毒软件著作权人，金山公司为新毒霸软件开发者、经营者。2012年11月起，用户在安装360杀毒软件后再安装新毒霸软件，新毒霸软件会弹出提示框，通过文字、链接、图片等内容表明新毒霸软件具有可兼容性，360杀毒软件长期存在诱导用户卸载等恶意行为，并引导用户卸载360杀毒软件。虽然该提示框也设置有"保留360杀毒"选项，但以颜色较暗的描述性文字进行表现。奇虎公司认为金山公司的上述行为实际是诱导用户卸载360杀毒软件，诋毁360产品及其公司声誉，实质构成不正当竞争。金山公司辩称涉案弹窗提示框中内容均属实，不存在不正当竞争。法院经审理认为，金山公司在新毒霸软件中设置涉案提示框，即使其中的相关内容属实，也已经超出了因不兼容或其他必要原因向用户提供保留或卸载他人软件的客观、适当提示的范围，金山公司在诉讼中表示链接指向的网站与其无关，但无法解释为何将与其无关的链接设置在其开发经营的新毒霸软件提示框中。提示框相关文字、图片等内容带有明显的诱导用户卸载360杀毒软件的主观倾向，会对用户产生误导。因此法院认定金山公司通过弹窗方式诱导用户卸载360杀毒软件，并在弹窗中设置与360杀毒软件无关的链接，违反了经营者应当遵循的相关基本原则，违背了公认的商业道德，对奇虎公司构成不正当竞争，并据此作出上述判决。

三、非法获取、使用他人的信息资源

在北京百度网讯科技有限公司与上海汉涛信息咨询有限公司其他不正当竞争纠纷案［（2015）浦民三（知）初字第528号、（2016）沪73民终242号］中，一审法院认为，网站通过Robots协议可以告诉搜索引擎哪些内容可以抓取，哪些内容不能抓取。由于Robots协议是互联网行业普遍遵守的规则，故搜索引擎违反Robots协议抓取网站的内容，可能会被认定为违背公认的商业道德，从而构成不正当竞争。但并不能因此认为，搜索引擎只要遵守Robots协议就一定不构成不正当竞争。Robots协议只涉及搜索引擎抓取网站信息的行为是否符合公认的行业准则的问题，不能解决搜索引擎抓取网站信息后的使用行为是否合法的问题。百度公司的搜索引擎抓取涉案信息并不违反Robots协议，但这并不意味着百度公司可以任意使用上述信息，百度公司应当本着诚实信用的原则和公认的商业道德，合理控制来源于其他网站信息的使用范围和方

式。百度公司拥有强大的技术能力及领先的市场地位，若不对百度公司使用其他网站信息的方式依法进行合理规制，其完全可以凭借技术优势和市场地位，以极低的成本攫取其他网站的成果，达到排挤竞争对手的目的。

二审法院认为，大众点评网上用户评论信息是汉涛公司付出大量资源所获取的，且具有很高的经济价值，这些信息是汉涛公司的劳动成果。百度公司未经汉涛公司的许可，在其百度地图和百度知道产品中进行大量使用，这种行为本质上属于"未经许可使用他人劳动成果"。当某一劳动成果不属于法定权利时，对于未经许可使用或利用他人劳动成果的行为，不能当然地认定为构成反不正当竞争法意义上的"搭便车"和"不劳而获"，这是因为"模仿自由"，以及使用或利用不受法定权利保护的信息是基本的公共政策，也是一切技术和商业模式创新的基础，否则在事实上设定了一个"劳动成果权"。但是，随着信息技术产业和互联网产业的发展，尤其是在"大数据"时代的背景下，信息所具有的价值超越以往任何时期，越来越多的市场主体投入巨资收集、整理和挖掘信息，如果不加节制地允许市场主体任意地使用或利用他人通过巨大投入所获得的信息，将不利于鼓励商业投入、产业创新和诚信经营，最终损害健康的竞争机制。因此，市场主体使用他人所获取的信息时，仍然要遵循公认的商业道德，在相对合理的范围内使用。

在深圳腾讯计算机系统有限公司与北京优朋普乐科技有限公司侵害作品信息网络传播权案［（2017）京0102民初29427号］中，一审法院认为，近年来互联网电视行业发展迅速，互联网电视主要特点是用户通过网络机顶盒连接互联网登录提供者的网站专区点播看电影、电视剧，各类所谓"影院""专区"等网站是互联网电视用户点播电影、电视剧的主要来源，互联网电视用户主要关注网站内的节目质量和数量，因此吸引更多的互联网电视用户是互联网电视行业的盈利手段。随着互联网电视愈加普及，用户对点播节目尤其是社会关注度高的各大卫视热播的电影、电视剧需求愈加旺盛。被告优朋普乐公司在知晓《大唐荣耀》在北京卫视、安徽卫视及"腾讯视频"网站热播且社会关注度高的情况后，为了吸引更多的互联网电视用户，在首播后很短的时间内将该剧上传至"朋友影院"等网站供互联网电视用户点播，并采取与首播节目相同的每天更新的形式，直至将全部 60 集播放完毕。互联网电视较之传统的视频网站不同在于用户硬件环境要求较低且便于操作，而且感官效果好于传统的视频网站播放效果，是社会公众收听收看视频节目的重要媒介和平台。原告腾讯公司为了在"腾讯视频"网站独家播放《大唐荣耀》支付了高昂的许可费，而被告优朋普乐公司占据互联网电视的行业优势，没有支付任何许可费就擅自为互联网电视用户提供《大唐荣耀》的点播服务，客观上严重分流了通过"腾讯视频"网站观看《大唐荣耀》的用户数量，也严重削减了《大唐荣耀》能够为原告腾讯公司带来的预期市场收益，为原告腾讯公司带来严重的经济损失。此外，如果互联网电视经营者为了赚取利益提供侵权的节目资源，既不利于互联网电视行业健康发展，也不利于培养用户通过合法方式点播合法节目的法律意识。

【案例解读 1】新浪微博诉脉脉大数据引发不正当竞争第一案，[1]是我国首例大数据不正当竞争纠纷案。脉脉是一款社交软件，通过分析用户的新浪微博和通讯录数据，帮助用户发现新的朋友，并可以帮助他们建立联系。2013 年 9 月 11 日至 2014 年 8 月 15 日，脉脉曾经获得新浪微博授权，用户可通过微博账户注册脉脉，同时脉脉可获得微博用户的部分信息。但是，在合作期间，脉脉在没有得到微博授权，在未经未注册用户许可的情况下，将脉脉用户手机通讯录里的联系人与新浪微博用户对应，并展示在脉脉用户"一度人脉"中。而且，在合作终止后，仍继续使用这些信息。

作为验证，2014 年 11 月 25 日，用户赵某使用新购买的三星手机下载安装脉脉软件，用自己的手机号登录脉脉软件，上传手机联系人后，发现"一度人脉"中，默认的"公司"名录下出现了"奇虎 360"一项，里面有自己的通讯录联系人"李某某"，同时显示有头像、影响力指数、手机号，个人标签"360 安全卫士""80 后""IT 数码"等。同时出现的还有"中信证券"下的"黄某某""豆瓣"的"王某某"及"美中宜和妇儿医院"的"许某"。

[1] 佘颖：《大数据引发不正当竞争第一案》，载 http://news.sina.com.cn/sf/news/ajjj/2017-02-08/doc-ifyafenm3035943.shtml，访问时间：2019 年 12 月 24 日。

经过核实，这4人的头像与他们的新浪微博头像一样，但他们并未注册过脉脉，而且王某某的职业与微博所写的"豆瓣算法工程师"一致。这一切，仅仅是因为他们共同的朋友赵某通过脉脉上传了他们的手机号。

这种做法并非行业惯例。例如，微信能够展示手机通讯录中的其他微信用户，但如果该手机号码并未注册微信，就不会展示，更不会展示该联系人在微博、淘宝等其他软件上的相关信息。因此，一审法院认为，根据合同相对性原则，脉脉与用户之间的协议仅能约束脉脉用户与淘友科技公司，对非脉脉用户不发生法律效力，淘友技术公司、淘友科技公司不能据此收集与脉脉用户有联系的非脉脉用户信息。

脉脉的另一违法行为是，未经新浪微博平台许可调用脉脉用户和非脉脉用户在微博填写的教育和职业信息。在脉脉与新浪微博的《开发者协议》中明确规定，脉脉通过新浪微博获取的用户信息不包括用户教育信息、职业信息和手机号。但在注册时，脉脉用户都必须跟脉脉签订《软件服务协议》，同意"用户通过新浪微博账号、QQ账号等第三方平台账号注册、登录、使用脉脉服务的，将被视为用户完全了解、同意并接受淘友公司已包括但不限于以收集、统计、分析等方式使用其在新浪微博、QQ等第三方平台上填写、登记、公布、记录的全部相关信息"。

在审理过程中出现的一个小插曲能回答这个问题。当时，曾作为淘友技术公司、淘友科技公司员工的证人表示，自己同意向脉脉软件授权好友关系，但他也无法准确区分脉脉用户与非脉脉用户。法院认为这代表了用户接受应用软件格式合同时的普遍状态，即用户授权行为具有一定的随意性，不能以此作为非脉脉用户的授权行为。作为平台，新浪微博通过Open API接口协议来规范第三方的抓取行为，并禁止第三方平台通过爬虫等抓取新浪微博用户信息。

法院认为，网络平台提供方可以就他人未经许可擅自使用其经过用户同意收集并使用的用户数据信息主张权利。换句话解释就是，即使用户同意了某些软件收集自己在微博、天猫、QQ等网络平台上的信息，但没有得到平台的许可，微博、天猫、QQ也可以对这部分数据主张权利，授权或禁止软件方使用。

该案最大的意义就是确立了第三方软件获取信息的三重授权原则，开发者通过 Open API 获得用户信息时必须遵循"用户授权+平台授权+用户授权"的原则，即用户同意平台向第三方提供信息，平台授权第三方获取信息，用户再次授权第三方使用信息，而且用户的同意必须是具体的、清晰的，是用户在充分知情的前提下自由作出的决定。

【延伸阅读】网络爬虫（又称网页蜘蛛，web crawler），是一种按照一定的规则，自动地抓取万维网信息的程序或者脚本。另外一些不常使用的名字还有蚂蚁、自动索引、模拟程序或者蠕虫，被广泛地应用于互联网搜索引擎。爬虫是对人类网页访问行为的模仿，网页中除了供用户阅读的文字信息之外，还包含一些超链接，网络爬虫系统正是通过网页中的超链接信息不断获得网络上的其他页面。据说互联网上 50% 以上的流量都是爬虫创造的，可以说无爬虫就无互联网的繁荣。

网络爬虫领域目前还属于拓荒阶段，互联网世界已经通过自己的游戏规则建立起一定的道德规范，即机器人协议（robots 协议），全称是"网络爬虫排除标准"。根据中国互联网协会《互联网搜索引擎服务自律公约》第 7 条的定义，robots 协议是指互联网网站所有者使用 robots.txt 文件，向网络机器人（Web robots）给出网站指令的协议。具体而言，robots 协议是网站所有者通过位于网站根目录下的文本文件 robots.txt，提示网络机器人哪些网页不应被抓取，哪些网页可以抓取。比如，可以屏蔽一些网站中比较大的文件，如图片、音乐、视频等，节省服务器带宽；可以屏蔽站点的一些死链接。方便搜索引擎抓取网站内容；设置网站地图连接，方便引导蜘蛛爬取页面。robots 协议并不是一个法律规范，而只是约定俗成的规则。此外，网络爬虫还需要遵守以下一些规则。

第一，爬虫不能涉及个人隐私。如果爬虫程序采集到公民的姓名、身份证件号码、联系方式、住址、账号密码、财产状况、行踪轨迹等个人信息，并将之用于非法途径的，肯定构成非法获取公民个人信息的违法行为。

第二，爬虫程序规避网站经营者设置的反爬虫措施或者破解服务器防抓取措施，非法获取相关信息，情节严重的，有可能构成"非法获取计算机信息系统数据罪"。

第三，不能造成对方服务器瘫痪。大规模爬虫导致对方服务器瘫痪，这等于网络攻击，干扰被访问的网站或系统正常运营。后果严重的，触犯刑法，构成"破坏计算机信息系统罪"。

第四，不能非法获利。恶意利用爬虫技术抓取数据，攫取不正当竞争优势，甚至是牟取不法利益的，则可能触犯法律。例如，把大众点评上的所有公开信息都抓取下来，自己复制一个一模一样的网站，并且还通过这个网站获取大量的利润，构成不正当竞争。

第五，访问数量控制。2019年5月28日国家网信办发布的《数据安全管理办法（征求意见稿）》规定：此类行为严重影响网站运行，如自动化访问收集流量超过网站日均流量1/3，网站要求停止自动化访问收集时，应当停止。

第六，不得侵犯他人的知识产权。网络上的文章、图片、用户评论，甚至网站自身的数据库，都有可能成为作品，具有著作权。如果进行复制或破坏其技术措施，就可能侵犯他人著作权。另外，爬虫非法获取的信息，有可能构成商业秘密。

总之，爬取数据时，严格禁止侵入系统内部，避免获取个人信息、版权作品、商业秘密，不得干扰他人软件、网站的正常运行；爬取数据后，严格限定数据运用场景，避免不劳而获。

【案例解读2】 在深圳市腾讯计算机系统有限公司与杭州快忆科技有限公司不正当竞争纠纷案件中（杭州铁路运输法院民事裁定书2019浙8601民初2435号之二），法院认为，根据robots协议以及《微信公众平台服务协议》等证据可知，微信公众平台首页链接https：//mp.weixin.qq.com/robots.txt设置有明确的反爬虫协议，通过语句明确限制外部爬虫的访问，且《微信公众平台服务协议》公示提出未经腾讯书面许可不得自行或授权、允许协助任何第三人对信息内容进行非法获取。根据在案证据，被申请人提供用于爬取微信公众平台各类数据的产品和服务，包括"微信公众号文章信息API""微信订阅号和最新文章API""腾讯滚动新闻API""辖区内按省市微信公众号及其企业认证信息数据"，该行为令两申请人承担了额外的平台运行成本，干扰微信公众平台正常运行、破坏微信公众平台健康生态秩序的可能性大，其行为构成不正当竞争的可能性较高，因而裁定立即停止擅自爬取微信公众号相关数据行为，据说此为国内首例爬虫禁令。

四、恶意不兼容行为

不兼容行为是否构成不正当竞争？关键还是看行为人是否具有恶意。这种恶意可以体现为是否具有特别的针对性，是否具有可修复性等方面。在北京奇虎科技有限公司、奇智软件（北京）有限公司与北京金山安全软件有限公司、珠海金山软件有限公司不正当竞争纠纷案〔（2011）一中民初字第136号〕中，两原告主张北京金山公司违反《反不正当竞争法》第2条的行为主要在于：金山网盾阻止360安全卫士运行、妨碍360安全卫士实现拦截恶意网站和提示木马警告的功能。

一审法院认为，随着互联网的出现，计算机行业发展迅速，不同经营者推出的软件出现运行冲突的情况很难避免。对于经营者恶意造成的他人软件因软件冲突无法运行的行为，应当被法律所否定和禁止。对于经营者并非恶意造成的软件冲突，尤其是在经营者发现后于合理时间内采取措施解决了软件冲突的情况下，因为该经营者并不具有主观上的恶意，其行为不应认定为不正当竞争行为。在该案中，相关涉案版本的金山网盾虽与两原告的360安全卫士发生了软件冲突，但被告在发现后主动并及时地采取了补救措施，其行为证明其主观并不存在恶意，没有违反诚信原则，故不构成不正当竞争。

关于两原告主张金山网盾妨碍360安全卫士实现拦截恶意网站和提示木马警告的功能，法院认为，首先，两被告主张用户极少同时安装两款不同的安全软件，故而金山网盾没有必要针对360安全卫士进行特殊的软件设置，进而达到不正当竞争的目的，该主张存在一定的合理性；其次，金山网盾出于保护主页不被修改而拒绝其他软件获取网页地址的目的，以至于360安全卫士没能实现拦截恶意网站功能的抗辩理由是成立的。每一款安全软件为了实现其目的的设计原理都是不同的，这就造成了同时运行多款安全软件时因为各个安全软件设计原理的不同而发生冲突的可能，此时如果相关经营者主观上没有恶意，则法律不应认定相关行为构成不正当竞争。同理，两原告主张金山网盾妨碍360安全卫士实现提示木马警告的功能的主张亦不能成立。况且，两原告亦无法说明公证书中记载的关闭进程防火墙的行为是否会对运行结果产生影响，其用以证明金山网盾妨碍360安全卫士实现提示木马警告的功能的证据尚存瑕疵，难以支持其主张。两原告声称的如不关闭进程防火墙就无法同时安装360安全卫士和金山网盾的主张，反而印证了两被告提出的案发时如不进行特殊技术操作，360安全卫士和金山网盾就无法同时安装，故而金山网盾不可能故意针对360安全卫士进行不正当竞争。

本书认为，软件之间的不兼容行为必然损害一方的经济利益，给一方造成纯粹经济损失。在民法上，因造成纯粹经济损失构成侵权的，需要以主观故意为前提条件，也即上文中的所谓"恶意"。

五、非法嵌入他人系统的行为

非法嵌入他人系统，往往采用外挂的形式，干扰了他人软件的正常运行，甚至修改了他人软件的运行代码，可能侵犯著作权。另外，非法嵌入他人系统的目的也在于利用他人的商业资源，不劳而获，非法获取客户资源，构成不正当竞争，是侵权行为和不正当竞争行为的竞合。

在深圳市腾讯计算机系统有限公司诉北京掌中无限信息技术有限公司侵犯计算机软件著作权、财产权及不正当竞争纠纷案［（2006）一中民初字第8569号］中，一审法院认为，掌中无限信息技术有限公司未经许可，在其研制开发的PICA软件中，嵌入了原告QQ系统的通信协议，建议并开通了与原告移动QQ系统的通信功能，使得非注册移动用户即可便捷地进入原告的系统，无偿地享受原告提供的有偿服务。被告非法嵌入原告系统的行为，直接削弱和减少了原告具有的市场份额，影响了原告在即时通信领域的竞争能力，给原告造成一定的经济损失，具有明显主观过错，其行为违反了我国《反不正当竞争法》中的诚实信用原则，对原告构成不正当竞争。

在上海蔚蓝计算机有限公司与深圳市腾讯计算机系统有限公司不正当竞争纠纷案［（2010）沪高民三（知）终字第16号］中，二审法院认为，蔚蓝公司的行为一方面使普通 QQ 用户无偿享有了作为收费服务的移动 QQ 用户才能享受的服务，致使腾讯公司不能取得就移动 QQ 用户的有偿服务项目应收取的费用，另一方面也影响了腾讯公司已经建立起来的移动 QQ 用户群市场，导致腾讯公司对移动 QQ 用户提供的有偿服务市场份额的下降，以及潜在用户的流失，损害了腾讯公司的利益。

在彩虹 QQ 案件中，彩虹显 IP 软件的主要功能在于改变腾讯 QQ 软件用户上线时具有的隐身功能（简称"显隐身"）和显示在线好友的 IP 地址及地理位置（简称"显 IP"）。该彩虹显 IP 软件无法独立运行，必须"依附"于腾讯 QQ 软件运行，其主要通过修改 QQ 软件的 19 处目标程序指令，实现"显 IP""显隐身"功能。一审法院认为，彩虹显 IP 软件利用 QQ 软件运行时需调用一个系统软件的运行机理，将一同名文件置于后者安装目录下，在后者运行时调用与系统文件同名但内容不同的文件，这会导致后者 19 处目标程序发生改变，实现与其建立链接、形成依附、改变后者原有隐身、隐 IP 等功能；彩虹显 IP 软件改变了 QQ 软件目标程序中必备的相关代码、指令及其顺序，导致 QQ 软件的部分功能缺失或发生变化，构成对软件目标程序的修改，侵犯了腾讯 QQ 软件作品著作权的修改权。二审法院认为，虹连公司、我要网络开发彩虹显 IP 软件并将其寄生于腾讯 QQ 软件，分享了腾讯公司经过长期经营而拥有的用户资源，有可能导致该部分客户弃用腾讯 QQ 软件。另外，基于双方之间的同业竞争关系，虹连公司、我要网络的行为同时违反了诚实信用原则，构成不正当竞争。

在乐视浏览器更改 UA 不正当竞争纠纷案中，合一公司经营优酷网，发现乐视公司经营的乐视盒子中的乐视浏览器点播优酷网免费视频时，屏蔽了优酷网的贴片广告，有意针对优酷网更改浏览器 UA 设置并使用乐视播放器覆盖优酷播放器，构成了不正当竞争。乐视公司则表示，由于优酷网针对不同端口有不同的广告规则，对 iPhone 端浏览器不提供视频广告，用户体验和资源较好，所以，安卓系统的乐视浏览器访问优酷网时，乐视公司将浏览器 UA（User-Agent）设置为 iPhone 端标识。法院一审判决，判令乐视公司不得更改乐视浏览器 UA 设置、链接优酷网 iPhone 端并赔偿合一公司 20 万元。一审宣判后，乐视公司提起上诉,二审经审理后维持原判。

六、不必要干扰他人软件

最小特权原则是系统安全中最基本的原则之一。所谓最小特权(Least Privilege),指的是"在完成某种操作时所赋予网络中每个主体(用户或进程)必不可少的特权",即限定网络中每个主体所必需的最小特权,确保可能由于事故、错误、网络部件的篡改等原因造成的损失最小。

在百度公司起诉奇虎360插标及流量劫持不正当竞争再审案件,在最高人民法院组织的再审听证程序中,百度公司提交了中国工程院院士倪光南等几位院士的专家意见,意见的一部分表述为"安全软件对计算机系统拥有较高的操作权限,根据业界惯例,此类软件在实现安全防护功能时,一般不利用其操作权限的优势,进行并非实现其功能所必需的操作"。随后最高人民法院在(2014)民三申字第873号民事裁定书中进一步认定"本案中,奇虎公司在未经允许的情况下对百度搜索结果进行干扰,其应当证明其行为具有必要性和合理性。奇虎公司所称安全软件的独特功能,以及互联网安全环境的复杂等原因,仅仅能证明用户需要安全软件以保护其上网安全,却不足以证明其在搜索引擎特定搜索结果中添加安全警示的必要性和合理性。搜索结果中可能存在含有有害信息的网站这一事实,也不能当然成为安全软件以插标方式干扰他人搜索引擎服务的合理理由。安全软件在计算机系统中拥有优先权限,其应当审慎运用这种'特权',对用户以及其他服务提供者的干预行为应当以'实现其功能所必需'为前提,即专家所称的'最小特权'原则"。

最小特权原则一方面给予主体"必不可少"的特权,这就保证了所有的主体都能在所赋予的特权之下完成所需要完成的任务或操作;另一方面,它只给予主体"必不可少"的特权,这就限制了每个主体所能进行的操作。

北京市高级人民法院于2015年6月审结的搜狗公司诉奇虎公司利用360安全卫士对搜狗浏览器安装和默认设置进行阻拦构成不正当竞争案件〔(2015)高民(知)终字第1071号〕民事判决书中,也明确提出"竞争行为正当与否的判断,应当结合相关市场的实际状况加以认定,并且应当根据市场发展的实际，采取与时俱进的态度予以动态把握。随着网络技术和计算机技术的不断发展，安全软件功能已由传统的单纯对病毒、木马等对计算机有危害的程序代码进行监控、查找、防御、清除等基本的网络安全防护功能，发展到同时具备辅助用户对计算机软件进行管理、提升用户体验的软件辅助管理功能。因此，即使未对计算机的安全使用产生根本影响，对于出现影响计算机软件默认设置等重要事项的情形，从保护用户知情权和选择权的角度出发，安全软件进行合理的提示和必要的干预是符合安全软件自身性质的正当行为，应当将此种行为认定为安全软件正常功能的发挥。但是，安全软件这种正常功能的发挥，应当采取必要而合理的形式加以实现，应当符合诚实信用原则和互联网行业公认的商业道德的基本要求，尤其是由于安全软件在计算机系统中拥有优先权限，用户对安全软件的任何提示行为较之其他软件的类似行为都更容易引起用户的注意，安全软件的建议内容或者默认选项也更容易引起用户的注意，安全软件的建议内容或者默认选项也更容易得到用户的采纳，因此，安全软件不仅应当遵循'最小特权'原则，在对其他计算机软件进行干预时也更应当以客观、中立的方式加以实施，否则就有可能造成其他软件用户数量的流失，损害其他软件经营者的合法权益。安全软件超出合理限度而实施的干预其他软件运行并给其他软件经营者造成损害的行为，应当依法认定为其构成不正当竞争行为"。这是迄今为止发生法律效力的判决首次对"最小特权"原则作出较为完整的阐述。

  从以上判决可以看出：在计算机系统中，安全软件拥有优先权限，也正因为如此，安全软件在运行时才更应该秉承良善，保持客观、中立，仅发挥与安全事务有关的正常功能。基于安全因素，在某些特定的情形下，安全软件可以进行风险提示和必要的干预，但这种提示和干预应当具有必要性和合理性。不是为了公益实施干扰都是必要的，即使为公益，干扰也不能在任何情况下实施。为公益实施干扰只能是唯一的选择。需要注意的是干扰只能是唯一的，如果有别的选择路径且经济可行，那么干扰也不应该实施。这些也都体现了最小特权原则。

【延伸阅读】司法实践中的商业道德怎么认定？2013年，最高人民法院在奇虎公司与腾讯公司不正当竞争纠纷案中指出："相关行业协会或者自律组织为规范特定领域的竞争行为和维护竞争秩序，有时会结合其行业特点和竞争需求，在总结归纳其行业内竞争现象的基础上，以自律公约等形式制定行业内的从业规范，以约束行业内的企业行为或者为其提供行为指引。这些行业性规范常常反映和体现了行业内的公认商业道德和行为标准，可以成为人民法院发现和认定行业惯常行为标准和公认商业道德的重要渊源之一。该自律公约系互联网协会部分会员提出草案，并得到包括本案当事人在内的互联网企业广泛签署，该事实在某种程度上说明了该自律公约确实具有正当性并为业内所公认，其相关内容也反映了互联网行业市场竞争的实际和正当竞争需求。人民法院在判断其相关内容合法、公正和客观的基础上，将其作为认定互联网行业惯常行为标准和公认商业道德的参考依据，并无不当。"

如果业内没有较为权威的公约或类似文本，法院有时会从一般道德原则出发，结合行业具体情况，总结出特定的商业道德。例如，2013年，北京市高级人民法院在百度公司诉奇虎公司侵害商标权及不正当竞争纠纷案中提出了"非公益必要不干扰原则"："虽然确实出于保护网络用户等社会公众的利益的需要，网络服务经营者在特定情况下不经网络用户知情并主动选择以及其他互联网产品或服务提供者同意，也可干扰他人互联网产品或服务的运行，但是，应当确保干扰手段的必要性和合理性。否则，应当认定其违反了自愿、平等、公平、诚实信用和公共利益优先原则，违反了互联网产品或服务竞争应当遵守的基本商业道德，由此损害其他经营者合法权益，扰乱社会经济秩序，应当承担相应的法律责任。"

由此，法院对商业道德的总结实际上是一种广泛的利益衡量，只是顶着一个商业道德的名义而言。

【案例解读】2010年10月29日，奇虎360在自己的官方网站上发表了《360推"扣扣保镖"：保护隐私让QQ安全快速更好用》的文章，该文诋毁"QQ偷窥用户的隐私"，进而该文说明"360扣扣保镖提供了阻止QQ查看用户隐私文件的功能，开启这个隐私功能后，就能自动阻止QQ聊天程序对电脑硬盘隐私文件的强制扫描查看",该文发表后一时间使得广大QQ用户陷入恐慌。2010年11月1日,奇虎360通过360官方网站和360其他软件推广,通过其他网站(新浪网、太平洋网、华军网、ZOL)发布了扣扣保镖,仅仅72小时用户量就突破千万,根据网易的报道显示当时扣扣保镖用户已经突破2000万人。

一旦QQ用户安装扣扣保镖,无须进行任何操作,扣扣保镖就会自动对QQ进行体检,且运用打分机制给QQ仅评出4分分值,并且警示用户"QQ存在严重的健康问题",另外警示用户"QQ存在3个危险项目",分别是:(1)用户电脑没有安装360安全卫士;(2)升级QQ安全中心;(3)阻止QQ扫描我的文件,并警示用户有31个项目需要进行优化等。由于个人隐私和网络安全是社会大众非常关心的敏感性问题,而奇虎360正好利用这两个点,对QQ进行诋毁和攻击,奇虎360通过发布虚构言论将QQ描绘成会偷窥、泄露用户个人隐私的软件,QQ存在严重的健康问题等。在以上虚伪事实的恐吓之下,奇虎360趁机利用扣扣保镖诱导用户点击扣扣保镖上的"一键修复"对QQ的增值服务和应用入口插件、广告和新闻资讯服务项目进行删除、屏蔽。经过一键修复,扣扣保镖通过"帮QQ加速"功能将QQ的11个增值服务功能予以禁用,另外诱导用户将QQ的20个增值功能以手动方式进行禁用。

2012年4月14日,腾讯以奇虎360利用"扣扣保镖"破坏QQ软件安全性、完整性,且虚构事实诋毁QQ商品声誉、腾讯商业信誉等构成不正当竞争为由,向广东省高级人民法院提起民事诉讼,同时请求判赔1.5亿元。2013年3月28日,广东省高级人民法院依法作出一审判决,认定奇虎360利用"扣扣保镖"破坏了QQ软件的安全性、完整性,且使用虚构事实诋毁了QQ商品声誉和腾讯的商业信誉,进而依据《反不正当竞争法》第2条和第14条等规定认定奇虎360的上述行为构成不正当竞争。

本书认为,该案的关键在于:第一,奇虎360使用"扣扣保镖"具有直接的针对性,即针对QQ,主观上的故意非常明显;第二,扣扣保镖对QQ进行体检,提醒QQ存在严重问题,将QQ的安全中心和安全扫描功能描述为"危险项目",还将QQ平台上的广告、资讯及插件功能均提示为问题项目,

"建议立即修复"，直接损害了QQ平台的收费模式；第三，在用户点击"一键修复"，产生了过滤、屏蔽广告和插件，并禁用QQ安全中心功能和安全扫描功能之后，体检得分就达到100分。这些行为损害了QQ软件的正常运行。

第八节 垄断行为

一、平台垄断概述

在反垄断法上，垄断是指排除、限制竞争以及可能排除、限制竞争的行为。其目的是获取高额垄断利润。垄断最大的坏处在于：阻碍创新，损害市场效率，从而损害社会公共利益。反垄断法所规制的垄断行为主要包括三种：(1) 经营者达成垄断协议；(2) 经营者滥用市场支配地位；(3) 具有或者可能具有排除、限制竞争效果的经营者集中。

通常人们判断垄断行为是否存在，一个重要的前提是衡量个别或少数企业的市场份额。如果以此来衡量的话，平台垄断现象可能会比较严重，2017年在我国B2C网络零售市场中，占据首位的天猫的市场份额为52.73%，排名第二的京东的市场份额为32.5%，第三名唯品会的市场份额就已经降到3.25%，其余均不足论。在网约车市场中，2017年度滴滴平台的活跃用户数占据了所有网约车平台活跃用户数的63%，而排名第二、第三的首汽约车和神州专车的份额则分别只有8.5%和7.2%。

2017年《中国超级电商平台竞争与垄断研究报告》指出，阿里巴巴不规范竞争行为不断增加，甚至升级涉嫌垄断。回顾阿里巴巴不规范竞争历程，按照阶段特征可分为"沉默期""成长期""爆发期"和"升级期"。报告将阿里巴巴不规范竞争行为的升级态势归纳为四点：一是不规范竞争行为多样化；二是不规范竞争隐蔽性增强；三是不规范竞争野心倍增，着手把控数据、媒体等社会资源；四是不规范竞争行为升级为垄断。报告指出，作为超级网络平台，阿里巴巴的垄断行为危害巨大，包括：腐蚀行业生态健康；扼杀行业创

新；独占新经济的福利，甚至影响国家政治经济安全。❶

2018年6月初，市场监管总局等部门印发《2018网络市场监管专项行动（网剑行动）方案》，提出"从严处罚限制、排斥平台内的网络集中促销经营者参与其他第三方交易平台组织的促销活动等行为"。

2019年1月1日起实施的《电子商务法》第22条规定，电子商务经营者因其技术优势、用户数量、对相关行业的控制能力以及其他经营者对该电子商务经营者在交易上的依赖程度等因素而具有市场支配地位的，不得滥用市场支配地位，排除、限制竞争。

在平台之间的竞争中，还存在着马太效应（Matthew Effect）❷，即强者愈强、弱者愈弱的现象，反映在社会领域就是两极分化，富的更富，穷的更穷。在平台经济商业模式下，竞争的结果往往是赢家通吃，处于主导地位的平台几乎占领整个市场，具有获得超额垄断利润的市场实力；而规模小的厂商很难与大平台争夺消费者，难以在激烈的竞争中脱颖而出，因此出现"马太效应"。

【延伸阅读】 市场份额计算具有一定的主观随意性，关键在于计算市场份额的行业或区域标准是什么。比如，对于谷歌而言，如果以搜索引擎市场计算，到2014年5月，谷歌占有68%的市场；如果以广告市场计算，假设谷歌刚开始是一家广告公司，那情形就不同了。美国搜索引擎广告市场的规模是每年170亿美元，网络广告是每年370亿美元。整个美国广告市场是1500亿美元，而全球达到4950亿美元。所以即使谷歌完全垄断了美国搜索引擎广告市场，也只占全球的34%。从这个角度来说，谷歌只是这场竞技赛中一名不起眼的小卒。如果我们把谷歌定位为多元科技公司会怎么样呢？这个假定很合理，因为除了搜索引擎，谷歌还做其他十几款不同的软件产品，比如自动驾驶汽车、安卓手机、可穿戴装置。但是95%的收益仍来自搜索引擎广告；其他产品

---

❶ 《中国超级电商平台竞争与垄断研究报告》，载http://chinalabs.blogchina.com/750737442.html，访问时间：2020年2月16日。

❷ 马太效应最早的描述源于《圣经·马太福音》，即"凡有的，还要加给他，叫他有余；而没有的，连他所有的也要夺过来"。

的收益在 2012 年只达到 235 亿美元，而且针对科技消费者的产品的收益只占了其中一小部分。全球科技类消费品市场的规模达到 9640 亿美元，谷歌只占不到 0.24%，与垄断简直相差了十万八千里。谷歌把自己定位成一家科技公司，可以躲开注意力，省去麻烦。参见［美］彼得·蒂尔、布莱克·马斯特斯：《从 0 到 1：开启商业与未来的秘密》，高玉芳译，中信出版社 2015 年版，第 33—34 页。

二、平台垄断的限度

以下几个因素限制了平台巨头可能的垄断行为。❶

第一，多归属（multi-homing）的存在让占据了高份额的平台难以为所欲为。与平台进行交易时则不同，消费者可能是多归属的，他们可能同时在多个平台进行交易。例如，一个消费者可能既是淘宝用户，也是京东用户。多归属性质的存在，导致平台在选择竞争行为时会有很多顾虑，不敢胡作非为。

第二，跨边网络外部性带给平台野蛮生长的动力，能让平台在短时期内迅速膨胀。但反过来，如果平台由于经营不善而流失客户，那么类似的"回振效应"也会产生，其后果将是雪崩式的。21 世纪初，eBay 是中国最大的 C2C 平台。2004 年时，eBay 的市场份额为 72.4%，淘宝当时的市场份额只有 7.8%。eBay 连续犯了许多错误，先是试行收费，后拒绝把电子支付系统移植到中国。在这种背景下，商家和消费者开始转而投向淘宝。到 2005 年年底，eBay 的市场份额已经降至 36.4%，而阿里的市场份额则上升到 58.6%。不久之后，eBay 退出中国，阿里的版图也随之奠定。

第三，跨界竞争的普遍存在，导致平台之间竞争的空前激烈。平台往往利用其在一个市场上的优势去参与另一个市场的竞争。如滴滴在并购了优步之后，一度在网约车市场上占据九成以上的市场份额。美团这家做网上订餐起家的企业却高调宣布进军网约车市场，并迅速在多个城市与滴滴展开对峙。而作为回应，滴滴也开始组建团队，准备试水外卖业务。

---

❶ 陈永伟：《如何面对"平台垄断"》，载 http://m.eeo.com.cn/2018/08/0/334461.shtml，访问时间：2019 年 12 月 17 日。限于篇幅，本书在引用时进行删减。

第四，技术的迅速迭代令"熊彼特式创新"频繁发生，这令平台即使占有了高市场份额也难以长期保持市场力量。平台是互联网发展的产物，它们的成功与失败都是与互联网技术发展紧密交织的。互联网技术的更新迭代十分迅速，这就决定了平台的兴衰也频繁发生。如雅虎凭借其首创的门户模式，连续多年蝉联全球互联网企业市值首位。但是，在搜索引擎的技术取得突破后，搜索引擎迅速取代门户网站成为人们检索互联网信息的最主要工具。谷歌迅速崛起，雅虎却急速衰落，最终在 2016 年以 48 亿美元贱卖给通信巨头 Veri-zon。

由于以上几方面原因，平台即使占有了高市场份额，产生了传统经济学意义上的垄断，也不能消灭竞争。

三、平台垄断行为的特殊性

本书认为，由于网络效应的存在，一方面，个别乃至极少数平台在相关市场占据垄断地位是一个客观事实，也符合客观经济规律；另一方面，平台垄断并不能有效地消灭竞争，平台垄断不同于以往的市场垄断。问题关键不在于其垄断地位，而在于其是否能够实施垄断行为。这一点同样不可否认，其理由至少有以下几点。

第一，平台双边或多边市场参与者越多，资源越多，搜索配对的成功率越高，对用户的吸引力越大。

第二，用户在平台上交易越频繁，交易时间越长，累积的信息资源、信用资源、商誉资源越多，用户更换平台的成本越高，对平台的依赖性越大。

第三，所谓平台垄断，不仅要在平台和平台之间进行比较，视其市场份额。而且更为重要的是，每个平台在其所建构的生态系统内部具有核心地位，有可能滥用其支配地位，表现出过多的掠夺性、控制性行为，而不是通过价值创造的方式提高双边（多边）客户对平台的凝聚力或黏性。❶

第四，平台还面临一个数据垄断问题。数据垄断主要是指重要数据被控制在少数大平台手中，并被不合理地分配和使用的状态。在平台上沉积了大量数

---

❶ 刘学：《重构平台与生态》，北京大学出版社 2017 年版，第 24 页。

据,这些数据大多掌握在像脸书这样的大公司手中,而且无法连接。❶

【案例解读】2014年的"3Q大战"案,作为最高人民法院审理的第一起互联网垄断纠纷案,被列为最高人民法院的指导性案例,并总结出4大裁判要旨。据3Q案判决书,奇虎起诉称腾讯公司和腾讯计算机公司的市场份额达76.2%,QQ软件的渗透率高达97%,由此推定腾讯具有市场支配地位。同时,腾讯实施让用户选择卸载360软件或QQ的"二选一"行为,构成滥用市场支配地位。广东省高级人民法院一审以腾讯在相关市场不具有垄断地位为由,驳回奇虎的全部诉请。最高人民法院在二审判决中,利用经济分析方法重新界定该案的相关市场范围,同样认为腾讯不是垄断者,驳回上诉,维持原判。最高人民法院判决认为,市场份额高并不等于具有支配地位,因而作出了有利于腾讯公司的判决。

【延伸阅读】在我国,数据垄断一词伴随着顺丰菜鸟大战而兴起。顺丰菜鸟大战是指顺丰和菜鸟突然掐架,先是菜鸟指责顺丰2017年6月1日凌晨宣布关闭对菜鸟的数据接口。随后,顺丰曝出猛料称是菜鸟率先发难封杀丰巢,最终目的是让顺丰由使用腾讯云切换到阿里云。2017年6月1日,菜鸟网络发出声明,表示顺丰速递在2017年6月1日凌晨,关闭了自提柜数据的信息回传,同时在2017年6月1日中午,又进一步关闭了整个淘宝平台的物流信息回传。在声明中,菜鸟网络声称顺丰这一行为"导致了部分商家和消费者的信息混乱,可能会造成商家和消费者的重大损失",并表示已经紧急建议商家暂时停止顺丰发货,改用其他物流公司的服务。

对此,顺丰方面回应:在2017年5月,"菜鸟基于自身商业利益出发,要求丰巢提供与其无关的客户隐私数据,此类信息隶属于客户,丰巢本着'客户第一'的原则,拒绝这一不合理要求。菜鸟随后单方面于2017年6月1日0点切断丰巢信息接口"。同时,顺丰还表示,阿里系平台已将顺丰从物流选项中剔除,菜鸟同时封杀第三方平台接口,已对商家发货造成困扰。

---

❶ 张莉:《数据治理与数据安全》,人民邮电出版社2019年版,第26-27页。

菜鸟方面则表示，在 2017 年 5 月 31 日晚上 6 点，菜鸟接到顺丰发来的数据接口暂停告知。2017 年 6 月 1 日凌晨，顺丰就关闭了自提柜的数据信息回传，此后菜鸟就暂停了对丰巢快递柜的电话数据端口。丰巢信息端口的断连实际上也是整场战争的导火索，在这一端口断连后半天时间内，战火从丰巢与菜鸟波及了顺丰与整个淘宝平台。顺丰的物流回传端口在 2017 年 6 月 1 日下午暂停。

2017 年 6 月 2 日晚，国家邮政局召集菜鸟网络和顺丰速运高层来京，就双方关闭互通数据接口问题进行协调。双方同意从 6 月 3 日 12 时起，全面恢复业务合作和数据传输，菜鸟和顺丰握手言和。然而，这场突如其来的闹剧，最后却是由用户和卖家买单。在菜鸟和顺丰切断数据接口后，淘宝天猫的卖家无法通过后台录入顺丰快递单号，相当一部分卖家受到影响。根据菜鸟网络给出的说法，双方发生争执后，菜鸟收到了大量卖家和消费者的询问。受影响的卖家担心的是如果继续采用顺丰发货，可能造成财产损失，也会引起买家集中投诉。但是，由于顺丰在冷链物流配送的速度上遥遥领先于其他民营快递公司，要找到合适的替代者确实不容易。菜鸟和顺丰事件引起全民热议。在舆论发展过程中，讨论越来越集中于数据方面，"数据垄断"问题被提了出来。不过，这里的对象不是政府，而是企业。

四、典型的平台垄断行为

1. 电商平台强迫商家二选一

电商二选一是指部分电商平台为了追逐商业利益、打击竞争对手，要求合作商家只能入驻一家网络销售平台，不能同时入驻竞争对手平台。

"二选一"作为电商领域的行业话题，最早出现在 2010 年。2010 年，当当网正计划开启全品类扩张之路。但不巧的是，在 3C 品类取得暂时的领先之后，京东于 11 月 1 日上线京东图书，高调宣布进入图书品类，这使得京东和当当展开了一场激烈的价格战。随着价格战愈演愈烈，京东祭出了"二选一"的终极杀招，随后当当网表示："多家数码家电类供应商向当当网反映，某大型数码家电网购商城对同时向当当网供货的供应商要求，在当当网的售价不能低于该网购商城，否则停止供应商的所有结款。"2013年，京东挑起与苏宁的价格战，再次祭出"二选一"，这次整个家电行业都被卷入其中。自此之后，"二选一"就成了京东的惯用招数，屡试不爽。在电商行业竞争最激烈的2015年到2017年，"二选一"在京东手上反复被祭出。

2019年"6·18"期间，至少有数十家知名品牌发表官方声明，表示将退出新晋电商平台，只在某电商平台销售商品。电器品牌格兰仕发声谴责"二选一"行为并表示，因遭遇搜索屏蔽、商品限流等"制裁"，企业于某电商平台的销量趋于停滞，造成重大损失。

由国家市场监管总局、发展改革委、公安部等8部门联合开展的2019网络市场监管专项行动"网剑行动"中，电商平台"二选一"被归类为重点打击的不正当竞争行为。2019年8月1日发布的《国务院办公厅关于促进平台经济规范健康发展的指导意见》规定，依法查处互联网领域滥用市场支配地位限制交易、不正当竞争等违法行为，严禁平台单边签订排他性服务提供合同。

2. 搭售行为

在一些平台购买机票或火车票却出现搭售商品的现象。搭售如果不违反法律的规定，应该是允许的，也是尊重企业的自主经营权。这有一个前提，不能损害消费者的合法权益。在一些具有市场支配地位的平台进行搭售，涉嫌违反《反垄断法》。我国《电子商务法》第35条规定，电子商务平台经营者不得利用服务协议、交易规则以及技术等手段，对平台内经营者在平台内的交易、交易价格以及与其他经营者的交易等进行不合理限制或附加不合理条件，或向平台内经营者收取不合理费用。其中，附加不合理的限制就可能包括搭售行为，当然，是否合理，需要就个案进行判断。

3. 垄断高价

垄断高价是最为典型的平台垄断行为。苹果收取30%的软件许可使用费，有开发商起诉苹果，认为苹果收取的"过路费"太高。美国最高法院以5票对4票作出判决，裁定消费者可就苹果向在其应用商店（App Store）发售应用的开发者抽取30%佣金起诉苹果。苹果表示，苹果应用商店84%的App都是可以免费下载的，30%的抽成由开发者承担支付。但消费者明白自己才是"最后一个买单的人"。这是反垄断法历史上的一个重大进步，意味着未来消费者也能够以同样的方式来起诉其他平台巨头，比如亚马逊、脸书和谷歌，从而打破平台借助生态系统的垄断而产生的盈利模式。

2011年10月10日，阿里巴巴淘宝商城大幅提高中小卖家的准入门槛，引发了全国范围内的卖家群聚抗议行动。新规提高了平台收取的技术服务费和违约保证金，直接触及卖家的实际利益，最终引发卖家的群体事件，被称为"淘宝十月围城"事件。

在外卖行业，美团开始时入驻佣金非常低，还时不时地给用户发送优惠券，或者搞打折促销，给商家发各种补贴。等到外卖行业"江山已定"，美团就开始陆续收取并提高佣金，先是5%，后来是10%，再到15%，现在更是直接涨到22%，而餐饮业的利润一般是30%~40%。进入2019年，饿了么的佣金甚至已经达到26%。虽然饿了么自己不承认这个数据，但是上涨佣金却是个不争的事实。

除了外卖行业之外，网约车平台的佣金也是水涨船高。在网约车刚进入大众视野的时候，各大平台都会发放大量优惠补贴。但随着这种出行方式成为大众日常行为后，网约车平台的补贴不仅越来越少，佣金也越来越高，某些网约车平台的佣金更是高达30%。

这波涨佣金的热潮，甚至还蔓延到酒店行业。很多酒店平台已经把佣金上调到25%。而且，类似于携程这样的平台，会把酒店区分成银牌、金牌和特牌三个等级，如果酒店想守住特牌这个称号，就要支付足够的佣金，而且还要与该平台独家合作。❶

---

❶ 《各大平台佣金不断上涨　是规范市场还是借机敛财?》，载 https：//baijiahao. baiducom/s?id=1623347393931102536&wfr=spider&for=pc，访问时间：2020年2月16日。

第六章 平台管理责任

平台责任是平台因管理、经营过程中实施的不当行为而承担的不利法律后果，包括民事责任、行政责任、刑事责任。平台民事责任是平台对其他民事主体承担的法律责任。就其产生的根源来看，包括合同责任、侵权责任、缔约过失责任、公平责任等。

平台管理责任是平台民事责任的一种，是平台未尽注意义务，存在不当管理行为，造成他人损失而承担的民事法律责任，是一种特殊的侵权责任。平台经营责任是平台在从事经营以及其他非管理行为过程中发生的民事法律责任。相对于管理责任而言，平台经营责任实际上是一种兜底责任。本章主要从应然的角度研究平台管理责任，包括平台管理责任与经营责任的区别、构成要件、赔偿范围、责任方式、豁免条件等，致力于建构管理责任与经营责任并存并重的平台责任体系。

第一节 平台管理责任的特殊性

一、管理责任和经营责任的区别

（1）法律性质不同。平台的管理责任在性质上仍然属于一种民事侵权责任，但这种责任是一种特殊侵权责任，其构成要件、赔偿范围、赔偿方式等方面不应同于一般的侵权行为，同国家赔偿责任更应具有相似之处。而平台经营责任的范围既可能包括侵权责任，也可能包括违约责任，还可能包括不当得利、无因管理或其他各种责任。

（2）有无过错不同。承担管理责任必须要以平台违反注意义务，未能善尽管理职责为条件，要求平台具有过失。经营责任作为平台承担的一种普通的民事责任，其中有的责任形式需要以过错为条件，但有的责任形式，如合同责任，不以过错为承担条件。另外，在侵犯知识产权案件中，在侵权责任成立上，适用无过错责任原则。只有在涉及赔偿或间接侵权时，才适用过错责任原则。

（3）责任承担范围不同。管理责任的赔偿范围应当比照国家责任，相对较轻。主要体现在以下几个方面：一是只应承担直接损失，不承担间接损失；二是只应承担财产损失，一般不承担精神损失赔偿；三是在赔偿标准方面，往往由平台自治规则确定。经营责任是一种普通的民事责任，既包括对物质损害的赔偿，也包括对精神损害的赔偿，对物质损害的赔偿不以直接损失为限，也可能包括间接损失。

（4）是否连带不同。管理责任是一种独立的责任，既不和直接侵权人一起承担连带责任，也不承担补充责任。而经营责任则是多方面的，既可能是一种补充责任和单独责任，也可能是代位责任，还可能是一种连带责任。

（5）举证责任不同。管理责任一般实行"初步证明"规则，即赔偿请求人首先要证明损害已经发生，并且该损害系平台的违法违规行为所引起，证明责任继而转移到被告，被告即要证明引起损害的行为合法或从未实施该行为等有利于自己的证据。而民事赔偿诉讼中则实行"谁主张、谁举证"的证据规则。

当然，管理责任和经营责任都是民事法律责任，经营责任除了基于经营行为产生外，还有的基于管理行为产生。平台在从事管理行为过程中，如基于私益或者存在损害特定用户或他人的主观故意，则可认定其不并非从事管理行为，而是一种经营行为，适用经营责任规则。

二、平台管理责任特殊性的根源

首先，平台具有管理者和经营者双重身份。平台首先作为管理者，要对整个平台生态系统的健康发展负责，行使平台管理权，制定规则，执行规则，提供交易机制和交易服务，调节内部经济秩序，裁决纠纷，防范风险。其行使的是一种准公共权力，为的是整个平台生态系统之健康，完全有必要参照国家赔偿责任制度，承担一种特殊的侵权责任，即管理责任。

其次，平台在纠纷处理过程中一般具有中立性，在管理行为中没有直接营利，即不存在共同侵权的主观故意，仅仅是主观过失。间接侵权人往往为侵权行为进行诱导或帮助，平台一般不存在此类情况。因而有必要限制平台的赔偿范围，减轻平台的赔偿责任。

最后，管理责任相较于一般的侵权责任而言，应当相对较轻，也有助于维护平台模式，促进平台经济发展。近年来，在间接侵权方面，责任人范围呈现"无限扩展"的趋势，不仅帮助侵权人需要承担侵权责任，向帮助侵权人提供帮助的人同样也需要承担侵权责任。投射到网络平台领域，如为侵权作品发布平台提供支持的网络基础设施提供者、帮助侵权行为人破解密码者、对密码破解软件提供链接者、下载服务或软件开发者的风险投资公司，甚至是为侵权抗辩提供咨询建议的律师事务所也需要承担侵权责任，这是一种不良趋势，应当加以限制。平台面对的是海量的用户，可能产生海量的纠纷，承担过重的责任不利于平台的存续和发展。

【案例解读1】在北京焦点互动信息服务有限公司南京分公司与北京百度网讯科技有限公司（下称"百度网讯公司"）侵害作品信息网络传播权纠纷案中，一审法院认为，该案中，首先，原告已举证证明百度网盘中存储了与其享有信息网络传播权的涉案《匆匆那年》影视作品相同的作品。其次，原告于2017年4月10日即向被告出具《告知函》，并于次日以邮政特快专递的方式向被告送达，被告当庭确认收到。在上述《告知函》中，不但记载了被告监测到的被诉侵权文件的校验值，而且列出了原告享有信息网络传播权的《匆匆那年》等影视作品的中文名称以及对应的拼音、英文名称等信息。被告百度网讯公司抗辩认为，原告采用MD5值进行投诉不能准确定位侵权内容，原告的《告知函》不构成有效通知。但一审法院认为，原告除向被告提供被诉侵权文件MD5值的信息之外，还明确地告知被告与第33项"匆匆那年"被诉侵权文件 MD5 值对应编号的《匆匆那年》电视剧的中文名称、拼音、英文名称等信息，被告确认收到《告知函》，却没有采取删除、屏蔽、断开链接等必要措施，也没有向原告提供技术支持等帮助行为，属于明知侵害涉案《匆匆那年》影视作品信息网络传播权的行为。最后，被告百度网讯公司应当承担与百度网盘的性质和功能相适应的审查注意义务。被告百度网讯公司答辩意见中称，百度网盘是其用户提供上传存储空间及相关技术服务的互联网信息存储空间服务，用户只能通过自己注册的账号和密码进入，用户自行对其网盘中的资源进行管理分享和下载，百度网盘自身不上传提供内容，并且不会对用户的传输内容作出任何修改和编辑。在这种情况下，如果用户上传的信息资源涉嫌侵害他人的信息网络传播权等权益，那么就使得百度网盘处于侵权的风险之中，而且用户不仅可以上传相关的信息资源，还可以对其百度网盘中的信息资源以"公开"或"加密"的方式创建分享链接，从而分享给其指定的用户或者相关公众。被告作为百度网盘的经营者，应当承担百度网盘的经营风险以及其作为网络服务提供者的审查义务和责任，在原告已明确告知百度网盘存在与其享有信息网络传播权的涉案《匆匆那年》影视作品相同的作品时，被告不采取任何行动，存在过错。原告提交公证书证明，直至 2017 年 12 月 18 日，百度网盘中仍然存储有与涉案《匆匆那年》影视作品相同的作品。故被告百度网讯公司构成帮助侵权行为，应当承担相应的侵权责任。

实际上，平台和其他间接侵权人的地位和作用是不一样的。该案中，百度网盘作为一个存储平台，为平台用户提供储存、下载服务，其实施的是一种管理行为，也因为管理不当需要承担相应的法律责任。但目前立法上没有确立独立的管理责任，只能按照帮助侵权进行处理，就扩大部分损失和直接侵权人一起承担连带赔偿责任。

【案例解读 2】在胡某与深圳市腾讯计算机系统有限公司著作权属、侵权纠纷系列案［（2017）粤 0305 民初 19273-19274 号］中，一审法院认为，腾讯公司虽在其运营的网站上使用了胡某享有著作权的作品，但系基于其与案外人四川日报订立的《信息内容合作协议》而进行转载。上述协议，腾讯公司已依协议支付对价，案外人也主张对所有"信息内容拥有完全知识产权"，且被告在收到诉状后及时删除了涉案文章。因此，涉案的侵权行为客观上是由案外人引起的，主观上被告已尽到合理审查的义务，不具有侵权的过错，不应承担侵权损害赔偿责任，但侵权行为依然是成立的。

在新世纪百货公司与深圳市腾讯计算机系统有限公司名誉权纠纷案[（2015）江法民初字第12436号]中，法院认为，"依照《中华人民共和国侵权责任法》第九条第一款的规定，教唆、帮助他人实施侵权行为的，应当与行为人承担连带责任。该条款规定的帮助行为必须是出于故意，即帮助人应知道自己的行为是在帮助侵权人实施侵权行为，对其帮助行为须具备主观认识。腾讯计算机公司作为网络服务提供者，为微信用户提供的是信息通道服务或者信息平台服务，虽然微信服务在客观上为微信用户发布或传播信息提供了技术上的便利，但腾讯计算机公司已通过《腾讯微信软件许可及服务协议》明确告知用户不得利用微信发布、传播侵犯他人民事权益的内容。相关法律法规并未规定腾讯计算机公司负有对于用户发布或传播信息的审查义务，不能认定腾讯计算机公司对于用户利用微信平台发布侵权信息存在主观认识，故新世纪百货公司诉称的帮助行为并无事实依据"。

以上两个案例中，前一个案例，腾讯公司对涉案作品享有相应的信息网络传播权，此行为属于平台的经营行为，因而侵权行为之成立为无过错责任，但在涉及赔偿问题上采用过错原则。后一个案例，腾讯公司仅仅作为平台管理者，不存在过错，不用承担帮助侵权责任，侵权行为并不成立。

第二节 平台管理责任的法律性质

平台作为一个管理者，未尽管理者义务，负有管理责任。对于管理责任，平台承担赔偿责任。管理责任本质上是一种特殊的民事侵权责任，类似于国家赔偿责任，而且是一种独立的责任。平台管理者在承担管理责任时，不应当与其他侵权人一起承担连带责任，也不承担补充责任。

一、管理责任类似于国家赔偿责任

首先，平台承担管理责任，本质上仍然是一种侵权责任。平台和用户之间是一种管理与被管理的关系，用户加入平台，仅仅意味着用户接受平台的管辖，二者之间并非一种平等的合同关系，不能按照契约关系进行处理，不是合同责任。如果因平台管理行为导致用户损失的，只能产生侵权责任。

其次，管理责任类似于国家赔偿责任。国家赔偿责任是指国家对于国家机关及其工作人员执行职务、行使公共权力损害公民、法人和其他组织的法定权利与合法利益所应承担的赔偿责任。产生国家赔偿责任的原因是国家机关及其工作人员在执行职务过程中的不法侵害行为。❶ 平台一旦没有履行相应的管理职责，没有有效地行使管理职权，就需要承担管理责任。显然，这种管理责任同国家责任极为类似。

第一，平台和用户之间的关系不是一种平等关系。在公权力机关和相对人之间也不是一种平等关系。

第二，平台管理权力行使的目的是维护平台生态系统的健康，而不是平台的私益。公权力机关在行使公权力时，也不是为了私益，而是公益。

第三，承担责任的前提类似。对于平台而言，违法违规均可能产生管理责任。对于国家责任而言，所违反的法律既可能包括法律法规的直接规定，也可能包括公务组织的自我约束性规定、行政惯例，公务组织的先行行为、已经生效的法律文书（限于怠于履行情形），等等。❷

第四，赔偿范围有限。仅仅对违法行使职权造成的损害给予的赔偿，是一种有限的赔偿责任，类似于国家责任。在实际生活中，国家立法机关、军事机关、司法机关的部分行为，即使造成损害，国家并不承担赔偿责任，赔偿范围也是有限的。

第五，赔偿方式和标准法定化。与民事赔偿有所不同，国家赔偿的方式和标准是法定的，并不按受害人的要求和实际损害给予赔偿，而是按照法定的方

---

❶ 民事主体有可能实施公权力，在行政委托、行政助手情况下，最后结果最终是归于行政机关的。私人承担公法义务主要有四类，如查验身份证义务。严格来讲，旅馆查验、登记客人的真实身份的权力来自旅馆业治安管理办法，是来自行政法规的授权。旅馆行业实际上是代行了一部分行政机关应该做的事情。反恐怖主义法也是这么要求的，要查验身份证。类似的还有控烟协助义务、税收代扣代缴义务、向有关机关报告的义务等。

❷ 沈岿：《国家赔偿法：原理与案例》，北京大学出版社 2017 年版，第 252-254 页。

式和标准，以保障受害人生活和生存的需要为原则，给予适当的赔偿。管理责任的赔偿方式和标准也应如此，依据平台自治规则进行赔偿，除非该规则明显不合理。

二、管理责任具有独立性

平台管理不当，造成用户损失的，自然应当承担法律责任。如果在还存在其他侵权者的情况下，平台是否和他人构成共同侵权，承担连带责任？或者平台和直接侵权人分别构成单独侵权，各自承担按份责任？在实践中，平台是否承担连带责任？主要看平台和直接侵权人之间有无共同故意或共同过失。如果平台和直接侵权人之间有着共同故意，毫无疑问，可以构成共同侵权，承担连带责任。但仅仅是共同过失，是否纳入共同侵权的范畴之中，视为共同侵权？❶ 最高人民法院在其2003年颁布的《最高人民法院关于审理人身损害赔偿案件适用法律若干问题的解释》第3条第1款规定："二人以上共同故意或者共同过失致人损害，或者虽无共同故意、共同过失，但其侵害行为直接结合发生同一损害后果的，构成共同侵权，应当依照民法通则第一百三十条规定承担连带责任。"2012年公布的《最高人民法院关于审理侵害信息网络传播权民事纠纷案件适用法律若干问题的规定》第7条第3款："网络服务提供者明知或者应知网络用户利用网络服务侵害信息网络传播权，未采取删除、屏蔽、断开链接等必要措施，或者提供技术支持等帮助行为的，人民法院应当认定其构成帮助侵权行为。"

在司法实践中，多将平台与直接侵权人作为共同侵权人提起诉讼。只要在侵权行为发生，经权利人通知后，平台与直接侵权人通常具有相同的注意义务，且存在行为的连接点。平台未及时采取必要措施，就会被认定为与直接侵权人构成共同过失，帮助侵权。

---

❶ 在民法上，共同侵权行为分为三种：一是共同加害行为，也即狭义的共同侵权行为，自然包括共同故意，加害人之间有着意思联络，或者有着客观行为上的关联；二是共同危险行为，这是一种准共同侵权行为，指数人共为有侵害权利危险性之行为，而不知其中孰为加害者的情况；三是造意及帮助行为，视为共同侵权行为。参见林诚二：《民法债编总论——体系化解说》，中国人民大学出版社2003年版，第163页。

本书认为，在立法上，不宜认定平台和直接侵权人之间有共同过失，构成共同侵权，承担连带责任。在存在第三人侵权的场合，仍然就平台与第三人各自的过错追究各自的法律责任，没有必要形成一种连带的关系，主要理由有以下几方面。

第一，平台作为一个管理者，具有管理职权和职责，平台生态系统中有海量的用户，平台和用户之间法律地位不同，一般也不会形成共同侵权的意思联络，其承担的注意义务一般也不同。不能把平台当作普通的经营者，当作普通的帮助侵权者。

第二，对于普通用户而言，平台在管理行为中所提供的服务系无偿的。❶这是由平台经济特殊的商业模式所决定的，应承担较轻的责任，不应与直接侵权人一起承担连带责任。在一个具体的法律行为中，行为有偿或者无偿的因素，将会对该法律行为的解释、责任之轻重、瑕疵担保责任等产生重大影响。有偿提供服务，提供者应当承担更重的义务；而无偿提供服务，提供者应当承担较轻的义务，这是民法的基本规则。❷

第三，不承担连带责任，有助于平台商业模式的发展。"平台作为自助式系统，每当它们为用户将使用的门槛降至最低，它们便能增长并征服市场。尤其是每当平台移除阻碍生产者参与进来的门槛时，价值创造就会得到重构，并且会打开新的供应源。"❸ 用户可以在腾讯视频上免费上传并观看视频，用户

---

❶ 也有人认为平台提供的平台服务并非属于完全无偿的服务。平台在搭建免费交易媒介的基础上，通过广告收入进行流量变现，因而应当视为有偿。这样的观点显然是十分片面的。如果网络交易平台没有获得任何利益，网络交易活动就不能开展，交易活动就不会繁荣，这样的利益获得，与网络交易平台付出的成本是相适应的，是应当允许的。但这并不能得出网络交易平台提供的服务就是有偿的结论，而实际上，平台为普罗大众提供的进行互动的"基础设施"是没有收费的，就网络交易平台服务本身而言，双方当事人之间进行的服务没有对价，就是无偿的。因此，将网络交易平台提供的平台服务所得利益，看作其无偿服务的回报，更为准确。参见杨立新：《网络交易平台提供服务的损害赔偿责任及规则》，载《法学论坛》2016年第1期。

❷ 杨立新：《网络交易平台提供服务的损害赔偿责任及规则》，载《法学论坛》2016年第1期。

❸ ［美］杰奥夫雷·G. 帕克、马歇尔·W. 范·埃尔斯泰恩、桑基特·保罗·邱达利：《平台革命》，志鹏译，机械工业出版社2019年版，第65页。

无偿使用微信进行社交和传播其他信息，用户无偿使用电商平台购买或销售商品，用户无偿使用打车软件叫车或提供驾驶服务。平台作为"促进生产者与有价值的消费者进行互动的基础设施"❶，为这些互动无偿提供了一个开放的、参与型的架构。若对平台附加繁重的连带责任，显然过于苛责了。

第四，如果法律对平台苛以与直接侵权人承担连带责任的义务，势必会导致平台为了防止纠纷、规避责任，便在收到权利人的通知后就立刻移除相关内容，平台的选择势必会损害用户的言论自由。如此一来，网络这个平台自由、多样、互动的基本价值就将被损害。平台经济的发展，也会面临无法逾越的障碍。显然，这也与促进平台经济规范健康发展的理念背道而驰。❷

第五，各自承担法律责任，避免平台和直接侵权人之间进一步发生诉讼，同时也防止侵权行为之蔓延。在连带责任情况下，平台的经济能力更强，更容易履行判决结果。在承担了赔偿责任后，与直接侵权人之间势必产生责任划分和损失分担问题，造成更多的纷扰。在实践中，承担了连带责任的平台从未向作为直接侵权人的网络用户追偿过。❸ 一方面，是因为追究加害人责任需要投入时间和金钱成本，且追偿的结果未可知；另一方面，如果平台动辄追偿加害人，那么平台用户会基于对过于严厉的平台服务机制的惧怕，而选择不再使用该平台服务。作为平台服务接收端的用户数量的减少，在平台经济的网络效应下，会进一步影响平台上原创者和传播者的数量。因此，让平台与直接侵权人承担连带责任，就意味着通过提高平台所负担的费用和运营的成本，来填补权利人的损失。而权利人在得到赔偿后，自然怠于追究直接侵权人的责任，导致加害人的违法成本极低，造成了对网络侵权行为的纵容。

第六，依据本书的分析，管理责任类似于国家赔偿责任，在赔偿范围、赔偿标准等方面应当受到限制，与直接侵权人应当赔偿的范围、赔偿标准往往是不一致的，平台也不便于和直接侵权人一起承担连带责任。

---

❶ [美] 杰奥夫雷·G. 帕克、马歇尔·W. 范·埃尔斯泰恩、桑基特·保罗·邱达利：《平台革命》，志鹏译，机械工业出版社2019年版，第136页。

❷ 《国务院办公厅关于促进平台经济规范健康发展的指导意见》，国办发〔2019〕38号。

❸ 徐伟：《网络服务提供者连带责任之质疑》，载《法学》2012年第5期。

【延伸阅读】有观点认为平台对用户的管理能力有限，因而不适于承担连带责任。平台提供开放式的平台服务，如何应用平台服务是网络用户的选择。尤其在 WEB2.0 时代，技术的应用和普及使原来自上而下的由一般网络服务提供者集中控制主导的信息发布和传播体系，逐渐转变成自下而上的由广大用户集体智能和力量主导的体系。代码权的不断下放，用户由最初的信息接收方逐渐过渡为信息的主动创造者和传播者，社交平台、电商平台、视频网站以及微信公众号、微博等自媒体的壮大发展，使得平台对网络用户行为的控制能力和预期能力在不断降低。❶

"网络平台本身应视为一条信息传输公路，正常情况下并无必要深究谁是驾驶员、开什么车。而如果有人在此路上肇事致人死伤，作为公路的管理者如果没有及时进行清理、救援的管理行为，毫无疑问承担与其过错相对应的责任。但是如果公路管理者知晓其公路上发生事故，而未进行必要的管理行为，从知道的一刻起与肇事者承担侵权行为的连带责任，显然是违背其公路服务提供者的功能、地位和主观过错的。"❷换言之，平台违反其争端解决义务并不意味着其不承担侵权责任，而是据此要求其与直接侵权人承担连带责任，显然太过苛责。

三、平台责任并非补充责任

补充责任是指基于同一个损害事实产生两个以上的赔偿请求权，数个请求权的救济目的相同，但对请求权的行使顺序有特别规定的，受害人应当首先向直接加害人请求赔偿，在直接加害人不能赔偿或者赔偿不足时，受害人可以向补充责任人请求承担损害赔偿责任，补充责任人在承担了补充责任后，有权向直接责任人行使追偿权，但就其过错行为产生的直接损害部分不享有追偿权。

我国《侵权责任法》主要有 3 条规定，其中第 37 条规定："宾馆、商场、银行、车站、娱乐场所等公共场所的管理人或者群众性活动的组织者，未尽到安全保障义务，造成他人损害的，应当承担侵权责任。因第三人的行为造成他

---

❶❷ 张凌寒：《网络服务提供者连带责任的反思与重构》，载《河北法学》2014 年 6 月。

人损害的，由第三人承担侵权责任；管理人或者组织者未尽到安全保障义务的，承担相应的补充责任。"❶

平台是否属于公共场所的管理人？长期以来，在人们的意识中，公共场所一定要具备为人感官所感知的三维物理空间。但是，随着计算机的横空出世及随之而来的人类交往方式的变化，"互联网空间"及"虚拟空间"概念的提出，说明了公共场所外延亦突破了有形物理空间的形式限制，只要能满足人群聚集、产生交互功能要素的都可视为公共场所，无论该场所的形式是有形的，还是无形的。换言之，作为与"物理空间"相对的"虚拟空间"，只要具备了人群经常聚集，能满足一定公共交流功能的本质要素，都可囊括到公共场所的范畴中。因此，在网络社会与现实社会并存的环境下，虚拟空间本身即是公共场所之一，虚拟空间作为管理者的平台，自然是《侵权责任法》下的安全保障义务的适格主体。

本书认为，平台不应承担补充责任，主要理由有以下几方面。

第一，平台具有较强的聚集性，体现为两点。一是平台聚集了多种主体。例如，电子商务平台汇聚了买家、卖家和服务商，社交平台汇聚了个人、各种社群和广告主。二是平台聚集了海量信息。例如，电子商务平台汇聚了各种产品信息、价格信息和商业动态信息，社交平台汇聚了个人信息、交友信息、朋友圈动态信息。❷ 这是实体的公共场所根本无法比拟的。

第二，平台是整个生态系统的管理者，其承担的不仅仅是安全保障义务，平台面临海量的、长久的用户，承担各种各样的管理义务。而在公共场所，人们进入公共场所也是短期的，和用户在平台驻留不同。平台的法律地位同公共

---

❶ 另外，《侵权责任法》第34条规定："用人单位的工作人员因执行工作任务造成他人损害的，由用人单位承担侵权责任。劳务派遣期间，被派遣的工作人员因执行工作任务造成他人损害的，由接受劳务派遣的用工单位承担侵权责任；劳务派遣单位有过错的，承担相应的补充责任。"第40条规定："无民事行为能力人或者限制民事行为能力人在幼儿园、学校或者其他教育机构学习、生活期间，受到幼儿园、学校或者其他教育机构以外的人员人身损害的，由侵权人承担侵权责任；幼儿园、学校或者其他教育机构未尽到管理职责的，承担相应的补充责任。"

❷ 叶秀敏：《平台经济的特点分析》，载河北师范大学学报（哲学社会科学版）2016年第2期。

场所的法律地位是不一样的，不能类推适用公共场所的补充责任。

第三，补充责任的本质还是一种弱化了的连带责任，无非是平台承担了以后可以向直接侵权人进行追偿的责任，上文反对连带责任的各种理由也都可以适用于反对补充责任。

第四，平台是个管理者，在管理者存在过错的情况下，也不能替代其他侵权人先承担赔偿责任。换句话说，如果此处的管理者为政府机关，在治理过程中存在过错，是否会承担连带责任或补充责任？显然是不会的。说到底，平台作为一个管理者，仅仅应当就自身管理行为的过错向受害人承担相应的法律责任。

当然，由于互联网前端匿名、背后实名的特征，导致权利人往往难以锁定直接侵权人的身份信息，故权利人通过起诉平台，由法院强制平台提供侵权人信息，达到维权目的。通常而言，只要平台提供了直接侵权人的身份信息，法院即认定平台履行了其公法上的司法协助义务，不构成侵权行为，自然无须与直接侵权人一起对权利人承担连带责任。但是，如果平台未能提供直接侵权人的身份信息，那么平台将向权利人承担直接侵权的损害赔偿责任，这是一种补充责任，平台事后可以向直接侵权人进行追偿。

【案例解读】在北京三代动力软件技术有限公司与李某某著作权权属、侵权纠纷案〔(2009) 沪二中民五 (知) 终字第26号〕中，二审法院认为，对于三代动力公司在该案中提供的是信息存储空间服务还是内容服务的问题，首先，三代动力公司自认其既为用户提供信息存储空间服务，又直接提供内容服务，其自行上传的作品与用户上传的作品系通过同一后台管理，且其自行上传的作品与用户上传的作品页面显示的区别仅在于，其自行上传的作品有VIP标志，用户上传的作品VIP上面有横杠，而此区别在涉案网站上也未进行说明。其次，虽三代动力公司主张涉案作品系由网名为"猫扑读书"的用户上传，并提供了"猫扑读书"申请个人用户空间的注册信息，但该注册信息在"地区"栏中显示的是"其他"、在"手机号"栏中显示的是"138001380XX"，该信息明显缺乏可信度，且三代动力公司又不提供上传涉案作品的IP地址。

故三代动力公司提出涉案作品系用户"猫扑读书"上传的上诉意见，二审法院未予采纳。

显然，在该案中，被告无法提供直接侵权人的相关信息，需要承担补充责任。

第三节 平台管理责任的构成要件

一、实施不当管理行为

平台在实施各种管理行为过程中存在不当，才会承担管理责任。是否妥当的判断标准就是对相关法律、平台自治规则、行业惯例等规则的遵循，以平台行为是否违法、违规为标准。❶

不当管理行为包括但不限于以下情形：

（1）未采取技术措施和其他必要措施保证其网络安全、稳定运行，防范网络违法犯罪活动，有效应对网络安全事件，保障交易安全。

（2）未在其首页显著位置持续公示平台服务协议和交易规则信息或者上述信息的链接标识，并保证经营者和消费者能够便利、完整地阅览和下载。

（3）修改平台服务协议和交易规则，未在其首页显著位置公开征求意见，

---

❶ 我国《国家赔偿法》第2条规定："国家机关和国家机关工作人员行使职权，有本法规规定的侵犯公民、法人和其他组织的合法权益的情形，造成损害的，受害人有依照本法取得国家赔偿的权利。"对于该条规定，学界有学者认为确立了所谓违法责任原则，即只要行为具有违法性，就可以推定其具有过错，所以行为违法性和过错是结合在一起的。在民法上，表现为"行为不法说"，该说由德国学者提出，其主要论点系认为一个行为不能仅因其肇致他人之权利受侵害，即构成违法。故意侵害他人为法律所当然禁止，其违法性可以迳予认定。在过失侵害他人权利之情形中，其违法性的构成，则须以行为人未尽避免侵犯他人权利的注意义务为必要。若行为人已尽其社会活动上的必要注意义务时，纵因其行为侵害他人权益，亦不具有违法性。参见王泽鉴：《侵权行为法》，中国政法大学出版社2001年版，第230页。上述违法责任原则或行为不法说实际上是将过错同违法行为结合在一起。本书采用"结果违法说"，即加害行为之所以被法律责难具有违法性，是因为其肇致了对权利侵害的结果。行为违法和具有主观过错均为侵权责任的成立要件。

采取合理措施确保有关各方能够及时充分表达意见。修改内容应当至少在实施前七日予以公示。平台内经营者不接受修改内容，要求退出平台的，平台不得阻止，并按照修改前的服务协议和交易规则承担相关责任。

（4）平台依据平台服务协议和交易规则对平台内经营者违反法律、法规的行为实施警示、暂停或者终止服务等措施的，未及时公示。

（5）违反安全保障义务，对关系消费者生命健康的商品或者服务，未尽审核义务。

（6）对其知道或者应当知道平台内经营者侵犯知识产权的，未及时采取删除、屏蔽、断开链接、终止交易和服务等必要措施。

（7）未积极协助消费者维权。

（8）不当获取、使用用户个人信息。

（9）其他不当管理行为。

二、存在过失

在民法上，归责原则是确定行为人民事责任的理由、标准或根据。归责原则是以社会经济生活条件为基础的法律上用以确定行为人责任的指导思想的具体体现。古代社会奉行加害原则，只要有损害发生，受害人即可要求加害人赔偿，而不考虑加害人的主观因素。到自由资本主义时期则完全奉行过错责任原则，无过错便无责任。资本主义进入垄断时期以后又出现了无过错责任，即在某些法律规定的情况下不以行为人的过错为归责事由。另外，还有公平责任原则，又称衡平原则，是指当事双方在对造成损害均无过错的情况下，由人民法院根据公平的观念，在考虑当事人的财产状况及其他情况的基础上，责令加害人对受害人的财产损失给予适当的补偿。因此，公平责任原则主要适用于侵犯财产权的领域。在行政法上，归责原则主要分为过错责任原则、无过错责任原则和违法责任原则。

本书结合民法、行政法上的归责原则，认为平台管理行为应当采纳过失责任原则。判断平台管理行为是否承担法律责任，应以该平台做出该行为时主观上有无过失为标准。有过失，就要赔偿；无过失，就不赔偿。本书认为，如果

第六章　平台管理责任

平台在管理过程中具有主观故意,包括明知和应知两种情形,就不应当再承担管理责任,而是承担经营责任。

如何认定其具有过失?这需要采取客观主义的过错原则。❶ 只要平台没有尽到合理的注意义务,即存在过失。其判断标准是抽象轻过失。所谓抽象轻过失,是指欠缺某种法律上的注意。此种注意称为"交易上必要的注意"或者"善良管理人的注意"。如果按照一个普通人依一般交易观念所应尽的注意,或按照一个善良管理人应有的注意标准衡量,债务人确已尽到了注意义务,则没有过失,否则即为有抽象的轻过失。❷

对于平台而言,承担具体轻过失显然是不现实的,不会考虑也无法考虑每个平台的具体情况,比较合理的做法是抽象轻过失,即以善良管理人的注意义务为标准。当然,不同类型的平台,如观众平台、制造平台、电子商务平台,其注意的标准可能是不一致的,但每一个类型总有一定的注意义务标准。这在下一节会有具体论述。

---

❶ 美国法学家霍尔姆斯曾对过失的客观化问题有一段精彩的论述:"法律的标准是一般适用的标准。构成某特定行为内在性质的情绪、智能、教育等情状,层出不穷,因人而异,法律实难顾及。个人生活于社会,须为一定平均的行为,而在某种程度牺牲自己的特色,此对于公益而言,诚属必要。某人生性急燥、笨手笨脚,常肇致意外而伤害邻人,在此情形,其天生的缺陷于天国审判中固然会被容忍,但此种出于过失的行为对于邻人而言,确会造成困扰,其邻人自得要求他人就自己的行为践行一定的标准,由社会众人所设立的法院应拒绝考虑加害者个人的误差。"转引自王泽鉴:《侵权行为法》,中国政法大学出版社2001年版,第15页。

❷ 与抽象轻过失相对应的概念是具体轻过失和重大过失,所谓具体轻过失是指欠缺与处理自己事务为同一的注意。一般说来,一个合理的、普通的债务人在处理自己的事务时,总是比处理别人的事务更为谨慎、小心。所以,在某些交易中,法律要求当事人应具有比"交易上必要的注意"或"善良管理人的注意"更高的注意义务,这就是与处理自己的事务一样的注意。如果债务人未尽到此种注意义务,则有具体轻过失。具体轻过失标准在债务关系中,通常适用于一些无偿法律关系的场合。比如,无偿保管合同。在自己通常的注意这一标准的背后蕴含着一种理性的想法,即无偿保管人不应当因他人的物品而被迫使做出特别谨慎的行为(如购置安全锁),但其对待他人物品的态度也不应当劣于对待自己物品的态度(如不把自己的自行车放入车库,而把他人的自行车放在外面,等等)。参见[德]迪特尔·梅迪库斯:《德国债法总论》,杜景林、卢谌译,法律出版社2004年版,第245页。

三、损害事实

损害事实是指一定的行为致使权利主体的人身权利、财产权利以及相关利益受到侵害，并造成财产利益和非财产利益的减少或灭失的客观事实。损害事实包括三大类：一是人身损害事实，二是财产损害事实，三是精神损害事实。其中，人身损害事实是侵害物质性人格权所造成的损害事实。侵害自然人人身权、健康权、生命权，其人格利益的损害为有形损害。财产损害事实是对财产权利的侵害所造成的财产利益的损失，包括侵害所有权、他物权、知识产权等权利所造成的财产损失。精神损害事实是侵害精神性人格权和身份权所造成的人格利益损害，是无形的人格利益损害。

损害和损失这两个概念有严格区别。损害作为对权利和利益侵害的后果，包括了财产损失，损失则仅指财产的减少或丧失。在英美法上，损害称为 damage，损失称为 loss。[1] 造成经济损失的，需要承担赔偿责任，未造成经济损失的，也可能要承担赔偿以外的其他民事法律责任。当然，平台承担管理责任，不一定要给他人造成经济损失。

另外，损害事实既包括具体的民事权利受到侵害，也包括合法利益，也即所谓法益受到侵害。"所谓权利，系指既存法律体系所明认之一切私权利，法益则指规律社会生活之公序良俗及保护个人法益之法规所包括之一切利益。"[2] 我国《侵权责任法》第 2 条明确规定："侵害民事权益，应当依照本法承担侵权责任。本法所称民事权益，包括生命权、健康权、姓名权、名誉权、荣誉权、肖像权、隐私权、婚姻自主权、监护权、所有权、用益物权、担保物权、著作权、专利权、商标专用权、发现权、股权、继承权等人身、财产权益。"这就是说，民事权利是否受到侵犯，相对容易判断，毕竟民事权利的内容比较清晰。而是否属于应受保护的法益，往往需要在个案中予以衡量。

---

[1] 王利明：《侵权行为归责原则研究》，中国政法大学出版社 2003 年版，第 372-373 页。

[2] 林诚二：《民法债编总论——体系化解说》，中国人民大学出版社 2003 年版，第 153 页。

四、管理行为和损害事实之间存在因果关系

因果关系，指平台的管理行为与用户的合法权益受到损害之间有必然的、内在的、本质的联系。只有两者之间具有这种联系，平台才承担管理责任。

在刑法和行政法上有直接因果关系说，刑法中的直接因果关系说表明的内容是：危害行为没有介入中间环节而直接产生危害结果。国家赔偿制度中，国家侵权行为是造成相对方损害结果的必要条件，两者之间的关系具有排他性。法国行政法院的判例认为，因果关系中的原因限于与损害有直接联系的原因，排除其他原因。直接因果关系说强调原因是引起结果发生的直接因素，而非间接条件。这种简单的判断方法，有利于对损害责任进行深入、清晰的分析。但也具有明显的缺陷：客观现象的因果关系具有复杂性的特点，事物的发展是主要条件与次要条件共同作用的结果，主要条件是发展的关键因素，次要条件对发展起辅助性的作用，它们的影响同样重要。直接因果关系说忽视了因果关系普遍联系性与复杂性的特点，将作为间接原因的侵害行为排除在外，不利于扩大相对方受保障的权利范围。

相关因果关系说认为，某种原因仅在现实特定情形中发生某种结果的，不能直接断定两者之间有因果关系。即只有依照当时当地的社会观念，普遍认为也能发生同样结果的，才能认定有因果关系，即"有此行为，依客观观察，通常即会发生此损害者，是为有因果关系；如无此行为，必不生此损害，或虽有此行为，通常以不生此损害者，即无因果关系"。"不以该加害行为系发生损害之唯一原因为必要，纵另有其他原因并生损害，亦无碍于相当因果关系之成立。"

相当因果关系说强调社会理念在决定因果关系时所起的作用，在重视社会整体普遍意志的同时，忽略了主观认知的局限性，不利于作出客观、准确的判断，并且将因果关系的有无取决于一般人的认识，不免与因果关系的客观性相违背。但该理论放松了对因果关系逻辑联系的判断标准，认为侵害行为与结果之间并不需要形成必然、唯一的联系，只要该行为在符合条件的情况下，客观上足以预料会造成损害结果的发生即可，在某种程度上，有利于扩大权利保障

的范围。

因果关系实际上还是传统的机械思维之产物,即相信在两种现象之间找到某种确定性(或者可预测性)和因果关系。比如,牛顿可以用几个定律把所有天体运动的规律讲清楚。机械思维并非贬义词,在过去的3个多世纪里,机械思维可以算得上人类总结出来的最重要的思维方式,也是现代文明的基础。但如今,不确定性或者难以找到确定性是今天社会的常态。在无法确定因果关系时,数据中所包含的信息可以帮助我们消除不确定性,而数据之间的相关性在某种程度上可以取代原来的因果关系,帮助我们得到我们想知道的答案,这便是大数据思维的核心。[1] 本书认为,在法律上,这种相关性和相当因果关系说并不矛盾,很多相关性可以被理解为具有相当因果关系。

管理责任的立法精神是在"有限的范围、有限的幅度"内进行赔偿,可以考虑结合相当因果关系说和直接因果关系说的观点,参照大数据的相关性思维,对因果关系认定进行必要的限制。

【案例解读】在海岩作品信息网络传播权纠纷案〔(2015)浦民三(知)初字第1682号〕中,原告中文在线数字出版集团股份有限公司经著作权人侣某某(笔名海岩)的授权,依法享有作品《深牢大狱》的信息网络传播权,以及以自己的名义对他人追究侵权责任的权利。后原告发现被告经营的网站"城通网盘"(www.400gb.com)上有上述作品,可被公众任意下载和传播,严重侵犯了原告享有的信息网络传播权,遂通过邮件方式将《侵权风险告知函》及包括《深牢大狱》在内等十部作品清单及权属证明书发送至被告的客服邮箱service@cidisk.com。但被告并未作出回复或采取任何措施。原告遂将被告起诉至法院,要求被告立即停止侵权行为,并赔偿损失。

被告辩称其客服邮箱是谷歌邮箱,因为谷歌在2013年撤离中国使得邮箱无法正常使用,因此没有收到原告的告知函,且被告在接到诉状副本后,已将涉案作品及时删除,尽到了通知—删除义务,因此不应承担侵权责任。

法院认为,虽然涉案作品是由用户名为"电子书营销"的网络用户上传

---

[1] 吴军:《智能时代》,中信出版集团2016年版,第90-141页。

的，被告城通网盘仅提供一个文件存储和共享的平台，如果被告城通网盘在其客服邮箱失效后及时更换其他邮箱，并在其平台上进行公示，那么原告就能及时有效地将网盘平台上的侵权行为通知被告，被告在收到通知后就能及时采取相应措施，进而侵权作品就不会在原告有效通知被告这个时间节点后依然为公众任意下载、传播，最终造成损害的范围就能及时被制止，从而不会导致最终程度的损害。平台未能提供有效投诉路径并及时采取相应措施的行为，导致侵权作品传播范围和下载次数的扩大，也就意味着损害范围的扩大。因此，网盘平台违反争端解决义务的行为与损害后果之间具有因果关系。综上所述，平台不履行争端解决义务的行为，与终局损害之间存在因果关系，应对损害扩大的部分承担侵权责任。

本书认为，该案中，被告作为一个平台，对用户身份管理以及投诉机制设置均存在过错，承担侵权责任理所应当。在无法提供上传者信息情况下，承担赔偿责任也是应当的。

第四节 平台管理中的注意义务

一、注意义务概念

在现代侵权法上，无论是大陆法系还是英美法系，注意义务是过错侵权责任的核心要素，一般认为，过失包括注意义务的存在以及违反注意义务两个层面。在古典侵权法时代，过失的判定主要采用主观标准，即通过判定行为人主观心理状态来确定其有无过错，而那时过错责任原则是侵权法的基本的归责原则。

在大陆法系国家，20世纪以来侵权法的重大变化是主观过失向客观过失的转化。客观过失说早在罗马法中就已经萌芽，在罗马法中就曾以"善良家父"行为作为判定行为人有无过失的标准。"善良家父"即负有注意义务的人。1932年，英国在Donoghue V. Stevenson一案之后，正式形成了过失的概念，也同时提出了"注意义务"原则，这就是法官艾根·阿特金勋爵（Lord

Atkin）在该案的判决中所说的："过失是一种被告违反其对原告所应给予的注意的义务。"温菲尔德（Winfield）明确提出："普通法所称的过失，是指被告违反了某种法定的注意义务，并对原告造成了损害。"

在平台企业法上，平台注意义务也是衡量平台是否具有过失的依据。

二、平台从事管理活动时注意义务的特点

平台的注意义务，具有以下几个特点。

第一，平台的义务是一种作为义务。以行为人的行为方式为标准，注意义务包括作为的注意义务和不作为的注意义务。在日常生活中，普通的注意义务是一种不作为义务。依据法律规定，任何人不得侵害他人的物权、人身权和知识产权等民事义务，这是法律要求每个公民、法人对他人所负的一般性义务。此种义务也称为普遍性的不作为义务。违反此种义务，即能构成侵权行为责任。当然，注意义务发生在特定人之间，也包括一些作为义务。比如，医生对其病人负有注意的义务；高速公路的驾车人应对其他人负有注意的义务；特定场所的管理人具有安全保障义务；❶ 等等。平台有从事规则的制定、执行、纠纷裁决、公共产品提供等方面的义务，这些义务均为作为义务。平台不仅要从事作为义务，而且在提供作为义务的同时，需要谨慎注意，不得损害他人的合法权益。

第二，平台的注意义务既包括行为致害后果预见义务，也包括行为致害后果避免义务。行为致害后果的预见义务是要求行为人集中注意力，在自己能力所及的范围内认识到自己的行为可能产生致害的后果的义务。比如，协助维权，如果平台未能采取有效措施，则可能损害权利人的利益。行为致害后果的避免义务则要求行为人在预见自己的行为可能发生致害结果的情况下，应采取有效的措施，防止、避免致害结果的发生。比如，平台提供的自治规则、工

---

❶ 2003年出台的《最高人民法院关于审理人身损害赔偿案件适用法律若干问题的解释》第6条第1款规定："从事住宿、餐饮、娱乐等经营活动或者其他社会活动的自然人、法人、其他组织，未尽合理限度范围内的安全保障义务致使他人遭受人身损害，赔偿权利人请求其承担相应赔偿责任的，人民法院应予支持。"

具、服务，如果存在瑕疵的话，可能会损害用户权益。

第三，平台的注意义务既可能是一种特殊的注意义务，也可能是一种一般的注意义务。以注意义务的规范特性为标准，注意义务包括一般注意义务和特殊注意义务。一般注意义务即法律规定一切人均不得侵犯他人合法权益的注意义务；特殊注意义务即行为人基于与他人的特定法律关系而应尽到的对他人的特定的注意义务。平台和用户之间是一种特殊的注意义务。用户在平台上损害其他第三人权益，平台未尽必要注意义务的，也可能要承担法律责任，平台和该第三人之间是一种一般的注意义务。

第四，平台的注意义务既可能是一种针对不特定用户的抽象义务，也可能是针对特定人的具体义务。前者主要是在一般的平台管理工作中产生，最为典型的为制定自治规则、提供交易工具等。后者主要是在一些个案中产生。例如，权利人根据平台投诉机制发出侵权警告，在这种情况下，平台就产生了具体的注意义务。忽视了这种具体的注意义务，要对特定人承担侵权责任。

第五，平台注意义务是一种高度注意义务。注意义务包括普通注意义务和高度注意义务。普通注意义务是社会普通人员应有的注意义务；高度注意义务则是特定的职业者如医生、律师、注册建筑师、注册会计师、注册评估师等专家应当具有的注意义务。另外，如高速公路作为通行服务活动载体，其经营管理者负有高度的安全保障义务。学校对学生也要承担较高的注意义务。平台承担高度注意义务，原因有以下几方面：首先，平台向数量众多的用户开放，交易活动中蕴含的侵权危险相较于特定的物理空间或活动更大；其次，平台不仅提供信息发布服务，还通过交易撮合深度地介入交易过程；最后，平台经营者在控制手段上拥有比物理空间或活动的管理者更强的危险防范能力。要求平台承担较高的注意义务也同平台设立时的门槛要求直接相关，如果缺少相应的技术人才、管理人才、金融人才、法律人才，缺乏完善的管理制度，不具备基础设施，根本就不能从事平台业务。

三、平台注意义务的产生依据

（1）制定法。注意义务的存在首先在于法律的明确规定。这里所谓的法律，是广义的法律，在我国是指作为法的渊源而存在的一切制定法规范。依此产生的注意义务一般较为明确、具体，容易查明和为人们所理解、接受。包括《电子商务法》，未来如果制定专门的《平台企业法》，该法将成为注意义务的首要法律渊源之所在。

（2）平台自治规则。除了制定法外，平台自治规则是平台运作的最为重要的依据，也是平台对用户和社会的一项重大承诺，是由平台单方面制定的，是平台注意义务的重要渊源。平台如果自己违反了自治规则的内容，即可视为违反注意义务。❶

（3）与平台相关的技术规范。技术规范是指人们在认识、改造自然的过程中，在运用劳动资料作用于劳动对象的生产活动中，所形成的全社会都必须遵守的某些行为规则。平台是以信息技术为基础的，相关的技术规范主要是信息技术或数字技术规范，如身份确认时的数字签名技术规范。这些技术规范也是衡量平台有无履行相关注意义务的判断标准。

（4）行业或商业惯例。行业或商业惯例是指在一些行业或商业领域中，由于长期交易活动而成为习惯，并逐渐形成的为所有参与交易者公认并普遍得到遵行的习惯做法。但在平台领域，平台本身是新生事物，出现时间不长，但也会形成一些规则。例如，不得蹭流量、不得影响他人软件运行、不得破坏他

---

❶ 2020年3月7日，国民党主席、中常委补选结果出炉，国民党便向台湾地区社团主管机关"内政部"，申请变更政党负责人登记，"内政部"在4月6日函文予以备查。国民党接着向台北地方法院声请办理变更登记，遭法院退件，原因是未设副主席，也未符合2019年国民党"全代会"在党章中新增"主席需指定5位县市长为中常委"的规定。显然，在我国台湾地区所谓"民法"上，国民党是个社团组织，奉行社团自治，其章程也是公权机关判断其行为是否合规的依据。

人商业模式等。❶

【延伸阅读】平台究竟应该承担多大的责任？汉德公式就是解决这个问题的指南。❷ 汉德公式是美国著名法官汉德（Learned Hand）在1947年判决一宗拖船意外碰撞事故的诉讼案（美利坚合众国诉卡洛尔拖船公司，United States v. Carroll Towing Co.）中所创立的，是今天仍被广泛参照的责任分摊原则，即涉及事故的各方应该承担的责任，与其避免事故所需要付出的代价成反比。也就是说，谁越容易避免事故，谁承担的责任就越大；反之，谁避免意外所要付的成本越高，谁的责任就越小。这样来分摊责任，将使得全社会避免意外的总成本是最低的。例如，酒驾司机和路上行人，都可以通过小心翼翼来避免交通事故，但让酒驾司机自觉不开车的成本，就比让路上行人识别酒驾车辆的成本低得多，所以酒驾司机就应该承担更大的责任，于是便有了各国通行的禁止酒驾的法律。

同理，一家专门提供侵权视频节目的网站，如果它很容易检测到这种侵权行为，那它就应该负有很大的责任。与此相对照，一家提供搜索服务的网络平台，如果它事前识别不良信息的成本极为高昂，那它的责任就很小。当然，汉德公式的计算是动态的。如果不良信息已经被人发现并举报，那么网络平台删除不良信息的成本就大幅下降了，它应该负有的责任也就随之上升。

---

❶ 王利明教授认为："民法上的道德义务不限于法定义务，还包括道德义务。道德义务是社会一般道德标准，而不是单个个人的道德标准向行为人提出的正当行为的义务。注意义务源于道德规范，从而把人的日常生活有关的一些社会共同规则纳入了注意义务内容，显然有利于保护行为人的行为所涉及的他人利益，有利于加强行为人的责任感，以维护社会的安定。"参见王利明：《侵权行为归责原则研究》，中国政法大学出版社2003年版，第254页。笔者认为，民法上的注意义务实际上就是法律义务，道德义务不能完全等同于民法上的注意义务，至少道德义务中的积极作为义务不能上升为注意义务。在商业领域中，道德义务也应当仅仅体现为一种消极不作为义务，即不得不当影响别人，以邻为壑，而不在于积极帮助他人。

❷ 薛兆丰：《互联网平台治理可遵循这三条规律》，载http://www.china.com.cn/opinion/think/2016-07/21/content_38930876.htm，访问时间：2020年2月17日。

四、衡量平台注意义务的考量因素

1. 技术因素

对平台施加注意义务，必须要考虑在技术上是否可能。本书认为，主要考虑两个问题：一是平台的主动审查义务是否可能，二是主动审查义务如何实现。

（1）主动审查义务是否可能。所谓主动审查，指不管对合法性审查，还是侵权审查，对于平台而言，即借助技术手段，包括关键词检索等，对违法侵权的内容主动进行排查。

早期，各国在立法上并不认为平台具有主动审查义务。比如，《美国数字千年版权法》第512条（m）款规定，网络服务提供者的责任限制不以监督网络服务主动查找侵权的事实为前提。欧盟《电子商务指令》第15条第1款规定，成员方不应当要求服务提供者承担监督其传输或储存信息的一般性义务。欧洲法院认为，对平台施加一般的监控义务与《知识产权指令》第3条相违背，该条要求各成员方采取的知识产权执法措施应是公正、成比例的，不能带来过高成本。❶ 我国最高人民法院认为网络服务提供者未对网络用户侵害信息网络传播权的行为主动进行审查的，法院不应据此认定其具有过错。❷

主要理由在于：一般的网络服务提供者不直接控制侵权内容，无须进行全面的事先审查，面对海量信息，全面的事前审查也不可行。一是因为技术上不可行。对于侵权行为，平台基本不可能通过算法来排除，因为这涉及众多迥异侵权判断规则以及合法来源与合法销售等的区分。❸ 权利人在获得技术发展所带来的巨大红利时，需要在一定程度上认识到技术所带来的一定程度的利益损失风险。❹ 二是因为可能侵犯用户的数据和隐私权。在腾讯地图信息标注侵权案［（2019）湘10民终1178号］中，二审法院认为，网络服务提供者客观上

---

❶ See eBay vs. L'Oréal（Case C-324/09）.

❷ 《最高人民法院关于审理侵害信息网络传播权民事纠纷案件适用法律若干问题的规定》第8条。

❸❹ 曹阳：《互联网平台提供商的民事侵权责任分析》，载《东方法学》2017年第3期。

没有能力对每条信息进行审查,因此,其注意义务原则上不应包括对网络用户所发布信息的主动审查和事先审查义务。

可见,在互联网发展初期,不管在立法上,还是在司法中,一般对平台不设置主动审查义务,其目的是防止不合理的审查阻碍平台经济发展。但目前,随着技术的发展,平台的主动审查义务也开始产生。欧洲议会于2018年9月12日通过《欧盟版权法》,其中第13条强制性地要求互联网公司在上传环节设置技术进行过滤,以避免侵犯知识产权的相关内容被上传。该条进一步加重了网络服务提供者的审查义务,将来在立法上有可能进一步要求平台承担主动检查与监控义务,包括平台是否对违法侵权网络信息进行过处理、是否具备管理信息的能力、采取预防侵权措施的技术可能性、该网络信息侵权的类型及明显程度等。

2019年12月23日,浙江省高级人民法院民三庭发布的《涉电商平台知识产权案件审理指南》第23条规定,电商平台经营者在知识产权方面的合理注意义务不包括一般性的事前监控义务,但符合下述情形的,人民法院可以认定电商平台经营者未尽到合理注意义务,其中之一就是"未采取侵权行为发生时已普遍存在的监控侵权的有效技术手段,例如,未对标注'假货''高仿'等字样的链接进行过滤、未在已经投诉成立的侵权链接再次上架时进行拦截等"。这种普遍存在的监控侵权的有效技术手段,实际上就是对主动审查的规定。

(2)主动审查建立在技术可能性基础上。本书认为,立法上规定平台根据自身的类型、技术特点设立主动审查制度,应当是一个未来的发展趋势。当然,主动审查义务应当是适当的、在技术许可范围内的。例如,因淘宝网的卖家数量和商品数量特别巨大,从2014年开始,阿里巴巴安全技术人员开发的文本识别引擎将关键词过滤升级为语法语义分析,同时引入机器学习算法,取代了人工搜索和经验判断。在此基础上建立起来的信息排查平台,发退货、登录IP、商品文字、图片描述、交易、消费者评价、维权、权利人投诉,甚至是社交媒体数据等16个维度和特征的数据在被提取和交叉分析后,从中剥离出涉假信息,对全网10亿级的商品数据进行全量检索和处置,支持多达60个维度的组合条件筛选,每天消息处理量 2 亿条以上。当一切都能被记录和对比分析时,售假者的行为就会被追踪,变得无处可藏。

另外,基于平台大数据技术,淘宝网研发了"假货模型"系统,通过阿里云大数据处理平台 ODPS 和机器学习算法研究,正在不断优化各种假货模型,已达到实时分析数据每秒 1 亿次的速度。该系统可从账号、商品、交易、物流等多个维度,对淘宝数百万卖家进行实时评分,对涉嫌售假的商品和账号等进行排查,识别出具有售假风险的高危用户和售假团伙。系统会在概率理论基础上,依据预先设定的逻辑,作出是否属于出售假冒、盗版商品的判定。对于"假货模型"系统排查出的涉嫌出售假冒、盗版商品的数据,淘宝网会进行进一步核实和判定。在形式审查"误杀"情况下,也需要借助投诉机制进行实质性审查,恢复到原来的状态。

总之,随着互联网产业的不断发展,对于平台的主动审核义务要求不断提高,一些案件中"避风港原则"不再适用,法院将保护重心转向权利人。确立平台的主动审查义务,但毫无疑问,这种主动审查义务建立在技术可行性基础上。

2. 商业效率性标准

注意义务的设定标准不能过高,否则会影响平台的发展,损害正常的商业模式。这就要求平台在进行主动审查时,一般不进行实质性审查。很多情况下,违法性的判断要求判断主体对案件事实进行充分调查并具备较强的法律专业能力,特别是在法律规范中涉及违法性判断的表达充满了不确定法律概念,如"符合人身、财产安全的要求""侵害消费者合法权益""侵犯知识产权"等,其解释与适用要求具有充足的专业知识与实务经验。平台在案件事实调查与法律适用方面相较于行政机关具有先天不足,故而其违法性判断只需达到一定程度即可,平台更多的是通过技术手段对平台内的海量信息进行筛查。如果无原则地将平台的审查义务从线上调查延伸到线下调查,将给平台带来巨大的金钱与人力成本,将对平台经济的创新带来损害。

2019 年 12 月 23 日,浙江省高级人民法院民三庭发布的《涉电商平台知识产权案件审理指南》第 24 条规定,电商平台经营者通过设置热销榜单、推荐明星产品等方式对商品或服务进行人为推荐的，应承担较高的注意义务。电商平台经营者主要通过合理的自动化技术手段实施实时销量排名、个性化推送等行为的，一般不导致其注意义务的提高，但电商平台应对其采用自动化技术手段的事实及其合理性承担举证证明责任。应当说，这仍然是基于商业效率性的考量。

【案例解读1】在北京乐动卓越科技有限公司与阿里云计算有限公司侵害信息网络传播权纠纷案［（2017）京73民终1194号］中，法院认为，阿里云公司提供的是云服务器租赁服务，其对云服务器中运行的软件系统和存储的具体信息内容无法直接进行控制，在技术上不能针对具体信息内容采取"删除、屏蔽、断开链接"的措施。基于云服务器租赁服务的技术特点，阿里云公司所能采取的与"删除、屏蔽、断开链接"相同效果的措施是"关停服务器"或"强行删除服务器内全部数据"。

网络服务提供者通过租用云服务器建立并向网络用户提供的信息服务业务类型多种多样，包括门户网站、视听网站、电子商务平台、社交平台、信息存储和发布平台及各类应用软件平台。如果阿里云公司在接到权利人合格通知的情况下，即必须采取前述措施，则其措施的效果将是直接停止网络服务提供者通过该云服务器进行的全部互联网活动。这与信息存储空间服务提供者根据权利人通知提供的信息，确定并清除具体网页、图片、视频的性质和后果是完全不同的。对于网络服务提供者而言，"关停服务器"或"强行删除服务器内全部数据"的严厉程度远超过"删除、屏蔽、断开链接"，是互联网领域可以采取的最严厉措施之一。鉴于信息服务业务类型不同，以及权利人主张权利内容不同，阿里云公司仅根据权利人通知即采取后果最严厉的"关停服务器"或"强行删除服务器内全部数据"措施有可能给云计算行业乃至整个互联网行业带来严重的影响，并不适当，不符合审慎、合理之原则。即使接到有效通知，阿里云公司亦非必须采取"关停服务器"或"强行删除服务器内全部数据"的措施，而应当基于通知内容所能提供的信息及根据该信息所能作出的一般性合理判断，采取与其技术管理能力和职能相适应的措施。

另外，从市场角度上考虑，云计算行业的发展现状决定了对阿里云公司注意义务的要求不能过于苛责。当前，云计算已经步入了第二个发展10年。从我国云计算行业的发展阶段来看，若对云计算服务提供者在侵权领域的必要措施和免责条件的要求过于苛刻，势必会激励其将大量资源投入法律风险的防范，增加运营成本，给行业发展带来巨大的负面影响。动辄要求云计算服务提供者删除用户数据或关闭服务器，也会严重影响用户对其正常经营和数据安全的信心，影响行业整体发展。

【案例解读2】 在杭州刀豆网络科技有限公司诉长沙百赞网络科技有限公司、深圳市腾讯计算机系统有限公司侵害作品信息网络传播权纠纷案[（2018）浙0192民初7184号]中，2018年8月，刀豆公司向法院起诉称，百赞公司未经许可，擅自通过所经营的"在线听阅""咯咯呜""回播"等微信小程序提供其享有信息网络传播权的《武志红的心理学课》在线播放服务，涉嫌构成著作权侵权；腾讯公司作为微信小程序的平台管理者，具有审核的义务，但腾讯公司在审核涉案小程序后，在应知的情况下，仍然放任百赞公司的侵权行为，涉嫌构成帮助侵权。

杭州互联网法院经审理查明，各个小程序开发者服务器数据不保存于腾讯公司，开发者通过小程序直接向用户提供数据和服务，腾讯公司无法精准删除侵权内容，而以部分侵权行为存在为由直接认定其负有整体删除开发者小程序义务，不利于小程序新业态的发展。此外，小程序一旦开发完成并上线运营，腾讯公司作为页面接入技术提供者无法再对网站施加任何影响。如一定要屏蔽侵权信息，腾讯公司技术上可采取的措施只有彻底关闭通信端口，切断用户与开发者之间的联系通道，即彻底删除小程序，但一律彻底删除小程序并非法律规定的"采取必要措施"所追求的"定位清除"效果。据此，法院驳回了原告对腾讯公司的诉讼请求。当然，由于腾讯公司对开发者主体信息均进行实名认证，其可向开发者主张权利。

3. 个案中的实质审查

尽管基于技术可能性和商业效率方面的考量，平台不能进行普遍性的人工审查、实质审查、线下审查，但并不意味着平台在任何时候都不能进行实质审查。在个案中，平台可以进行实质审查，也应当进行实质审查，实现实质正义。比如，百度公司提供的竞价排名服务是为了解决检索结果页面资源的有限性和网络商户的竞争性之间的矛盾，其初衷是为商家在浩如烟海的信息海洋中找到一个醒目位置，便于消费者识别。虽然竞价排名服务推出伊始，参与竞价排名的关键词一般为热门的、普通的、行业性的属于公共资源的词，诸如"手机""知识产权律师""司法考试培训"等，但随着网络市场的发展，一些持有商标的商家也开始纷纷利用商标文字作为关键词参与竞价排名获取网络商机。因此，在当前的互联网背景下，从技术和法律两个层面综合来看，作为一般网络服务提供者的百度公司在经营竞价排名服务过程中，至少负有两方面的注意义务：其一，审查商标关键词是普通词汇还是驰名商标，若为驰名商标，则需要审查注册商标权利证书、营业执照等相关资质证件，拒绝在未经同意的情况下将他人的文字商标作为关键词进行竞价排名；其二，审查竞价排名关键词链接的目标网页是否有权利瑕疵。[1]

【案例解读】 在李留某名誉权纠纷案［（2017）沪0106民初12920号］中，原告李留某于2004年因涉嫌非法进行节育手术罪被浦东新区公安局刑事拘留，后被批捕。同年，被告上海文广制作了该涉案节目，对案件的侦查活动进行了报道，并在案件聚焦栏目予以播放。节目中，既未对原告的面部进行马赛克处理，亦未隐去原告姓名，并以原告被检查机关提起公诉作为节目结尾。而该案最终于2007年以浦东新区人民检察院撤回起诉，浦东新区公安局撤销该案，浦东新区人民检察院和浦东新区人民法院对原告作出共同赔偿而告终。2016年，被告董某某将该案涉案节目视频上传至腾讯视频，搜索标题为《被害人胸衣被剪刀从前到后剪开！实录事件真相》，截至2017年1月19日，该视频播放量达5.7万次。原告李留某认为，被告上海文广进行失实报道的行为、被告董某某将该节目视频上传网络以赚取流量营利的行为和被告腾讯公司

---

[1] 黄武双：《搜索引擎服务商商标侵权责任的法理基础——兼评"大众搬场"诉"百度网络"商标侵权案》，载《知识产权》2008年第5期。

未尽审核义务的行为，侵犯了原告名誉权，并共同导致了原告名誉受损的后果，遂将上海文广和腾讯公司一同诉至法院。后又在庭审过程中，申请追加董某某作为该案被告，法院予以准许。该案中，法院最终裁判腾讯公司不构成侵权。

本书认为，第一，腾讯公司提供的是一种平台管理服务，包括产生纠纷后的协助维权义务。只有在原告对平台提出侵权通知后，平台才负有实质审查义务。第二，平台的注意义务和其他主体的注意义务是不同的，应当承担独立的管理责任，而不是连带侵权责任。

第五节　平台管理责任的赔偿范围、标准、责任方式

基于平台首要职责是实施管理，管理的目标是维护平台生态系统健康，实现的是一种准公共利益，不同于平台经营行为，因而有必要对平台管理行为规定特殊的法律责任，即管理责任。管理责任不仅在法律性质、构成要件等方面具有特殊性，而且在赔偿范围、赔偿标准、责任方式等三个方面具有特殊性。总的精神是基于平台运行管理的实际情况，参照国家赔偿法的相关制度，减轻平台的赔偿责任。

一、管理责任的赔偿范围

（1）可赔偿的损害原则上仅包括对人身自由、生命健康权和财产权的损害，对于名誉权、荣誉权、姓名权或名称权、肖像权等其他人身权所受到的损失以及精神损害，原则上不予赔偿。造成严重后果的，可以予以赔偿，包括支付一定的精神损害抚慰金。❶

（2）损害必须是实际上已发生并现实存在的，而不是抽象的、可能的损害。将来的损害如果不可避免，也可以视为已经发生的现实损害。例如，未能

---

❶ 在国家赔偿方面，对精神损害进行赔偿是一个客观趋势。比如，法国从1964年以后，行政主体对包括物质损害、精神损害在内的一切损害负赔偿责任。参见王名扬：《法国行政法》，中国政法大学出版社1988年版，第718页。

参加某项竞争性考试，丧失某种机会，不能得到赔偿。除非受害人能够证明，该项利益必然能够获得。

（3）受损害的利益必须是合法的利益，非法利益的损害不能引起赔偿责任。

（4）只对直接利益损害进行赔偿，一般不对间接损害进行赔偿。平台并不对所有的侵权行为都承担赔偿责任，也不对管理行为所造成的所有损害都要赔偿，而只赔偿管理行为对人身权和财产权造成的最低限度的直接损害。与此不同的是，民事赔偿存在于所有的民事侵权行为中，民事侵权行为人不但要全额赔偿给受害人的各种合法权益造成的直接损害，而且要赔偿一定的可得利益的损失，即赔偿间接损失。

二、赔偿标准

管理责任类似于国家赔偿责任，国家赔偿责任具有确定的标准。例如，根据《国家赔偿法》规定，侵犯公民人身自由的，每日赔偿金按照国家上年度职工日平均工资计算；返还执行的罚款或者罚金、追缴或者没收的金钱，解除冻结的存款或者汇款的，应当支付银行同期存款利息；造成身体伤害的，应当支付医疗费、护理费，以及赔偿因误工减少的收入。减少的收入中的每日的赔偿金按照国家上年度职工日平均工资计算，最高额为国家上年度职工年平均工资的五倍，等等。

这就是说，发生赔偿时，如果平台自治规则中有对赔偿范围规定的，平台自己处理的，应适用该规定。人民法院在处理时，可以参照该规定。但如果该规定严重不合理，也可以在诉讼过程中确认其无效，而不予参考。如果平台自治规则中没有规定的，不妨参照国家赔偿法的规定，确定赔偿标准。

三、责任方式

（1）返还财物或虚拟财产。虚拟财产是随着互联网尤其是网络游戏的发展而出现的一个概念，特指具备现实交易价值的虚拟物，且必须依赖于网络空间中的虚拟环境而存在，主要包括游戏账号、游戏角色及其游戏过程中积累的

"货币""装备""宠物"等物品。由于狭义的虚拟财产已经超脱了纯粹的网络环境，与社会现实发生了联系，并具备了一定的交换价值，而成为具有法律意义的财物。平台在实施管理过程中，执行平台规则，对用户进行处罚，罚没财物或虚拟财产的，应当予以返还。

（2）恢复信用分或信用评价等级。自从芝麻信用分推出之后，很多互联网企业都随之推出自己的用户信用分。刷信誉又叫"刷钻""信用炒作""刷信用""互拍""旺掌柜""群拍"或者"炒作信用度"，是指在淘宝、拍拍、有啊等购物网站中，买卖双方以抬高信用为目的，或双方在无实际成交的情况下作出"满意""好评"评价的行为。对此，淘宝的处理方式为删除炒作的部分信誉，发警告通知（其中分6个月和3个月公示及永久公示）。如果对刷信誉行为处理有误的，应当恢复信用分以及信用等级。

（3）解除封号或恢复链接。例如，在微信中，导致封号的原因通常包括以下几个：一是使用外挂软件，比如为及时抢到微信群中的红包；二是频繁添加好友，为了限制微商的操作，腾讯后台系统会自动监测，如果某一个账号一次性添加多个好友时很有可能面临封号；三是使用微信分身，很多用户通过使用了一些非法软件，拥有多个微信分身，而导致封号；四是频繁发送链接，微信可能就认定用户在分享具有营销性质等的链接，这也会造成封号。如果封号错误，则应当予以恢复。另外，在电商平台上，侵犯他人权利，特别是知识产权，一般都会删除链接并扣分。如果发现错误的，则应当恢复链接。

（4）停止侵害。适用于侵害行为正在进行和继续进行的，以及存在侵害的现实危险情况，不论继续时间的长短。停止侵害的主要目的是制止侵害行为，防止侵害的扩大。❶"停止侵害"应是平台承担侵权责任的主要方式。这是因为，平台作为互联网信息流动的基础设施构建者，其对平台上的信息具有最为及时和全面的管控力。因此，让平台采取相应技术手段，制止侵害行为，防止损失的进一步扩大，是对权利人最有效的保护方式，同时，也不会对平台施以过重的负担。需要注意的是，平台在其争端解决义务下所采取的一些管理

---

❶ 魏振瀛：《侵权责任方式与归责事由、归责原则的关系》，载《中国法学》2011年第2期。

措施和类司法保全的措施，以及司法协助义务下对涉诉侵权内容的及时删除或屏蔽，是对其义务的履行，而非责任的承担。

（5）直接赔偿经济损失。平台管理行为给用户造成直接经济损失的，则应当予以赔偿。致人精神损害并造成严重后果的，应当支付相应的精神损害抚慰金，标准可参照国家赔偿法。

四、不可适用的责任方式

《侵权责任法》第 15 条第 1 款规定："承担侵权责任的方式主要有：（一）停止侵害；（二）排除妨碍；（三）消除危险；（四）返还财产；（五）恢复原状；（六）赔偿损失；（七）赔礼道歉；（八）消除影响、恢复名誉。"

上述责任方式，对于平台而言，有几项并不适合其承担。

（1）关于赔礼道歉。其中第（7）项的"赔礼道歉"和第（8）项的"消除影响、恢复名誉"仅适用于如名誉权等人格权受到侵害时的救济，而不适用于如信息网络传播权等财产权受到侵害时的救济。赔礼道歉对于抚慰被侵权人的精神伤害，增强侵权人的道德意识，化解矛盾，具有其他责任方式不可替代的作用。赔礼道歉的功能主要不是制裁，而是教育，重在尊重人格。因而，赔礼道歉适用的侵权主体应当是对被侵权人直接造成精神伤害的直接侵权人，不适用于平台的侵权责任承担。

（2）关于排除妨碍。"排除妨碍"的使用事由通常为：存在不正当的妨碍他人行使民事权利或者享有民事权益的状态。妨碍状态应当具有不正当性，即没有法律根据，没有合同约定，超出了合理限度。❶ 在平台需承担侵权责任的情形中，其往往不是妨碍了权利人对相应民事权利的行使，而是使权利人民事权利所遭受的损害被进一步扩大。因而，"排除妨碍"这一侵权责任承担方式同样不适用于平台的侵权责任承担。

（3）关于"消除危险"。消除危险指的是造成他人人身或者财产安全危险的，被侵权人可以请求侵权人消除危险。例如，房屋将要倒塌；从事高度危险

---

❶ 魏振瀛：《侵权责任方式与归责事由、归责原则的关系》，载《中国法学》2011 年第 2 期。

作业，没有按有关规定采取必要的安全防护措施；等等。❶ 而在平台需承担侵权责任的情形中，现实的损害通常已经发生，而非现实损害发生前的危险状态，因而，"消除危险"这一侵权责任承担方式也不适用于平台的侵权责任承担。

第六节　平台管理责任与避风港原则、红旗原则

在互联网领域有两个著名的原则，即避风港原则和红旗原则，前者为互联网服务商的免责规则，后者则为其责任承担规则。基于本书确立的理论视角，平台行为包括管理行为和经营行为，并在法律责任方面有必要区分管理责任和经营责任。平台在从事管理行为时，没有追求直接的经济利益，这是一个根本前提。在此前提下，如果不存在主观过错，包括故意和过失，就不需要承担赔偿责任，这就是所谓避风港原则。平台在协助维权时，如果存在主观故意，包括明知和应知两种情形，就要承担连带侵权责任，这就是所谓红旗原则。实际上，避风港原则就是平台在协助维权时的免责规则，而红旗原则是平台在协助维权时从管理责任到经营责任的转化规则。

一、平台从事管理行为是适用避风港原则的根本前提

1. "避风港原则"的来源

"避风港原则"指的是网络服务提供者已尽到合理注意义务，没有直接参与侵权行为，在收到权利人要求删除相关侵权信息后，及时采取必要措施，该网络服务提供者就不需要承担侵权责任的免责条款。简单地说，就是所谓"通知+必要措施（删除）"规则。

避风港规则是对网络服务提供商责任影响最为深远的法律规则。该规则来源于1998年制定的《美国数字千年版权法》，考虑到网络提供商在面对海量第三方内容时，无法进行逐一审查，因此免除其版权审查的一般性注意义务。互联网服务提供者根据避风港原则免于赔偿责任有以下三个前提条件。

---

❶ 魏振瀛：《侵权责任方式与归责事由、归责原则的关系》，载《中国法学》2011年第2期。

第一，要求网络服务提供者"实际上不知道有关内容或行为系构成侵权；由于实际上不知道，因而对表面上的侵权事实或情况，未加注意；在知道或注意以后，对侵权相关之内容，迅速进行删除或阻止他人访问"。

第二，要求网络服务提供者"未从该网络服务商有权利和义务进行干预的侵权行为中，直接获得经济利益"。

第三，要求网络服务提供者在接到"侵权通知以后，对引导或链接，立即删除或阻止他人访问"。

后来，该规则逐步从版权领域扩展至其他领域。《欧洲电子商务指令》也规定了提供通道、缓存和托管服务的网络中间商可享有避风港豁免，不要求其承担监督用户传输和存储的信息的一般性义务，也不要求其承担主动收集违法活动的事实或情况的一般性义务。

我国《信息网络传播权保护条例》结合《美国数字千年版权法》对"通知+删除"规则进行规定，并根据我国的立法情况建立了"通知+删除"规则的框架，且对通知以及反通知的内容作出明确规定，同时第一次对"转通知"进行了规定。《侵权责任法》第36条规定，未履行避风港规则下的"通知+必要措施"规则，对损失扩大部分承担连带责任，"知道"侵权存在而未采取措施同样承担连带责任。

2. 避风港原则的本质

第一，只有在平台从事管理行为时才适用。也就是说，平台在从事管理行为时，未直接取得经济利益。实际上，这也是平台管理行为和经营行为的根本区别之所在。如果平台取得经济利益，就是作为一个经营者行事，就不能适用管理责任规则。既然不能适用管理责任规则，就有可能和其他侵权人一起承担连带责任。

第二，仅仅是平台协助维权时才适用。平台从事众多的管理行为，与避风港原则、红旗原则相关的只有一种，即协助维权。也就是说，在第三人侵犯的时候，负有协助维权的公法义务，这种义务也是平台的职权、职责。

第三，从事管理行为仅仅是避风港规则的条件之一，要想免于承担赔偿责任，还不能存在主观过错，即不知道有关内容或行为系构成侵权。由于实际上不知道，因而对表面上的侵权事实或情况，未加注意；在知道或注意以后，对侵权相关之内容，迅速进行删除或阻止他人访问。

第四，避风港规则规定了平台的免责条件，一定程度上也可以看作平台承担连带侵权责任的构成要件：只要平台事先知道侵权事实，只要平台对该侵权行为有直接的经济利益关系，只要平台在接到侵权通知后怠于处理，平台即应承担连带侵权责任。

【案例解读】 在原告优酷网络技术（北京）有限公司诉被告北京百度网讯科技有限公司侵害作品信息网络传播权纠纷一案中，海淀法院判决百度公司赔偿经济损失100万元和合理开支3万元。据了解，该案是全国首例判令网盘服务提供商因怠于采取屏蔽措施制止用户侵权分享热播电视剧而承担赔偿责任的案例，同时也创下了全国类似案件判决赔偿额的最高纪录。法院认为，优酷公司经合法授权，取得涉案作品信息网络传播权的专有使用权。用户利用百度网盘服务将视频文件上传至服务器、生成链接分享至其他网站或网络平台进行传播，使公众可以在选定的时间和地点获得涉案作品，即直接实施了侵害涉案作品信息网络传播权的行为。百度公司在收到通知后未及时断开全部涉案链接，亦未及时对重复实施侵权行为的用户采取封禁等限制措施，存在一定主观过错。同时，考虑到百度公司接到通知后虽陆续断开侵权链接，但在涉案作品首轮播出的近一个月内侵权链接却呈倍速式增长，结合百度网盘服务的性质、方式、引发侵权可能性的大小及其具备的信息管理能力，百度公司有能力却未采取屏蔽措施制止用户分享涉案链接，导致了相应损害后果的发生，应当承担连带责任。

二、红旗原则是从管理责任到经营责任的转化规则

1. 红旗原则概念

依据避风港原则，只要主观上不知道侵权行为存在，也没有接到侵权通知，网络服务供应商即不承担责任，而权利人很难证明网络服务供应商的主观过错。而"红旗原则"规定，当侵权事实如同红旗一般显而易见时，就不再

适用"避风港原则"。由此，红旗原则是避风港原则的例外，是对避风港原则的补充和修正。

"红旗原则"最早规定在 1998 年美国版权法修正案中，《美国数字千年版权法》第 512 条（c）款规定了红旗规则，指当有关他人实施侵权行为的事实和情况已经像一面色彩鲜艳的红旗在网络服务者面前公然飘扬，以至于处于相同情况下的理性人都能发现时，如果网络服务提供者采取鸵鸟政策，故意装作看不见侵权事实，则同样能够认定网络服务提供者至少应当知道侵权行为的存在。

2. 红旗原则适用的范围应当限定为"主观故意"

如果侵权行为像一面色彩鲜艳的红旗在平台上公然飘扬，平台未采取必要措施的，应当理解为"推定知道"，即主观故意包括两种：知道或应当知道。前者为明知，后者为应知。在英美法系中，"明知"就是实际知道，包括两层含义，即"直接且清楚知悉某种事实或状况；或知晓某种信息或情况，而该信息或情况会引起一般理性人对事实作进一步的探究或查询"。❶"应知"是指"对于某人基于合理的注意就能了解的事实，法律推定其应该且已经了解该事实，而不论其事实上是否知情"。❷

2012 年《最高人民法院关于审理侵害信息网络传播权民事纠纷案件适用法律若干问题的规定》第 13 条规定："网络服务提供者接到权利人以书信、传真、电子邮件等方式提交的通知，未及时采取删除、屏蔽、断开链接等必要措施的，人民法院应当认定其明知相关侵害信息网络传播权行为。""明知"除了包括上述情形外，还包括收到法院起诉状等。其第 9 条规定："人民法院应综合考虑以下因素，认定网络服务提供者是否构成应知：（一）基于网络服务提供者提供服务的性质、方式及其引发侵权的可能性大小，应当具备的管理信息的能力；（二）传播的作品、表演、录音录像制品的类型、知名度及侵权信息的明显程度；（三）网络服务提供者是否主动对作品、表演、录音录像制品进行了选择、编辑、修改、推荐等；（四）网络服务提供者是否积极采取了预防侵权的合理措施；（五）网络服务提供者是否设置便捷程序接收侵权通知

---

❶❷ 薛波：《元照英美法词典》，法律出版社 2003 年版，第 26 页。

并及时对侵权通知作出合理的反应；（六）网络服务提供者是否针对同一网络用户的重复侵权行为采取了相应的合理措施；（七）其他相关因素。"

《消费者权益保护法》第 44 条规定："网络交易平台提供者明知或者应知销售者或者服务者利用其平台侵害消费者合法权益，未采取必要措施的，依法与该销售者或者服务者承担连带责任。"

《信息网络传播权保护条例》第 23 条规定："明知或者应知所连接的作品、表演、录音录像制品侵权的，应当承担共同侵权责任。"

《侵权责任法》第 36 条第 3 款规定："网络用户提供者知道网络用户利用其网络服务侵害他人民事权益，未采取必要措施的，与该网络用户承担连带责任。"《侵权责任法》第 36 条第 3 款规定的"知道"应包括"明知"和"应知"两种情形，网络服务商需对"明知"或"应知"范围内的所有损失承担连带赔偿责任。

我国于 2018 年颁布的《电子商务法》规定"通知+删除"的规则经过"通知—删除—转通知—反通知—转通知—终止"过程，❶ 该法第 43 条规定，电子商务平台接到反通知后，将反通知转送至知识产权权利人，如果转通知到达知识产权权利人后 15 日内，电子商务平台未收到权利人已经投诉或者起诉通知，应及时终止所采取的措施。第 45 条规定："电子商务平台经营者知道或者应当知道平台内经营者侵犯知识产权的，应当采取删除、屏蔽、断开链接、终止交易和服务等必要措施；未采取必要措施，与侵权人承担连带责任。"

本书认为，上述引文中"应知"这一用语想要描述的是一种不同于"确切地知道"的认识状态，这种认识状态应当定义为"推定知道"。因此，"应知"或者"应当知道"指的都是明知，因而都属于主观故意的范畴。

3. 红旗原则的内在逻辑

第一，平台从事管理行为时，如果明知或应知侵权行为存在，存在主观故

---

❶ 阿里巴巴实施"通知—删除"的流程是：投诉人注册账号并验证身份和知识产权权利信息；投诉方登录账号，提供投诉理由和侵权商品链接，发起投诉；阿里巴巴受理投诉，审核通过后，删除侵权商品链接；被投诉方根据删除的商品信息进行申诉，提交申诉材料；投诉方若认可申诉资料，可选择撤销投诉或者不申请小二介入；若不认可申诉资料，可申请小二介入；阿里巴巴受理申诉，审核通过后，恢复商品链接。

意,这种情况下,平台就丧失了作为管理者中立的地位,其中立立场受到质疑,平台作为管理者的品德和能力也势必受到质疑。在上述情况下,就不应再适用管理责任规则,而是适用经营责任规则,平台被当作普通经营者,同直接侵权人一起承担连带责任。

第二,平台对平台生态系统的健康负有主要责任,在侵权行为非常明显的情况下,依然不作积极处理,实际上也是放弃其管理者身份,放弃适用管理责任的机会。平台理应被当作经营者,和其他侵权人一起承担连带责任或补充责任。

说到底,红旗原则就是平台在协助维权时存在主观故意,从而丧失管理者地位,最终承担经营责任的一种转化规则。

【案例解读】 在北京中青文文化传媒有限公司、北京百度网讯科技有限公司侵害作品信息网络传播权纠纷案[(2018)最高法民再386号]中,最高人民法院认为,考虑到"百度文库"提供的服务方式,该文库中传播作品的类型以及百度公司对"百度文库"所具有的管理能力,基于诚信善意之人的注意义务标准,百度公司应当对"百度文库"中浏览量较高的文档予以合理关注。一审法院综合考虑百度公司应尽的合理注意义务,涉案侵权作品的传播数量,上传者身份,文档字数以及所涉内容,认定以一般理性人的标准,百度公司只需要施以普通的注意义务,即可容易地发现涉案侵权作品的明显侵权事实,进而认定百度公司没有尽到合理的注意义务,对于涉案侵权行为属于应知,其行为构成帮助侵权。上述认定具有事实和法律依据,在综合考虑涉案作品类型、知名度等因素的情况下,二审法院予以支持。

三、总结

第一,不管是避风港原则,还是红旗原则,仅仅适用于第三人侵权场合,只与平台管理行为、管理责任相关。避风港原则为平台协助维权时的免责规则,红旗原则为平台管理责任向经营责任的转化规则。如果仅仅涉及平台与用户之间的双边关系,避风港原则和红旗原则就无法适用。

第二，在各国现行立法中，不管是依据避风港原则，还是红旗原则，只要承担责任，即为帮助侵权、共同侵权，构成连带责任。其中的根本原因还在于：不承认平台管理行为、平台经营行为之间的区别，没有区分平台的管理责任和经营责任，没有意识到平台的双重身份，不承认管理责任的独立性。

第三，红旗原则实际上是对避风港原则的反向规定，但并不完全吻合。基于避风港原则，只要没有直接经济利益关系，只要不存在主观过错，包括故意和过失，平台即不承担连带侵权责任。基于红旗原则，只要基于故意，包括明知和应知两种情形，平台即承担连带侵权责任。显然，二者之间并不完全吻合。其中的差异之处就在于：平台协助维权，主观上具有过失时，如何承担责任。依据避风港原则，仍然应当为连带侵权责任；依据红旗原则则不然。本书认为，在仅仅具有过失的情况下，平台不能免责，但也不宜承担连带责任，即不应承担经营责任，而是独立承担管理责任。

【案例解读】在国家图书馆出版社（以下简称"国图出版社"）与北京百度网讯科技有限公司侵害作品信息网络传播权纠纷案 [（2017）京 0108 民初 19179 号] 中，一审法院根据《信息网络传播权保护条例》第 22 条规定，从五个方面论述百度公司没有过错，不应当承担赔偿责任。

第一，百度网盘网页"权利声明""版权投诉"部分明确公开了网盘服务提供者百度公司的名称、联系人和网络地址。

第二，公证书载明百度网盘明确标示其为信息存储空间，提供信息存储空间服务，不对用户上传的作品进行任何形式的更改。

第三，国图出版社在对被诉侵权行为进行公证保全的过程中，系直接输入涉案作品所在百度网盘网址，该种获取作品文件的方式并非百度网盘所提供的服务。百度公司作为百度网盘运营商，不知道也无合理理由应当知道涉案作品的存在。

第四，百度网盘中的广告系其整体盈利模式，而未专门针对涉案作品，国图出版社提交的证据不足以证明百度公司因涉案作品上传、分享而直接获利。

第五，国图出版社向一审法院提起该案诉讼前，向百度公司发送《权利通知书》，百度公司及时删除了《权利通知书》中涉案作品的链接。

该案中，很明显，法院除了大篇幅论述百度公司没有过错以外，还区分了平台是否从管理行为中直接营利。法院认为百度网盘中的广告系其整体盈利模式，而未专门针对涉案作品，国图出版社提交的证据不足以证明百度公司因涉案作品上传、分享而直接获利。当然，由于立法上没有区分管理行为和经营行为，没有管理责任概念。该案中，立法上对是否直接营利的区分，主要是基于平台注意义务方面的考量。如果直接营利的话，平台对涉案作品是否侵权方面的注意义务无疑更高一些。

第七节　平台管理责任的豁免

平台管理责任豁免指平台在特定情形下，不需要承担管理责任，当然，更不需要承担经营责任。豁免理由主要基于以下几个方面：一是参照国家赔偿法的相关规定，对规则制定行为、裁决行为、经济调节行为等准公权力行为予以豁免；二是参照侵权法的相关规定，在不可抗力、第三人行为、受害人自己同意等情形下，对平台进行豁免；三是参照产品质量法的相关规定，对技术瑕疵进行豁免。当然，不管哪一种豁免理由，其前提条件有两个：第一，平台对相关行为不存在直接的经济利益；第二，平台不存在主观过错，包括故意和过失。

一、部分管理行为的豁免

（1）制定规则行为。主要是平台制定自治规则的行为，也即平台"立法"的行为。这种豁免类似于立法行为对于国家赔偿责任的豁免。在国家赔偿法上，立法行为是国家豁免的主要领域之一，只有在很少情况下由国家承担赔偿责任。立法行为豁免的主要理由在于：立法行为本身不针对特定主体，具有普适性。

对于平台而言，制定自治规则行为本身得以豁免，主要原因也在于：平台所针对的并非具体的用户，用户因此遭受的是一种纯粹经济损失，只有在有证据证明其故意针对特定用户时，侵权责任才能够成立，平台才不能得以豁免。

当然，如果平台所制定的规则被确认为无效，平台据此获得的用户资产应当返还给用户。

（2）平台裁决行为。平台对用户之间的纠纷进行裁决，这是履行管理职责，类似于仲裁。对于裁决，可以进行司法审查撤销或不予执行。但平台本身没有牟利，因而不用承担法律责任。如果平台从中牟利的，本质上属于一种经营行为，应当承担经营责任。

（3）经济调节行为。经济调节类似于国家行使统治权的行为，不针对特定的平台用户，也相当于抽象行政行为，故不应当承担赔偿责任。

二、民法上的豁免

（1）第三人的行为。因为第三人行为造成损失的，受害人应当向该第三人索赔，平台本身没有过错，故无须承担赔偿责任。但平台如果存在过错，则仍然需要承担责任。比如，黑客入侵造成平台用户的损失。这个时候就需要考虑平台的安全技术、安全制度、安全管理是否存在漏洞或瑕疵，如果存在漏洞和瑕疵，平台就存在过错，依然要承担赔偿责任。

（2）不可抗力。所谓不可抗力，是指合同订立时不能预见、不能避免并不能克服的客观情况。包括自然灾害，如台风、地震、洪水、冰雹；政府行为，如征收、征用；社会异常事件，如罢工、骚乱。不可抗力作为免责条款具有强制性，当事人不得约定将不可抗力排除在免责事由之外。❶

对于平台而言，尽管其与平台之间不是一种传统上的合同关系，而是一种是否接受平台管辖的关系，但由于平台本身仍然是民事主体，因而其与平台之间仍然是民事法律关系。就这个角度而言，仍然可以参照适用不可抗力的规定，如果因为不可抗力造成用户损失的，平台不承担赔偿责任。但如果因为平

---

❶ 在涉及行政主体赔偿责任时，法国行政法上对不可抗力、受害人过错、第三者介入以及外国公法人引起的损害，认为不具有相应的因果关系，所以不负有赔偿责任，不是责任豁免问题。参见王名扬：《法国行政法》，中国政法大学出版社1988年版，第719-720页。

台迟延而遭遇不可抗力的，平台依然要承担赔偿责任，这是不言而喻的。

（3）受害人自己的同意。在民法上，受害人同意是指受害人事前明确作出自愿承担某种损害结果的意思表示。原则上，受害人对侵害行为的同意构成抗辩理由，但因为私人的权利不仅包含法律对其个人利益的保护，而且含有社会公共利益和秩序的因素。因此，受害人的同意作为抗辩事由，必须具备以下条件。

第一，时间条件——受害人同意在损害结果发生前作出。受害人同意必须先于损害作出，可以是受害人在侵权行为实施之前，也可以是在侵权行为实施时作出，只要在损害结果发生之前概无不可。

第二，行为表示条件——受害人同意必须明确表示。受害人同意一般情况下应该明示，但依据受害人的行为足以表明其对损害结果表示接受，采取推定方式亦无不可。受害人同意的相对人应当明确，即为特定。仅仅在平台上进行公告，或者在自治规则中予以规定，不能认为得到受害人明确的同意。

第三，责任承担条件——受害人同意的内容对将来产生的损害后果的承担责任。受害人同意的内容可以免除侵害行为人对该项损害后果的责任，对将来产生的损害后果的承担。其中，将来产生的损害应包括确定的损害和不确定的损害两种。确定的损害就是将来发生的及于确定权益的损害。不确定的损害是指将来可能发生的及于有限范围内的不特定权益的损害，即危险。受害人同意在一般情况下为接受确定的损害，在某些情况下，对接受危险也同样适用。应承认受害人同意包括对危险的接受，但应以受害人能够或者已经预见为限。

第四，意思表示条件——受害人同意应当真实、自愿。缺乏行为能力的受害人作出的接受损害的意思表示，不能认为是受害人同意。

第五，同意内容条件——受害人同意的内容遵守公序良俗。对于受害人同意的内容，不能违反法律强制性规定和严重破坏公序良俗。超出该限度和范围的，对受害人同意无效。加害行为人可在受害人同意的范围内而不承担法律责任，超出受害人同意的范围实施侵害造成其他损害的应当承担法律责任。

（4）受害人自己的过错。受害人过错是指损害的发生或者扩大不是由于行为人的过错，而是由于受害人的过错发生的。在程度上受害人过错可以分为故意、重大过失、一般过失三类，在判断受害人过错时应当采取客观标准，即采用一个合理、谨慎的人对自己人身或财产利益所应有的注意程度这一客观标准作为判断标准来确定行为人的过错及其程度。《侵权责任法》第 27 条规定："损害是因受害人故意造成的，行为人不承担责任。"

三、技术瑕疵豁免

平台的技术瑕疵是现有技术无法检测、无法克服的。以科技发展水平的限制作为缺陷产品致人损害的抗辩事由，是世界各国普遍采用的免责条件。按照这一原则，如果产品投入流通时的科技水平尚不能发现产品存在缺陷的，即使后来的科学技术水平达到了足以认识这种缺陷的能力，产品的生产者仍不承担已经投入流通领域的产品致人损害的责任。平台本身是以信息技术为基础的，存在技术缺陷也不可避免，如果平台本身没有过错，不应承担管理责任。

附录 《平台企业法（学者建议稿）》及立法说明

一、总则

第一条 立法目的

为规范平台企业的设立和行为，明晰平台企业的职权职责、权利义务、责任，维护平台生态系统健康，保护用户合法权益和社会公共利益，促进平台经济发展，依据宪法，制定本法。

立法说明：第一，本条是关于立法目的的规定，总的指导思想是：鉴于适应平台在现代经济生活中的中心地位，需要设置平台设立的门槛条件、强化平台的管理职权职责、适度弱化平台的管理责任。

第二，在此基础上，才能够维护平台生态系统的健康，保护用户权益和社会公益，促进平台经济发展。

第三，突出本法的法律地位，立法依据是宪法，是宪法下位的商事特别法。

第二条 基本概念

平台企业是一种以现代信息技术为基础而形成的，以对双边或多边用户实施管理并促进它们之间交易为主要业务的市场主体。

平台用户指利用平台信息网络系统进行交易或交流的法人、其他经济组织或自然人，包括平台内经营者以及其他用户。

平台内经营者是指在平台内从事商品服务交易的法人、其他经济组织或自然人。

平台管理指平台实施的、以促进平台生态系统健康为目的的规范、管制、给付、调节、协助等活动。

平台经营指平台从事的、直接以营利为目的的活动。

平台生态系统是指以平台为核心，包括多边客户，以及为多边客户提供交易支持和服务的各类行为主体，共同形成的一个相互依存的有机经济体系。

立法说明：第一，本条是关于平台企业法基本概念的规定，其中，平台是最为核心的概念，本法将平台规定为一种特殊的市场主体，现代信息技术是其技术基础，主要功能是实施管理、促进交易。特别强调，平台企业设立有注册资金的要求，其组织形式应当为公司，一般没有其他组织形式。

第二，平台管理和平台经营的区分是建构平台企业法的关键，平台的首要功能是实施管理，其次才是经营。

第三，平台生态系统是平台模式特有的现象，是平台价值链不同于传统企业线性价值链的基础，维护平台生态系统健康是平台管理的直接目的。

第三条 安全保障

平台企业完善安全制度，采用安全技术，强化安全管理，保障平台用户的人身、财产、信息安全，保障平台系统安全和社会公共安全。

立法说明：本条是关于平台企业法基本原则的规定。在一个虚拟世界中进行交易，首要原则是安全保障，这种安全保障分为三个层次：微观层次是用户个体的人身财产信息安全；中观层次是平台系统的安全，不要出现系统性风险；宏观层次是社会公共安全。这三个层次的安全是平台企业法都要考虑的问题。

第四条 信用保护

平台企业应当建立健全对用户的信用评价实施办法，促进平台信用体系建设，公平、公正、透明地开展信用信息的征集、评价、公示，维护平台内的信用秩序。

立法说明：信用保护也是平台企业法的基本原则之一，在虚拟世界中，没有信用就没有交易，主要在三个层面上展开：第一，信用体系建设层面，平台应当建立信用评价制度，这是在准立法层面；第二，在准执法层面上，对用户的信用进行评分、公示；第三，平台内信用秩序层面，强调维护信用秩序，防止用户或平台外的第三人滥用信用权益。

第五条　平台自治

实施平台自治，鼓励平台制定、执行自治规则，裁决平台内的各种纠纷，实施自主管理。

立法说明：平台由于其技术优势和信息优势，比政府更适于对用户直接进行管理。

第六条　政府监管

政府相关部门依法对平台企业的设立、管理、经营等方面实施监管，平台企业服从、协助政府监管工作。

立法说明：本条是关于平台主管机关的规定，也涉及平台和国家的关系。国家、平台、用户三者之间的关系是：政府对平台直接进行监管；平台对用户直接进行管理，实施平台自治；平台协助政府对平台用户进行监管；法院对政府、平台、用户三者之间的纠纷进行终极裁决。

二、平台设立

第七条　设立程序

设立特定种类的平台企业，法律法规规定应当经过相关部门批准，未经批准，不得从事平台业务，不得上线。

立法说明：一般来说，相关部门包括两种：一个是市场监管部门，主管平台的设立和运行；另一个是相关行业主管部门，涉及平台的特殊资质。例如，设立游戏平台，应当经过国家出版部门许可，在国家文化部门备案。

第八条　设立条件

设立平台企业，应当具备下列条件：（一）有符合本法和《中华人民共和国公司法》规定的章程；（二）有符合本法规定的注册资本最低限额；（三）有具备任职专业知识和业务工作经验的董事、高级管理人员、技术人员、法务人员；（四）有健全的组织机构和管理制度；（五）有符合要求的营业场所、服务器、软件系统以及其他必要设施；（六）有完善的自治规则。

立法说明：本条是关于平台设立条件的一般规定，具体规定在以下其他条款中。其中，平台与《公司法》中普通公司设立条件的不同之处在于：第一，要求具有技术人员、法务人员；第二，对服务器、软件系统以及其他技术设施有特别规定；第三，要求具备完善的自治规则。

第九条　注册资本

设立平台企业的注册资本最低限额为五千万元人民币，注册资本应当是实缴资本。法律法规另有规定的除外。

立法说明：本条是关于平台设立注册资金方面的规定，五千万元注册资金的要求，主要参照的是金融机构的注册资金要求，考虑到平台可能的管理需求。

第十条　技术设施

设立平台企业，应当具备相应的平台信息技术系统（网页、App 以及服务器），并拥有稳定的权利。

立法说明：本条是关于平台技术设施以及权利要求方面的规定，平台以现代信息技术为支撑，自然要求其具有完善的技术系统，并对该技术系统具有稳定的权利，这些权利不一定是知识产权或所有权，但至少应当具有比较稳定的使用权。

第十一条　技术人员

设立平台企业，应有不少于三名专职软件技术人员专门负责服务器、软件系统的维护、升级。

立法说明：本条是关于平台软件技术人员的规定，涉及网站、软件系统安全运行问题。

第十二条　法务人员

设立平台企业，应当不少于五名专职法务人员专门负责自治规则的制定、执行，并参与对纠纷的裁决。

立法说明：本条是关于平台法务人员的规定。平台是一个自治组织，需要相当数量的专职法务人员从事规则制定、执行，参与纠纷裁决工作。

第十三条　金融资质

平台企业经过许可后，才可以从事网络支付业务或其他金融业务。

立法说明：很多平台，包括淘宝这样的电子商务平台，微信这样的社交平台，更不用说很多P2P平台，需要在平台上进行支付或者先在平台上存放资金，这些行为实际上是金融行为，需要取得金融监管部门的许可，未经许可，即为非法经营。

第十四条　提交材料

设立平台企业，申请人应当向相关部门提交下列文件、资料：（一）申请书，应当载明拟设立的平台的名称、所在地、注册资本、业务范围等；（二）可行性研究报告；（三）技术安全报告；（四）平台自治规则；（五）技术设施权利证明文件；（六）专职人员学历经历证明文件；（七）提交的其他文件、资料。

经批准设立的平台企业，由相关机构颁发经营许可证，并凭该许可证办理登记，领取营业执照。

立法说明：本条是关于平台设立程序性的规定，主要涉及应当报送的材料和应当取得的资质。

三、平台管理

第十五条 平台管辖

用户加入平台，视为接受平台企业管辖。

立法说明：本条着重说明用户加入平台，并非和平台基于平等的合同关系，而是用户接受平台管辖，类似于加入某国国籍，成为该国公民。因此，自治规则并非用户和平台之间的格式合同条款。

第十六条 自治规则

平台企业应建立健全平台内交易规则、交易安全保障、用户权益保护、不良信息处理等管理制度，各项管理制度应以显著的方式提请平台用户注意，方便用户阅览和保存。

自治规则中存在以下内容的部分无效：

（一）违反法律法规强制性规定；
（二）违反公序良俗；
（三）排除或者限制用户基本权利；
（四）减轻或者免除自身责任；
（五）其他严重损害用户权益的情形。

无效决定可以由监管机关作出，也可以由人民法院在诉讼过程中认定，或者由人民法院判决确定。

立法说明：本条是关于规则制定方面的规定，这是平台自治的前提条件，主要涉及几个方面内容：第一，平台自治规则的主要内容，当然，不同种类的平台，其自治规则不同；第二，自治规则应当方便用户获得；第三，本条确定了自治规则无效的几种主要情形，综合了《立法法》中的法律保留、《合同法》中的格式条款以及合同无效的情形；第四，监管机关可以确定自治规则无效，对无效决定不服的，可以提起行政诉讼。用户可以对平台自治规则提出确认无效诉讼，也可以在诉讼过程中，涉及平台自治规则效力的，人民法院对规则的效力进行认定。

第十七条　身份管理

除法律法规另有规定外，平台企业应对进驻平台的用户进行审查和登记。平台企业应要求平台内经营者线上提交营业执照及相关资质证书，建立登记档案并定期核实更新。平台内经营者信息从经营者在平台注销之日起保存不少于两年。

立法说明：本条是关于平台身份管理方面的规定，有三点值得注意。

第一，身份管理是对所有平台用户的要求，提供真实身份信息是用户接受平台管辖的表征之一。当然，不同种类的平台对提供身份信息的要求是不一样的。有的平台要求提供线下身份证，如移动、联通等办理的手机号码。也有的电商平台，注册时要求手机验证码，等于间接提供真实身份。有的社交平台在支付时要求绑定银行卡，也等于间接提供真实身份。所以，身份管理最终的目标都是指向真实身份，但方式有所不同。

第二，对平台内经营者的身份要求更高，要求查验其营业执照以及相关资质证书。

第三，有些信息平台，用户只是过客，浏览网页或者观看视频，可以不进行用户注册。

第十八条　内容审查

平台企业应当对平台内商品服务以及信息的合法性建立审查制度。

立法说明：平台应当对平台内的商品、服务、信息建立主动审查制度，但这种审查仍然是一种形式审查，主要是通过技术手段实施的，并非实质审查。

第十九条　准公共产品

平台企业应当为用户提供交易机制、基础交易工具和基本交易服务。

立法说明：平台向用户提供交易机制、工具和服务，类似于国家提供如道路、国防等公共产品，当然这些限于基础交易工具和基本服务。有的平台，对于一些升级的工具、服务，需要具备VIP身份，另外收费。在这种情况下，平台就不是作为管理者身份，而是作为经营者身份出现。

第二十条　交易安全

平台企业应采取必要的技术手段和管理措施以保障交易平台的正常运行，提供有效的交易服务，维护交易秩序，创造安全可靠的交易环境。

立法说明：交易安全属于平台安全的重要组成部分，主要目的在于避免平台系统性风险，本条主要是从三个方面进行规定。

第一，技术方面，要求平台采取必要的技术手段。

第二，管理方面，具有必要的管理制度。

第三，服务方面，提供安全可靠的交易服务，维护交易秩序。最终目的都是创造一个安全的、可靠的交易环境。

第二十一条　数据管理

平台企业收集、使用平台用户相关数据，应遵循合法、正当、必要的原则，明示收集、使用数据的目的、方式和范围。

平台企业对其收集的相关数据必须严格保密，不得非法泄露、出售或者向他人提供。

平台企业应采取技术措施和其他必要管理措施，确保数据安全，防止泄露、丢失。在发生或者可能发生数据泄露、丢失的情况时，应立即采取补救措施。

平台内经营者收集、使用相关数据，应公开其收集、使用规则，不得违反法律、法规的规定和双方的约定收集、使用数据。

立法说明：本条是关于用户数据管理的特别规定，前三款是关于平台数据管理义务的规定，最后一款是平台内经营者的数据义务。

第二十二条　管理费用

平台企业可以基于其管理成本，收取适当的管理费用。平台收取管理费用的，应当明示其收取方式和标准，未予以明示的，视为经营收入。对于平台收取的管理费用，享受税收优惠，具体办法另行制定。

立法说明：第一，平台可以收取管理费用，类似于国家征税。当然，前提条件是：管理费用要适当，如果过高，就会转化为一种经营行为。当然，也可以不收取费用，从平台的经营收入中补贴管理成本。

第二，平台获得收入的方式很多，目前也很难区分哪些是管理费用，哪些是经营收入，所以，需要平台方面予以明示。

第三，对于管理费用部分，国家给予税收方面的优惠。

第二十三条　维权协助

对于平台内发生侵权行为的，平台外第三人依据平台规则提交初步证据，请求平台提供相关平台相关用户的真实名称、地址和有效联系方式，平台企业应当予以协助。平台企业合理相信侵权行为可能成立的，应当协助提供侵权行为方面的证据，并应请求采取删除、屏蔽、断开链接等必要措施。

对于平台内发生侵权行为的，平台用户依据平台规则提交侵权通知以及初步证据，平台企业应当及时处理。

立法说明：维权协助分为两种情形：一种是平台内用户之间发生侵权行为的，可以提交侵权通知及初步证据，请求平台进行处理；另一种是平台外的第三人的权利被平台用户在平台内侵犯，发生诉讼，请求平台协助提供身份信息、侵权证据或者停止侵权的，平台应当根据平台规则进行协助。

第二十四条　交易信息保存

平台企业应采取相关措施确保网络交易数据和资料的完整性和安全性，并应保证原始数据的真实性。网络交易数据和资料从交易完成之日起保存不少于两年。

立法说明：这是针对交易信息保存方面的要求，并非针对其他交流信息。从技术上讲，多保存一段时间对可能发生的纠纷提供证据支持也是有利的，无非是对时间没有强制性要求。

第二十五条 先行赔付

鼓励电子商务平台建立健全先行赔付制度，一旦发生消费纠纷，消费者与平台内经营者协商无果的，平台企业可先行赔偿，然后以自己的名义向经营者追偿。

立法说明：先行赔付是维护电子商务平台中消费者一方的权益，增进平台信用体系建设，促进平台交易量的重要举措，是一种相对成熟的做法。所以，特别鼓励电子商务平台建立该项制度，其他平台也可以建立该项制度。

第二十六条 平台裁决的管辖、依据、效力

电子商务平台应当建立纠纷裁决机制，对用户之间的纠纷进行管辖。鼓励其他类型平台建立纠纷裁决机制。

征得非平台用户的同意或依据非平台用户的申请，平台也可以对非平台用户和平台用户之间的纠纷进行裁决。

已经提起仲裁的纠纷，不得再提起诉讼。

平台依据自治规则、法律法规、行业规范、商业习惯等进行裁决。纠纷一方当事人或双方当事人具有外国国籍的，双方可以协商选择准据法。

平台仲裁裁决自作出后即发生法律效力，对于裁决结果可以申请司法执行。

立法说明：第一，从设立仲裁机构角度上看，考虑到电商平台可能产生的纠纷比较多，电商平台处理内部纠纷具有技术、经验以及证据上的优势，所以，电子商务平台必须要设立仲裁机制，对其他类型的平台不作强行要求。

第二，平台用户之间在平台上发生纠纷，平台强制管辖，这也是从案源上进行控制，防止大量纠纷涌入司法机关。

第三，平台用户侵犯平台外第三人权利的，这种情况下，平台无强制管辖

权，只有经过平台外第三人的同意，才有管辖权。

第四，对于仲裁的依据，首先是平台规则，包括程序规则，另外，法律法规、商业习惯都可以成为仲裁依据，相对较为广泛。不太确定的是，当事人一方或双方具有外国国籍的，是否可以选择准据法，本书认为是可以的。但如果双方都是中国国籍，自然不可以选择准据法；双方都是外国国籍的，也可以选择准据法，这是不言而喻的。

第五，平台的管辖是强制管辖，能够排除诉讼程序，同时裁决结果也是实行一裁终决制度。从总体上看，就是要参照当前我国仲裁法的制度，设置平台仲裁机制，尽可能地把平台纠纷放置于平台之内进行处理。

第二十七条　裁决的司法审查

对平台裁决结果不服的，可以提交司法审查，对裁决的程序、事实和适用依据进行审查。平台裁决的程序、事实和适用依据存在严重问题的，应当予以撤销。撤销后，当事人之间的纠纷可以提交司法途径解决。

立法说明：对平台仲裁结果设置司法审查制度，司法审查的内容、撤销依据以及撤销后的法律后果等，均参照现行仲裁法的规定。

第二十八条　协助监管

平台企业应建立内容检查及处理制度，发现有违法行为的，应当依据平台规则及时采取措施予以制止，并向有关部门进行通报。平台企业还应积极配合监管部门依法查处相关违法违规行为。

立法说明：平台应当协助监管，主要方式有两种。一是发现违法行为的，根据平台规则直接进行处理，处理结束后，将处理结果定期通报给相关部门。注意，此种情形不属于行政执法，平台只是执行平台规则而已。二是应政府相关部门的要求，为其处理违法行为提供信息或技术支持。

第二十九条　善后措施

平台企业拟终止的，应至少提前三个月在其网站或软件主页面醒目位置予以公示并通知相关用户，采取必要措施保障其合法权益，包括协助转移数据、返还相应的财产等。

立法说明：平台业已形成一个有机的生态系统，平台里面存在用户的信息数据资源，涉及用户的财产权利、人身权利，不能随性终止。平台终止前，应当采取必要的善后措施。

四、平台经营

第三十条 用户召集

平台企业可以通过免费、优惠等方式召集用户，但不得通过欺诈、引人误解或蹭流量等不正当方式召集用户。

立法说明：召集足够规模的用户是平台业务发展的关键，平台召集用户的方式有很多，但不得欺诈用户或者搭其他平台的便车。

第三十一条 自营业务

平台企业应当区分自营业务和中介业务。自营业务和中介业务未作有效区分，或者对平台内其他经营者混同平台自营业务和中介业务未及时处理，或者存在其他过错，导致用户混淆的，视同自营业务，与其他经营者一同承担连带责任。

立法说明：本条要求平台严格区分自营业务和中介业务，如果未有效区分的，一概视为自营业务，这样有助于维护平台其他用户的合法权益，也能够促使平台规范经营。

第三十二条 用户数据的商业使用

平台企业对用户数据进行商业使用时，对涉及用户信息的，应当进行脱敏处理，不得损害用户权益。

立法说明：数据脱敏是指对某些敏感信息通过脱敏规则进行数据的变形，

实现敏感隐私数据的可靠保护。当涉及客户安全数据或者一些商业性敏感数据时，在不违反系统规则条件下，对真实数据进行改造并提供测试使用的，如身份证号、手机号、卡号、客户号等个人信息，都需要进行数据脱敏。

第三十三条 广告及商业信息

平台企业在推送信息时采用竞价排名机制的，应当标明为广告。向用户手机、邮箱等定向发送广告等商业信息时，应当遵循诚信原则，不得重复发送，不得发送虚假或引人误解的信息，同时应当告知用户退订方法。

立法说明：平台广告是平台的重要收入来源，包括竞价排名机制等，需要注明为广告。向用户发送包括广告在内的各种商业信息，应当注明为商业信息，同时存在有效的退订机制。

第三十四条 不正当竞争

平台企业在经营活动中，应遵守《中华人民共和国反不正当竞争法》等法律法规和规章，不得遏制竞争对手，不得蹭流量，不得误导、欺骗、强迫用户修改、关闭、卸载其他经营者合法提供的网络产品或者服务，不得恶意对其他经营者合法提供的网络产品或者服务实施不兼容行为。

立法说明：平台不得从事不正当竞争，除了《反不正当竞争法》中规定的各种行为外，对于平台而言，还应当有上述不正当行为。当然，不正当竞争行为种类不止条文规定的这些，《反不正当竞争法》的一般条款也可以发挥规制作用。

第三十五条 垄断

平台企业不得滥用管理者地位，实施价格歧视、搭售，排斥其他平台，随意封号或其他垄断行为，损害用户的合法权益。

立法说明：平台不得从事垄断行为，但除了《反垄断法》规定的垄断行为以外，应当考虑到平台垄断有其特殊性。也就是说，平台的垄断地位很大程度上不是由其市场份额决定的，不能采用平常的全球或全国市场范围内的份额确定。平台本身具有管理者地位，用户在平台上沉积了大量的信息资源、商誉、信用或者其他资源、财产，平台本身就拥有一定的优势地位，实施垄断行为。

五、平台责任

第三十六条　管理责任构成要件

平台企业在从事管理行为时，未尽注意义务，造成用户损失的，单独承担赔偿责任，但本法另有规定的除外。

立法说明：本条主要包括三点内容。

第一，规定了管理责任的构成要件，包括违法违规。所谓违法，不言自明；所谓违规，主要是指平台自治规则以及商业惯例等，这是对违法性的判断，也是对行为过错的认定。另外，还要造成用户损失，实际上采取了四要件说：违法违规行为、过错、损失，行为和损失之间有着因果关系。

第二，基于平台的管理者身份，本条规定了平台只是单独承担法律责任，既不和其他侵权人一起承担连带责任，也不承担补充责任。也就是说，平台在从事管理行为时，不承担间接侵权责任，包括引诱侵权、帮助侵权。

第三，平台承担管理责任的前提是存在故意和过失，在协助维权时，如果存在主观故意，还需要和其他侵权人一起承担连带责任，是为红旗原则。

第三十七条　补充责任

平台企业无法提供平台内经营者的真实名称、地址和有效联系方式的，权利人可以向平台企业请求赔偿。平台企业赔偿后，有权向平台内经营者追偿。

立法说明：本条是关于平台补充责任规定，主要适用于平台存在管理疏漏，无法提供平台用户的基本信息，使得权利人无法求偿。因而平台对权利人承担的赔偿责任，承担后可以向侵权者追偿。

第三十八条 管理责任的赔偿范围、标准

平台企业承担管理责任时，对间接损失、精神损失原则上不予赔偿。平台企业承担管理责任时，平台自治规则对赔偿范围、赔偿标准有规定的，优先适用或参照该规定，但该规定与法律法规冲突或明显不合理的除外。

立法说明：本条是关于管理责任赔偿范围的规定，如同国家赔偿一样，对间接损失、精神损失不予赔偿。主要考量是：平台在管理行为中没有直接盈利，平台用户太多，平台不存在故意，因而有必要限制平台的赔偿范围，减轻平台的赔偿责任，有利于平台的持久经营。另外，发生赔偿时，如果自治规则中有对赔偿范围进行规定，平台自己处理的，应适用该规定。人民法院在处理时，可以参照该规定。但如果该规定严重不合理，也可以在诉讼过程中确认其无效，而不予以参考。

第三十九条 经营责任

平台企业在从事经营行为或其他行为时造成他人损失的，依法承担民事法律责任。

立法说明：平台承担经营责任的，可以直接依据侵权责任法或合同法，承担相应的民事法律责任，包括连带侵权责任。

第四十条 管理责任转化

平台企业在管理过程中，存在主观故意，或者基于直接营利目的，造成平台用户损失的，应当承担经营责任。

立法说明：

第一，本条适用前提有两个：一是基于营利目的；二是存在主观故意，包括明知和应知两种情形。

第二，平台之所以承担管理责任，承担较轻的赔偿责任，主要是因为其基于准公益目的实施了管理行为。如果平台有主观故意，或者追求直接经济利益，便丧失了管理者地位，也不应当再享有此优惠。

第三，在涉及第三人侵权的场合，平台存在主观故意或者有直接经济利益的，需要和第三人一起承担连带责任，这就是所谓红旗原则。

第四十一条　责任承担方式

平台企业承担责任的方式包括但不限于：

（一）返还财物或虚拟财产；

（二）恢复信用等级或信用评分；

（三）解除封号或恢复链接；

（四）删除或提供相关数据；

（五）赔偿损失。

立法说明：这是平台管理责任的承担方式，也就是说，主要是平台错误地实施管理行为而导致恢复原有状态。可通过技术手段恢复原有状态，当然也包括赔偿损失。

第四十二条　责任免除

对于下列行为，除非平台企业具有主观故意，否则平台企业对用户不承担民事赔偿责任：

（一）规则制定行为；

（二）经济调节行为；

（三）纠纷裁决行为；

（四）不可抗力；

（五）受害人自己的同意；

（六）第三人的行为；

（七）受害人自己的过错；

（八）现有技术水平无法发现平台存在技术瑕疵。

立法说明：上述免责情形主要可以分为两种。第一种是参照公法上的免责情形，包括：准立法行为，立法行为具有抽象性，一般不针对具体对象，因而不承担侵权责任；经济调节行为，这也是一种抽象行为，不具有针对性；纠纷裁决行为，如同仲裁机构不承担赔偿责任一样，平台一般不应承担赔偿责任。

第二种主要是民法上的责任免除情形，主要是指不可抗力、受害人自己同意、第三人行为以及受害人自己的过错。

第四十三条 平台企业的行政责任、刑事责任

平台企业在实施管理和经营行为时，存在过错，严重损害用户权益或未履行相关义务，造成严重后果的，主管部门依法进行行政处罚。涉嫌犯罪的，依法承担刑事责任。

立法说明： 本条是关于平台行政责任、刑事责任的规定，前提是存在过错，造成严重后果的，才承担公法上的责任。

六、附则

第四十四条 例外规定

其他法律对特定种类平台企业另有规定的，从其规定。

立法说明： 本条规定也是考虑到平台种类繁多，有些平台企业存在特殊的要求，需要作出特别规定的，依然从其规定。

参考文献

一、平台部分

1. [美] 亚历克斯·莫塞德,尼古拉斯·L.约翰逊. 平台垄断 [M]. 杨菲,译. 北京:机械工业出版社,2018.
2. [美] 杰奥夫雷·G.帕克,马歇尔·W.范·埃尔斯泰恩,桑基特·保罗·邱达利. 平台革命 [M]. 志鹏,译. 北京:机械工业出版社,2017.
3. [美] 戴维·S.埃文斯,理查德·施马兰奇. 连接:多边平台经济学 [M]. 张昕,译. 北京:中信出版集团,2018.
4. 刘学. 重构平台与生态 [M]. 北京:北京大学出版社,2017.
5. 王勇,戎柯. 平台管理:在线市场的设计、运营与监管 [M]. 北京:中信出版集团,2018.
6. 徐晋. 平台经济学 [M]. 上海:上海交通大学出版社,2013.
7. 李宏,孙道军. 平台经济新战 [M]. 北京:中国经济出版社,2018.
8. 叶秀敏. 平台经济理论与实践 [M]. 北京:中国社会科学出版社,2018.
9. 周洁如. 移动社交网平台商业模式及其创新 [M]. 上海:上海交通大学出版社,2016.
10. 方军,程明霞,徐思彦. 平台时代 [M]. 北京:机械工业出版社,2017.
11. [美] 阿姆瑞特·蒂瓦纳. 平台生态系统 [M]. 侯赟慧,赵驰,译.

北京：北京大学出版社，2018.

12. ［韩］赵镛浩. 平台战争 [M]. 吴苏梦，译. 北京：北京大学出版社，2012.

13. 芮明杰，等. 平台经济：趋势与战略 [M]. 上海：上海财经大学出版社，2018.

14. 陈威如，余卓轩. 平台战略 [M]. 北京：中信出版集团，2019.

15. 季成，徐福缘. 平台企业管理 [M]. 上海：上海交通大学出版社，2014.

16. 陈威如，王诗一. 平台转型 [M]. 北京：中信出版集团，2016.

17. 穆胜. 释放潜能：平台型组织的进化路线图 [M]. 北京：人民邮电出版社，2018.

18. 陈应龙. 双边市场中平台企业的商业模式研究 [M]. 杭州：浙江大学出版社，2016.

19. 孙菁，王京. 网络平台的资产性质及其价值创造研究 [M]. 北京：经济科学出版社，2018.

20. 刘绍荣，等. 平台型组织 [M]. 北京：中信出版集团，2019.

21. ［加］尼克·斯尔尼塞克. 平台资本主义 [M]. 程水英，译. 广州：广东人民出版社，2018.

22. 陈春花，赵海然. 共生——未来企业组织进化路径 [M]. 北京：中信出版集团，2018.

23. ［日］松尾丰. 人工智能狂潮 [M]. 赵函宏，高华彬，译. 北京：机械工业出版社，2016.

24. 方军. 区块链超入门 [M]. 北京：机械工业出版社，2019.

25. 石良平，等. 流量经济 [M]. 上海：上海交通大学出版社，2018.

26. 金帆，张雪. 从价值链到价值生态系统——云经济时代的产业组织 [M]. 北京：经济管理出版社，2018.

27. ［美］彼得·蒂尔，布莱克·马斯特斯. 从0到1：开启商业与未来的秘密 [M]. 高玉芳，译. 北京：中信出版集团，2015.

28. 徐明星，等. 图说区块链 [M]. 北京：中信出版集团，2017.
29. 黄步添，蔡亮. 区块链解密 [M]. 北京：清华大学出版社，2016.
30. [英] 维克托·迈尔-舍恩伯格，肯尼思·库克耶. 大数据时代 [M]. 盛杨燕，周涛，译. 杭州：浙江人民出版社，2014.
31. 孙希有. 流量经济新论 [M]. 北京：中国社会科学出版社，2015.
32. 吴晓波. 腾讯传 1998—2016 [M]. 杭州：浙江大学出版社，2017.
33. [美] 迈克尔·波特. 竞争优势 [M]. 陈丽芳，译. 北京：中信出版集团，2014.
34. [瑞士] 亚历山大·奥斯特瓦德，[比利时] 伊夫·皮尼厄. 商业模式新生代 [M]. 王帅，等译. 北京：机械工业出版社，2015.
35. 张莉. 数据治理与数据安全 [M]. 北京：人民邮电出版社，2019.
36. [美] 特雷莎·M. 佩顿，西奥多·克莱普尔. 大数据时代的隐私 [M]. 郑淑红，译. 上海：上海科学技术出版社，2017.
37. 杨义先，钮心忻. 安全简史 [M]. 北京：电子工业出版社，2017.
38. 杨义先，钮心忻. 安全通论 [M]. 北京：电子工业出版社，2018.
39. 石瑞生. 大数据安全与隐私保护 [M]. 北京：北京邮电大学出版社，2019.
40. 毛典辉. 大数据隐私保护技术与治理机制研究 [M]. 北京：清华大学出版社，2019.
41. [美] 伊恩·艾瑞斯. 大数据思维与决策 [M]. 宫相真，译. 北京：人民邮电出版社，2014.
42. 吴军. 智能时代 [M]. 北京：中信出版集团，2016.
43. 何渊，等. 大数据战争 [M]. 北京：北京大学出版社，2019.
44. 涂子沛. 大数据 [M]. 桂林：广西师范大学出版社，2015.
45. [德] 罗纳德·巴赫曼，吉多·肯珀，托马斯·格尔策. 大数据时代下半场 [M]. 刘志则，刘源，译. 北京：北京联合出版公司，2017.
46. 中国信息通信研究院互联网法律研究中心，京东法律研究院. 欧盟数据保护法规汇编 [M]. 北京：中国法制出版社，2019.

47. 刘宁，沈大海. 解密比特币［M］. 北京：机械工业出版社，2014.

48. 李开复. 微博改变一切［M］. 上海：上海财经大学出版社，2011.

49. 方兴东，严峰. 浅析超级网络平台的演进及其治理困境与相关政策建议——如何破解网络时代第一治理难题［J］. 汕头大学学报（人文社会科学版），2017（7）.

50. 段文奇，赵良杰，陈忠. 网络平台管理研究进展［J］. 预测，2009（6）.

51. 周利华. 网络平台演化机制研究［D］. 金华：浙江师范大学，2013.

52. 汪旭晖，张其林. 平台型网络市场"平台—政府"双元管理范式研究［J］. 中国工业经济，2015（3）.

53. 薛兆丰. 网络平台管理的"三律"［EB/OL］.［2016-07-21］. http：//www.china.com.cn/opinion/think/2016-07/21/content_38930876.htm.

54. 张小强. 互联网的网络化治理：用户权利的契约化与网络中介私权力依赖［J］. 新闻与传播研究，2018（7）.

55. 修青华. 网络平台参与互联网治理的正当性研究——从网约车规制的转变切入［J］. 研究生法学，2017（3）.

56. 刁胜先，刘仲秋，李文豹. 在公权力与私权利之间：论我国公立高校管理权的法律定位——以私权力（社会权力）为核心［J］. 重庆文理学院学报（社会科学版），2008（6）.

57. 索煜祺. 基于系统公告的微信公众平台自治规则研究［D］. 杭州：浙江传媒学院，2019.

58. 中国信通院. 互联网平台治理研究报告（2019年）［EB/OL］.［2019-03-01］. http：//www.caict.ac.cn/kxyj/qwfb/bps/201903/t20190301_195339.htm.

59. 叶秀敏. 平台经济的特点分析［J］. 河北师范大学学报（哲学社会科学版），2016（2）.

60. 王勇，冯骅. 平台经济的双重监管：私人监管与公共监管［J］. 经济学家，2017（11）.

61. 郑湛. 大组织宏观动态管理理论研究 [D]. 武汉：武汉大学，2014.

62. 张小宁. 平台战略研究评述及展望 [J]. 经济管理，2014 (3).

63. 钱平凡，钱鹏展. 平台生态系统发展精要与政策含义 [J]. 重庆理工大学学报（社会科学版），2017 (2).

64. 谢宁. 5173平台的交易安全机制的研究 [J]. 经济研究导刊，2012 (18).

65. 黄慧丹. 电子交易平台下网络商家的信用甄别与提升机制研究 [J]. 南京理工大学学报（社会科学版），2017 (2).

66. 李亮. 互联网票据交易平台运行机制研究 [D]. 天津：天津大学，2016.

67. 刘雅琦. 大数据环境下个人信息的保障性开发利用现状分析及对策研究 [J]. 图书馆学研究，2015 (15).

68. 王少辉，杜雯. 大数据时代新西兰个人隐私保护进展及对我国的启示 [J]. 电子政务，2017 (11).

69. 吴旭莉. 大数据时代的个人信用信息保护——以个人征信制度的完善为契机 [J]. 厦门大学学报（哲学社会科学版），2019 (1).

70. 王建伟. 全胜——信息网络时代的制胜之道 [M]. 武汉：长江文艺出版社，2017.

71. 李钧，等. 比特币 [M]. 北京：中信出版集团，2014.

72. 刘逖. 平台的未来 [M]. 上海：格致出版社、上海人民出版社，2017.

73. 长铗，等. 区块链——从数字货币到信用社会 [M]. 北京：中信出版集团，2016.

74. [英] 卡鲁姆·蔡斯. 人工智能革命：超级智能时代的人类命运 [M]. 张尧然，译. 北京：机械工业出版社，2017.

75. 李开复，王咏刚. 人工智能 [M]. 香港：文化发展出版社，2017.

76. 荆涛. 互联网+：传统企业商业模式升级与创新 [M]. 北京：中国财政经济出版社，2015.

二、民法部分

1. ［德］迪特尔·梅迪库斯. 德国民法总论［M］. 邵建东, 译. 北京: 法律出版社, 2000.

2. ［德］迪特尔·施瓦布. 民法导论［M］. 郑冲, 译. 北京: 法律出版社, 2006.

3. ［日］山本敬三. 民法讲义总则［M］. 解亘, 译. 北京: 北京大学出版社, 2004.

4. ［日］富井政章. 民法原论［M］. 陈海瀛, 陈海超, 译. 北京: 中国政法大学出版社, 2003.

5. ［日］大村敦志. 民法总论［M］. 江溯, 张立艳, 译. 北京: 北京大学出版社, 2004.

6. ［德］迪特尔·梅迪库斯. 德国债法总论［M］. 杜景林, 卢谌, 译. 北京: 法律出版社, 2004.

7. ［德］卡尔·拉伦茨. 德国民法通论［M］. 王晓晔, 等译. 北京: 法律出版社, 2004.

8. ［德］罗伯特·霍恩, 海因·科茨, 汉斯·G. 莱塞. 德国民商法导论［M］. 北京: 中国大百科全书出版社, 1996.

9. 史尚宽. 民法总论［M］. 北京: 中国政法大学出版社, 2000.

10. 史尚宽. 债法总论［M］. 北京: 中国政法大学出版社, 2000.

11. 林诚二. 民法理论与问题研究［M］. 北京: 中国政法大学出版社, 2000.

12. 林诚二. 民法债编总论——体系化解说［M］. 北京: 中国人民大学出版社, 2003.

13. 王泽鉴. 民法总则［M］. 北京: 中国政法大学出版社, 2001.

14. 王泽鉴. 民法总则［M］. 北京: 北京大学出版社, 2009.

15. 王泽鉴. 侵权行为法［M］. 北京: 中国政法大学出版社, 2001.

16. 王泽鉴. 债法原理［M］. 北京: 中国政法大学出版社, 2001.

17. 王泽鉴. 民法学说与判例研究 [M]. 北京: 中国政法大学出版社, 2005.

18. 曾世雄. 民法总则之现在与未来 [M]. 北京: 中国政法大学出版社, 2001.

19. 邱聪智. 民法研究（一）[M]. 北京: 中国人民大学出版社, 2002.

20. 郑玉波. 民法债编总论（修订二版）[M]. 北京: 中国政法大学出版社, 2004.

21. 黄立. 民法债编总论 [M]. 北京: 中国政法大学出版社, 2002.

22. 黄立. 民法债编各论 [M]. 北京: 中国政法大学出版社, 2002.

23. 邱聪智. 从侵权行为归责原理之变动论危险责任之构成 [M]. 北京: 中国人民大学出版社, 2006.

24. 苏永钦. 民事立法与公私法的接轨 [M]. 北京: 北京大学出版社, 2005.

25. 龙卫球. 民法总论（第二版）[M]. 北京: 中国法制出版社, 2002.

26. 王利明. 侵权行为归责原则研究 [M]. 北京: 中国政法大学出版社, 2003.

27. 王利明. 侵权行为法研究 [M]. 北京: 中国人民大学出版社, 2004.

28. 王利明. 民商法研究 [M]. 北京: 法律出版社, 2001.

29. 张新宝. 侵权责任法 [M]. 北京: 中国人民大学出版社, 2015.

30. 徐国栋. 民法哲学 [M]. 北京: 中国法制出版社, 2009.

31. 意大利民法典 [M]. 费安玲, 等译. 北京: 中国政法大学出版社, 2004.

32. 薛军. 批判民法学的理论建构 [M]. 北京: 北京大学出版社, 2012.

33. 郭瑜. 个人数据保护法研究 [M]. 北京: 北京大学出版社, 2012.

34. 任虎. 欧盟一般数据保护条例 [M]. 上海: 华东理工大学出版社, 2018.

35. 王秀秀. 大数据背景下个人数据保护立法理论 [M]. 杭州: 浙江大学

出版社，2018.

36. 谢永志. 个人数据保护法立法研究 [M]. 北京：人民法院出版社，2013.

37. 孙磊，曹丽萍. 网络游戏知识产权司法保护 [M]. 北京：中国法制出版社，2017.

38. 王雷. 论民法中的决议行为——从农民集体决议、业主管理规约到公司决议 [J]. 中外法学，2015（1）.

39. 韩长印. 共同法律行为理论的初步构建——以公司设立为分析对象 [J]. 中国法学，2009（3）.

40. 许中缘. 论意思表示瑕疵的共同法律行为——以社团决议撤销为研究视角 [J]. 中国法学，2013（6）.

41. 李军. 法律行为理论研究 [D]. 济南：山东大学，2005.

42. 曹阳. 互联网平台提供商的民事侵权责任分析 [J]. 东方法学，2017（3）.

43. 丛立先. 论网络服务提供者的版权侵权责任 [J]. 时代法学，2008（1）.

44. 王磊. 从《电子商务法》视角看平台知识产权保护义务 [J]. 中国出版，2019（2）.

45. 周樨平. 电子商务平台的安全保障义务及其法律责任 [J]. 学术研究，2019（6）.

46. 柴振国，赵晨光，王晶. 互联网立法背景下网络交易平台提供者注意义务探讨 [J]. 河北经贸大学学报，2017（3）.

47. 徐可. 互联网平台的责任结构与规制路径——以审查义务和经营者责任为基础 [J]. 北方法学，2019（3）.

48. 姚黎黎. 互联网平台免费服务提供者义务之设定 [J]. 重庆邮电大学学报（社会科学版），2017（6）.

49. 齐爱民，陈琛. 论网络交易平台提供商之交易安全保障义务 [J]. 法律科学，2011（5）.

50. 田小军，郭雨笛. 设定平台版权过滤义务视角下的短视频平台版权治理研究 [J]. 出版发行研究，2019（3）.

51. 冀瑜，李建民，慎凯. 网络交易平台经营者对专利侵权的合理注意义务探析 [J]. 知识产权, 2013 (4).

52. 陈伟，石莹. 网络平台安全管理义务的归责反思及其重塑 [J]. 理论探索, 2019 (2).

53. 荣振华. 网络食品交易第三方平台提供者义务之反思与重构 [J]. 北方法学, 2018 (4).

54. 周辉. 技术、平台与信息：网络空间中私权力的崛起 [J]. 网络信息法学研究, 2017 (2).

55. 周辉. 平台责任与私权力 [J]. 电子知识产权, 2015 (6).

56. 马辉. 自治规则在民事司法裁判中的作用——基于对最高院公报侵权案例的梳理 [J]. 法制与社会发展, 2012 (5).

57. 张熠琦. 大数据时代的个人信息权利与隐私权利的区分保护 [J]. 齐齐哈尔大学学报》（哲学社会科学版），2017 (6).

58. 程啸. 论大数据时代的个人数据权利 [J]. 中国社会科学, 2018 (3).

59. 龙卫球. 数据新型财产权构建及其体系研究 [J]. 政法论坛, 2017 (4).

60. 高富平. 论个人信息保护的目的——以个人信息保护法益区分为核心 [J]. 法商研究, 2019 (1).

61. 王利明. 数据共享与个人信息保护 [J]. 现代法学, 2019 (1).

62. 刘文杰. 从责任避风港到安全保障义务——网络服务提供者的中介人责任研究 [M]. 北京：中国社会科学出版社，2016.

63. 浙江省高级人民法院联合课题组. 关于电商领域知识产权法律责任的调研报告 [J]. 人民司法, 2020 (7).

64. 徐海燕，袁泉. 论数据产品的财产权保护——评淘宝诉美景公司案 [J]. 法律适用（司法案例），2018 (20).

65. 毛立琦. 数据产品保护路径探究——基于数据产品利益格局分析 [J]. 财经法学, 2020 (2).

66. 王江桥. 数据产品的权益归属及司法保护 [J]. 人民司法, 2019 (8).

67. 李凯琳. 数据权利及其法律保护研究 [D]. 长春：吉林大学，2019.

68. 来小鹏. 论作为独立法律部门的网络法 [J]. 法学杂志, 2019 (11).

69. 杭州互联网法院发布服务保障数字经济发展十大典型案例 [EB/OL]. [2020-04-06]. https://zj.zjol.com.cn/red_ boat.html?id=100699294.

70. 刘得宽. 民法诸问题与新展望 [M]. 北京：中国政法大学出版社, 2002.

71. 董安生. 民事法律行为 [M]. 北京：中国人民大学出版社, 2002.

72. 侯雪梅. 侵权连带责任制度研究 [M]. 北京：北京大学出版社, 2016.

73. 李有星, 等. 数据资源权益保护法立法研究 [M]. 杭州：浙江大学出版社, 2019.

74. 张旭荣. 法律行为视角下公司会议决议效力形态分析 [J]. 比较法研究, 2013 (6).

三、商法部分

1. [德] 卡纳里斯. 德国商法 [M]. 杨继, 译. 北京：法律出版社, 2006.

2. 张保红. 商法总论 [M]. 北京：北京大学出版社, 2019.

3. 赵中孚. 商法总论 [M]. 北京：中国人民大学出版社, 1999.

4. 范健, 王建文. 商法的价值、源流及本体 [M]. 北京：中国人民大学出版社, 2004.

5. 苗延波. 公司的历程 [M]. 北京：知识产权出版社, 2012.

6. 蔡立东. 公司自治论 [M]. 北京：北京大学出版社, 2006.

8. 闻刚. 论国际商事自治规则的若干法律问题 [J]. 河南省政法管理干部学院学报, 2008 (6).

9. 张燕. 证券交易所规则研究 [D]. 北京：对外经济贸易大学, 2004.

10. 徐明, 卢文道. 证券交易所业务规则法律效力与司法审查 [J]. 证券法苑, 2010 (1).

11. 韩朝炜. 证券交易所自律规则在司法裁判中的适用 [J]. 人民司法,

2014（23）．

12. 刘连煜．公司治理与公司社会责任［M］．北京：中国政法大学出版社，2001．

13. 徐菁．公司法的边界［M］．北京：对外经济贸易大学出版社，2006．

14. 施天涛．公司法论［M］．北京：法律出版社，2018．

15. ［日］山本为三郎．日本公司法精解［M］．朱大明，等译．北京：法律出版社，2015．

16. 贺少峰．公司法强制性规范研究［M］．厦门：厦门大学出版社，2010．

17. 朱锦清．证券法学［M］．北京：北京大学出版社，2004．

18. 刘俊海．现代公司法［M］．北京：法律出版社，2008．

19. 曹士兵．中国担保制度与担保方法［M］．北京：中国法制出版社，2017．

20. 周小明．信托制度：法理与实务［M］．北京：中国法制出版社，2012．

21. 刘凯湘．商事行为理论在商法中的意义与规则建构［J］．法治研究，2020（3）．

四、公法及其他

1. ［日］美浓部达吉．公法与私法［M］．黄冯明，译．北京：中国政法大学出版社，2003．

2. ［德］汉斯·J.沃尔夫，等．行政法（第一、二卷）［M］．高家伟，译．北京：商务印书馆，2002．

3. ［德］哈特穆特·毛雷尔．行政法学总论［M］．高家伟，译．北京：法律出版社，2000．

4. ［日］盐野宏．行政法［M］．杨建顺，译．北京：法律出版社，1999．

5. 王名扬．法国行政法［M］．北京：中国政法大学出版社，1988．

6. 杜仪方．国家赔偿相关概念辨析与制度实践［M］．北京：中国法制出版社，2018.

7. 沈岿. 国家赔偿法：原理与案例 [M]. 北京：北京大学出版社，2017.

8. [英] 安东尼·奥格斯. 规制：法律形式与经济学理论 [M]. 骆梅英，译. 北京：中国人民大学出版社，2008.

9. [奥] 凯尔森. 法与国家的一般理论 [M]. 沈宗灵，译. 北京：中国大百科全书出版社，1996.

10. 苏西刚. 社团自治及其法律界限的基本原理 [J]. 行政法论丛，2005 (1).

11. 林丙南. 社团罚制度研究 [D]. 上海：复旦大学，2012.

12. 刘孝光. 社团自治规范的法源属性研究 [D]. 长春：吉林大学，2013.

13. 季卫华. 社团规章与合作治理 [D]. 南京：南京师范大学，2016.

14. 伏创宇. 我国电子商务平台经营者的公法审查义务及其界限 [J]. 中国社会科学院研究生院学报，2019 (2).

15. 皮勇，汪恭政. 网络金融平台不作为犯的刑事责任及其边界——以信息网络安全管理义务为切入点 [J]. 学术论坛，2018 (4).

16. 李天昊. 公权力与私权力界限析 [J]. 重庆社会科学，2017 (4).

17. 甘晓晨. 互联网企业自治规则研究——以支付宝规则为例的分析 [D]. 北京：北京大学，2008.

18. 夏燕. 网络社区自治规则探究——以"新浪微博"规则考察为基础 [J]. 重庆邮电大学学报（社会科学版），2017 (4).

19. 朱婵敏. 行业协会自治规则研究 [D]. 南京：南京理工大学，2010.

20. 陈新民. 中国行政法学原理 [M]. 北京：中国政法大学出版社，2002.

21. 孙笑侠. 法律对行政的控制 [M]. 济南：山东人民出版社，1999.

22. 翁岳生. 行政法 [M]. 北京：中国法制出版社，2000.

23. 王名扬. 美国行政法 [M]. 北京：中国法制出版社，1995.

24. 应松年，薛刚凌. 行政组织法研究 [M]. 北京：法律出版社，2002.

25. 陈新民. 德国公法学基础理论 [M]. 济南：山东人民出版社，2001.

26. 胡建淼. 比较行政法 [M]. 北京：法律出版社，1998.

27. 叶必丰. 行政行为原理 [M]. 北京：商务印书馆，2019.

28. 张一雄. 公私合作行政行为形式选择之理论与实践 [M]. 南京：东南大学出版社，2018.

29. 胡建淼. 行政行为基本范畴研究 [M]. 杭州：浙江大学出版社，2005.

30. 田勇军. 论行政法上的意思表示：兼论行政行为构成中的意识要件 [M]. 北京：法律出版社，2017.

31. [美] 埃德加·博登海默. 法理学——法律哲学与法律方法 [M]. 邓正来，译. 北京：中国政法大学出版社，2004.

32. 王俊豪. 政府管制经济学导论 [M]. 北京：商务印书馆，2001.

33. 章剑生. 现代行政法总论 [M]. 北京：法律出版社，2019.

34. 方洁. 社团处罚研究 [D]. 北京：中国政法大学，2006.

35. 宁昭. 论德国法上的社团罚——兼论现行中国法上的社团罚 [D]. 北京：中国政法大学，2009.

36. 赵宏. 从信息公开到信息保护：公法上信息权保护研究的风向流转与核心问题 [J]. 比较法研究，2017 (2).

37. [以] 尤瓦尔·赫拉利. 今日简史 [M]. 林俊宏，译. 北京：中信出版集团，2018.

38. [以] 尤瓦尔·赫拉利. 未来简史 [M]. 林俊宏，译. 北京：中信出版集团，2017.

39. 李成. 金融监管学 [M]. 北京：高等教育出版社，2007.

40. 王忠生. 中国金融监管制度变迁研究 [M]. 长沙：湖南大学出版社，2012.

41. 关成华. 电子政务过程中的公民数据隐私法律保护 [J]. 人民司法，2005 (6).

42. 王少辉，印后杰. 基于政府管理视角的大数据环境下个人信息保护问题研究 [J]. 中国行政管理，2015 (11).

43. 冯洋. 论个人数据保护全球规则的形成路径——以欧盟充分保护原则

为中心的探讨［J］.浙江学刊，2018（4）.

44. 董妍.政府数据开放背景下个人信息知情同意权的行政法架构［J］.沈阳工业大学学报（社会科学版），2018（4）.

45. 迪莉娅.政府数据深度开放中的个人数据保护问题研究［J］.图书馆，2016（6）.

46. 王秀秀.个人数据权：社会利益视域下的法律保护模式［D］.上海：华东政法大学，2016.

47. 刘艳红.公共空间运用大规模监控的法理逻辑及限度——基于个人信息有序共享之视角［J］.法学论坛，2020（2）.

48. 沈岿.数据治理与软法［J］.财经法学，2020（1）.

后　　记

　　本书肇始于对平台责任的研究。在研究过程中，笔者发现，平台责任的特殊性源于平台行为的特殊性，而平台行为的特殊性又源于平台身份的特殊性。平台身份是上游问题，平台行为是中游问题，而平台责任是下游问题。只有厘清上游、中游问题，才有可能引来源头活水，求解下游问题。

　　2020年1月下旬，笔者偕同家人来到东北欢度春节，正好赶上新冠疫情大爆发，于是被困在黑龙江省佳木斯市下面的一个县城宾馆里，既不能到松花江畔观光赏景，也不能按原定计划走亲访友，只能待在宾馆房间内。好在长期练就的"宅功深厚"，一边凝望着窗外经久不化的冰雪，一边思考着萦绕已久的问题：平台到底是一个什么样的身份和角色？它的行为特殊性、责任特殊性到底体现在何处？当时正好看到这样的新闻：包括淘宝在内的各大电商平台纷纷采取措施控制口罩涨价，这些措施包括禁止涨价、强化物流运输能力、设立高达10亿元以上的专项保障基金，这种气魄、能力、担当、自信真是丝毫不亚于一国政府。

　　这些信息坚定了笔者的看法：在当今时代，平台绝非普通企业可比。在人类历史上，从来没有过这样一种社会组织，能够有效管理数以亿计的成员，管辖范围经常跨越国境。不分国籍的用户加入其中，就是接受平台的管辖，而不是和平台之间形成平等的法律关系。平台制定规则、执行规则、裁决纠纷；平台提供交易设施、工具、机制、服务等准公共产品；平台采用各种调控措施促进创新、提高交易量、遏制非法涨价；平台的举动涉及广大平台用户的生命、财产、信息安全，涉及社会公共安全。可以说，平台不是政府，类似政府。以平台为核心的商业生态系统，不是国家，类似国家。

后　记

作为第一部关于平台专门立法以及平台企业法律体系方面的理论著作，本书的核心观点可以简化为"一个目标，两种身份，三项原则，四根支柱"：一个目标，指平台企业法根本的立法目标在于维护平台商业生态系统的健康，促进平台经济发展；两种身份，指平台既是生态系统的管理者，也是中介服务的经营者；三项原则，指平台企业法具有安全保障、信用保护、平台自治等三项精神原则；四根支柱，指管理行为、经营行为、管理责任、经营责任等四大支柱性概念，厘清这四个概念即能够确立整个平台企业法的框架体系。

基于上述考量，本书认为，有必要制定专门的、统一的平台企业法，总体思路是：平台企业对金融、技术、法律、管理等方面具有特殊的需求，有必要大幅度提高平台企业的设立门槛条件；充分体认平台企业一身二任，具有管理者和经营者双重身份，充分明确其管理职权、职责，规范其管理行为和经营行为，适度减轻平台的管理责任。最终，在国家—平台—用户三者之间，形成一种以"国家监管平台，平台管理用户"为常态，以"平台协助国家监管用户"为例外的监管新格局，以适应平台经济时代的新要求。总之，我们再也不能把平台企业当作普通公司看待，平台企业的职权、职责、责任不应当等同于一般的经营者。平台企业具有特殊的身份、特殊的行为、特殊的责任，这是平台企业专门立法以及建构平台企业法律体系的根本原因。

笔者一向认为，研究的价值首先在于提出问题。本书的主要价值在于突出平台身份的特殊性、行为的特殊性和责任的特殊性，在此基础上提出建构平台企业法律体系的必要性和可行性。主要目的还是引起学界对该问题的重视，深化后续的研究，以求收抛砖引玉之效。我国法学界在理论研究方面往往习惯于跟在西方后面亦步亦趋，但鉴于我国平台经济的快速发展，先进的实践也在倒逼理论的创新，我国完全有条件也有必要在平台企业法研究方面走在前列。

本书定名为《平台企业法通论》，在书中，平台、平台企业、平台公司，此三个概念是通用的。平台本身就是企业，就是公司。取名"平台企业法"，不叫"平台法"或"平台公司法"，主要为了便于介绍本书的主要内容，是研究平台这样一种特殊类型的企业，包括平台企业的组织立法、行为立法、责任立法。而取名"通论"，主要还是基于"打通、连通、融通"等"三通"方面的考量。首先是"打通",打通各种平台之间的制度间隔。平台企业法本身是一个新兴的法律部门,还不存在诸多的学说、通达的理论。但本书对平台企业法的研究,涉及各种类型的平台,建构一部通用于各种平台的、统一的法律制度。其次为"连通",连通公私法基本原理。本书基于平台特殊的经济地位,在对平台管理权、平台管理行为的研究中,试图突破公法、私法的界限,将公法和私法原理连通起来,这是本书中最难的部分。最后为"融通",融通平台企业法理念、制度和实践。本书也力图探寻平台企业法的共通的核心理念、价值原则,建构一个从基本概念、核心理念、基本原则到基本制度的平台企业法体系。在混沌中发现规律,在杂乱中建构秩序。"三通"不仅是本书的追求,也是搭建平台企业法理论体系的关键。不可否认,由于时间仓促,同时也囿于自身学识的局限,本书在资料以及相关论证上存在不少缺陷,需要在以后的岁月中逐一改进。承认这一点并非谦虚,对于我而言,平台企业法律体系方面的研究,本书仅仅是一个开端,而不是终结。

  在体例方面,除了正文论述以外,本书还设置了两个附加板块:一是延伸阅读和深度思考,搜集与本书相关的一些资料,以求扩大读者视野,触类旁通。二是案例解读,搜集了相关案例,化繁为简,去芜存菁,概括出案件基本事实、裁判结果,一并供读者参考。

  本书系浙江省社会科学院部门法学重点学科课题成果之一,受北京天达共和律师事务所出版资助。北京天达共和律师事务所实施公司化管理,始终坚持"一体化"发展道路,一贯重视法律实务的经验总结和理论研究。感谢北京天达共和律师事务所杭州办公室各位同事在法律实务方面给予的配合、指导和帮助,他们是一群有情怀的、专业化的法律人,和他们相处,身心愉快。感谢浙江省社会科学院的领导、同事多年来在科研和生活方面给予的各种帮助、支持和包容。感谢知识产权出版社刘睿编审、邓莹编辑为本书的出版付出的辛勤劳动。

  著书不易,立说尤难。在写作过程中,我也深深地感受到,作为一名科研工作者,不管生逢何时、身处何地,只要心中有疑问,就会有思考,必上下求索,左右借鉴。求道时的充实,悟道时的兴奋,得道后的喜乐,凡此种种感受，均非其他乐趣所能替代。感谢命运的安排，让我能从事这样一份研究工作，能够经常享受此等精神上的知足。

王　坤
2020 年 5 月于杭州